中等职业教育课改项目成果教材

“任务引领型”规划教材·饭店服务与管理系列

客房服务

主　编　李　琦

副主编　高乐全　廉海明

中国人民大学出版社

"任务引领型"规划教材·饭店服务与管理系列
丛书编委会

出版说明

当前，我国中等职业教育发展形势好、速度快，但人才培养与社会发展、企业要求有一定差距，其中重要一点是教材开发滞后，课程与就业关联不够，学用不一致比较明显，学校的专业教学还没有完全结合企业的实际需要。因此，中国人民大学出版社组织有关专家与一线老师，着力解决目前中等职业教育教材中比较突出的问题，形成新的职业教育课程理念，按实际工作任务、工作过程和工作情境组织课程，形成以任务引领型课程为主体的、具有特色的中等职业教育教材。

本套饭店服务与管理专业教材以先进的研发理念为指导，以上海市中等职业教育专业教学标准改革项目成果为主要依据，以就业为导向，以能力为本位，以饭店岗位需要和饭店从业人员职业标准为依据，能够满足饭店专业学生职业生涯发展的需求。具体来讲有以下特色：

1. 任务引领。以工作任务引领知识、技能和态度，让学生在完成工作任务的过程中学习相关知识，发展学生的综合职业能力。

2. 结果驱动。把焦点放在通过完成工作任务所获得的成果，以激发学生的成就动机，通过完成工作任务来提升工作智慧。

3. 突出能力。课程定位与目标、课程内容与要求、教学过程与评价等都突出学生职业能力的培养，体现职业教育课程的本质特征。

4. 内容实用。围绕工作任务完成的需要来选择课程内容，不过分强调知识的系统性，而注重内容的实用性和针对性。

5. 做学一体。打破长期以来教学的理论与实践二元分离的局面，以工作任务为中心，实现理论与实践的一体化教学。

在本套教材的研发与编写过程中，首先要感谢上海市教委的诸多专家、领导，感谢他们对中职课程改革项目投入的大量人力、财力和时间，同时要感谢关注中等职业教育、参加本套教材研发与编写的各位老师，我们希望能够得到大家一如既往的支持。

中国人民大学出版社

2007 年 9 月

前　言

本教材以中等职业学校饭店服务与管理专业学生的未来就业为导向，以客房服务职业能力培养为核心，通过对客房服务所涵盖的岗位群的工作任务和职业能力的系统分析，按照学生的认知规律，紧密结合职业资格证书中的客房服务技能要求编排教学内容。在全面、系统介绍饭店客房部运营基本知识的基础上，按照楼层服务、客房中心、洗衣房、公共区域环境保洁等不同岗位群模块安排教学内容。通过实践性与针对性突出的教学设计，使学生掌握客房服务基本技能，熟悉饭店客房服务的程序与方法，热爱并能胜任饭店客房服务工作。

本教材在编写过程中，力求突出以下特色：

1. 选取最新资料。根据饭店行业最新的发展情况，补充了中国加入 WTO 后的相关内容，更新了旧的材料和数据，使教材能充分反映行业的最新发展和业内最新的研究成果。

2. 注重中等职业教育特点。本材料在编写中充分注意了中等职业教育的特点，在理论够用的基础上，充分注意学生实际职业能力的培养，以实际工作中饭店客房部不同分支部门服务工作岗位群能力培养为首要目标引领教材，符合旅游中等职业教育的教学要求和人才培养目标，充分体现任务引领、实践导向的课程设计思想。

3. 精心设计编排。为方便教师教学和学生学习，本教材除介绍具体的理论与操作外，还安排了教学任务、学习任务、实践活动、相关链接、知识拓展等系统教学模块，可通过参观、视听教学、情景模拟、角色演练、技能训练等多种手段，在教师和学生之间搭建起互动的平台，使教师能够更好地与学生沟通。教材整体的编排思路是在前四章讲述饭店客房部基本相关知识的基础上，后四章突出客房部不同分支部门服务能力的培养。

4. 精简优化了教材内容。本教材以培养中等职业教育学生实际岗位服务工作能力为首要目标，紧密结合职业资格证书中客房服务技能要求，精心选取了与中等职业教育学生毕业后就业、工作密切相关的理论与实践教学内容，剔除了与职业能力联系不大的、陈旧的、重复的理论知识，将部分过深的饭店客房高级管理内容简化或省略，突出了中等职业教育的服务宗旨。

本教材由保定学院资源与环境系旅游酒店管理专业教研室专业教师编写。其中有六位年轻教师为“双师型”师资人才，他们既具有旅游酒店管理的职业资格证书及实际工作经历与经验，又具有一定的教学经验。本书由李琦任主编；高乐全、廉海明任副主编。具体分工如下：第一章，高乐全、李忻；第二章，付贺梅；第三章，王利军；第四章，廉海明、阎会贤；第五章，廉海明、李秀静；第六章，李琦；第七章，高乐全、李秀静；第八章，李琦、阎会贤。

由于编写经验不足，教材中难免有错漏及不合理之处，敬请专家与读者批评指正。

李 琦

2007年8月

目　　录

第 1 章　客房设计与布置 …… 1

1.1　客房设计的理念与原则 …… 1

1.2　客房的空间设计 …… 4

1.3　客房的装饰布置 …… 9

第 2 章　客房设备与客用物品 …… 35

2.1　客房设备的使用和保养 …… 35

2.2　客房设备的管理 …… 40

2.3　客用物品的配置 …… 46

第 3 章　清洁设备与清洁剂 …… 58

3.1　清洁设备的分类 …… 58

3.2　清洁设备的使用与保养 …… 60

3.3　清洁剂的使用与管理 …… 67

第 4 章　客房清洁保养 …… 72

4.1　客房及餐具、茶具、酒具的消毒 …… 72

4.2　客房清洁保养前的准备工作 …… 77

4.3　客房清洁保养操作程序 …… 83

4.4　客房清洁保养的控制 …… 92

第 5 章　客房部对客服务 …… 103

5.1　对客服务的项目及模式 …… 103

5.2　客房部对客服务的程序与要点 …… 106

5.3　对客服务的质量控制 …… 123

5.4　客房部的安全保卫 …… 127

第6章 洗衣房服务 …… 141
6.1 洗衣房服务 …… 141
6.2 布草房的运行与管理 …… 158

第7章 公共区域环境保洁 …… 165
7.1 公共区域环境保洁的主要任务与要求 …… 165
7.2 不同材质设施的清洁与保养 …… 172
7.3 公共区域环境保洁中的对客服务 …… 190

附录 客房服务必备的英语知识 …… 195

第1章 客房设计与布置

教学任务

讲述客房设计的基本理念和基本原则；阐述客房的空间设计；详细讲述客房的陈设布置中家具、照明、装饰织物、观赏物、绿化的选择与布置。

学习任务

掌握客房设计的基本理念和原则。掌握客房的功能性空间区域的划分。能够运用所学知识合理装饰与布置客房。

1.1 客房设计的理念与原则

客房设计的基本目的是为住店宾客创造一个良好的室内环境。

客房设计的内容主要分为两个方面：一是客房空间处理。空间处理包括在建筑设计的基础上进一步调整客房空间的尺寸和比例，决定空间的虚实程度，解决空间之间的衔接、过渡、对比、统一等问题。二是客房装饰布置。客房装饰布置主要是在室内选择和配置各种合适的家具、织物、壁挂、摆件等各种工艺品、绿化以及照明灯饰等，旨在美化居室。

一、客房设计的理念

（一）客房设计要体现宾客至上的理念

客房设计要以客人为中心，以客人的需求作为客房设计的出发点。离开了这个中心，客房设计得再好也是没有意义的。宾客至上不仅是从事饭店服务的一个基本态度，而且应当贯彻到饭店的各项工作中去，当然也包括客房设计。

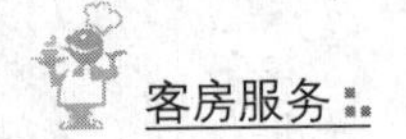

（二）客房设计要能够体现客房等级规格和个性特色

作为高级消费场所，饭店要提供优质服务，总是以一定物质设施和艺术环境为基础的。不同的星级有不同的等级规格。如五星级饭店要求设备豪华，环境幽雅，室内装饰美观典雅，富于艺术风格。客房设计要能够体现饭店的等级规格，设计上盲目追求高标准、高规格，只能增加资金投入，从某种程度上说是一种浪费。要因地制宜，尽可能用最少的钱做最多的事，以减少客房的投入，同时又能达到同等级的规格标准。总之，客房设计要充分体现饭店的个性特色，从而达到吸引客人的目的。

二、客房设计的原则

（一）美感与功能相统一的原则

美感是指人对美的领悟和体会。客房是宾客在饭店中主要的活动和休息场所，因此，客房设计中注重客房优美环境的创造，使客人在客房得到充分的美感，不仅有利于休息，而且也能使客人的情操在不知不觉中得到陶冶。狭义的美感只属于视觉的形式美（即点、线、面和色的组合），如空间的组合，家具、灯具的造型，色彩、织物的装饰效果，观赏品的外观以及各类物品在整体中的协调等。广义的美感除了形式还包括抽象的内容，如室内的气氛、意境等。对于美感，人们有不同的理解。这与人们的经历、修养、习惯、信仰有着密切的关系。在客房设计中，要以大多数人能接受的美为出发点，只有对待特殊宾客时才考虑他们的不同审美特点。如果说美感侧重于人的感官，那么功能就是相对于“使用”而言的。客房的功能设计涉及人体工程学、材料学等专门学科。人体工程学对客房设计的影响包括建筑空间的处理、家具的制作和摆放、工艺品的选择、照明的投射范围以及各类电器的开关位置等。在客房的功能设计中，对材料的选择也有其特别要求，不仅要强调安全，而且要易于清洁和保养。客房中的易燃物品如木质家具、布件织物较多，因此，保障宾客的安全是客房功能设计的重要一环。在选择这些用品的材料时，应尽可能具有防火性能，如防火的墙面隔板、墙纸、地毯、窗帘、床罩等；还要易于清洁保养，无论室内墙面、地面、家具、灯具还是其他摆设，其材料都要易于清洁和保养。

客房设计不仅要注意美观，更要注重功能，有时美观和功能为一对矛盾，需要我们精心设计、妥善处理。美感和功能是客房设计工作的两个基本出发点，孰轻孰重？一般来说，功能应该是第一位的。合理的功能是设计的前提和根本；充满美感的视觉效果则是设计的深化，是思想性、艺术性的体现。在具有相同规格和使用功能的房间中，经过艺术构思、符合审美法则的设计和不经筹划、随意凑合的设计，其效果是完全不同的，这也正是人们在客房设计中强调把科

学性和艺术性相结合的原因所在。

（二）感性和理性相统一的原则

客房设计从某种意义上说是对客房的一种艺术创造。这种创造能够直接反映到人的视觉中，使人在感性上有一种美感，进而引起人们理性的共鸣。人的这种理性，表现为一种心理活动。满足客人感官的审美是一个方面，更主要的是满足客人的心理，得到客人理性的认同。只有使客人真正从内心充满了愉悦，客房才能给客人留下美好和难忘的印象。因此，要创造一个美好的环境，离不开对客人的心理和行为习惯的研究。

人的心理分为两部分，即人的心理过程和心理特征。

心理过程包括认识过程、情感过程和意志过程，即所谓的知、情、意。其中，认识过程是基本的，因为人们要弄清各种事物必须先要看、听、摸、闻，以产生感觉和知觉。除感觉、知觉外，记忆、想象、思维等都属于认识过程。人们在认识客观事物的过程中，会产生满意、厌恶、喜爱、恐惧等情感；伴随着这种情感，还会产生意愿、欲望、决心和行动，这就是心理过程的情感过程和意志过程。人的认识过程、情感过程和意志过程是密切相关的，只有认识了事物，才能产生情感和意志，如客人预订客房，先要看看客房，当他看到舒适的环境、优雅的布置、服务员良好的素质时，就会产生一个良好的初步印象，这属于认识过程。在这个基础上，客人又会产生信任和满意的感觉，这就是心理过程中的情感过程。其后，客人可能会产生入住的欲望和行动，这时客人心理就由情感过程进入到意志过程。

人的心理特征即兴趣、能力、气质与性格等。心理过程是人们共有的东西，但具体到每个人，又会表现出许多差异。例如，有的人爱动，有的人爱静，有的人喜欢亮丽的装饰，有的人偏爱淡雅幽静的环境。心理表现在一个人身上典型的、相对稳定的特点，在心理学上称之为个性，又称为心理特征。

设计客房必须注意研究人的感知和理知之间的关系，设计出的作品须符合人们的认识特点及其规律性，同时又符合人的情感和意志。

（三）文化传承与时代精神相统一的原则

一定的客房设计离不开一定的文化积淀，这种文化性能够体现出客房设计的高品位，这是当今客人所努力追求的一个内容。

世界上不同的地区和民族有着不同的历史和文化。文化是多种多样的，在客房装饰布置中，体现这一历史传承和文脉是十分重要的。人类社会的发展具有延续性，反映在装饰布置中也是如此。尊重历史、了解历史，是创造特色室内环境的必要条件。乡土气息、地方风格、民族特色都体现着一定的历史文脉。客房内的一幅画、一个摆设、一种装饰，都会引起宾客对一定历史和文化的联想，从而加深对环境内涵的认识。我国是一个具有五千年历史的文明古国，强调中国的历史和文化有许多有利的条件。例如，建筑和家具都明显区别于其他国家；绘画、书法和雕塑也别具一格；民间工艺更是丰富多彩，如剪纸、漆画、蜡染、扎染等，其形式之多、图案之丰在世界上独树一帜。

文化的继承性在于它的发展性。随着时代的发展，任何国家和地区的文化都在进步。在当代，尤其是受科学技术的影响，人的行为模式、价值观念都发生了深刻的变化，客房设计中所反映的这一变化也正是所谓的“时代感”和“时代精神”的体现。文化继承和时代精神是客房设计中对立统一的两个方面，过分强调或忽视其中的一个方面都是不可取的。在当今旅游日趋大众化、客源成分日趋复杂的情形下，创造具有中国特色和体现时代精神的客房设计显得尤为必要。当然，这种中国特色不是我国传统文化的简单模仿和抄袭，而是合乎情理的自然表现，同时要注意吸取世界各国各民族优秀的文化精华。

1.2 客房的空间设计

客房设计的好坏首先取决于对客房空间的设计。客房空间包括长方形、正方形、多边形等不同形状的几何图形。客房室内空间构图就是在建筑结构已经确定的条件下，采用不同的艺术处理手法创造出美好的空间形象，给客人提供亲切、舒适、美观的住宿环境。

一、客房空间的构图

高低、大小不同的空间，能给人以不同的精神感受，如大空间使人感到宏伟开阔；低矮小巧的空间，只要设计得好，也能使人感到温暖、亲切。客房空间比较狭窄，空间构图应重点考虑充分运用客房的设施、设备，营造科学的室内氛围，既避免压抑感，又做到亲切、细腻。由于人们对空间的主观印象，即对空间高低、大小的判断，主要是凭借对视野所及的墙面、天花板、地面所构成的内部空间形象的观感来体察的，因此，客房室内空间构图可以采用不同的艺术处理手法来丰富空间形象。

（一）围隔

“围隔”的处理手法一般适用于双套、三套和多套间客房。室内空间比例尺度大，围隔的手法便多种多样。为了给客人营造一个舒适、典雅、亲切的空间构图形象，可以根据需要，采用墙壁、帷幔、折叠门将卧室和会客室隔断；也可以用屏风、家具、花草、灯光等手法，造成一个独立的空间氛围，便于客人

促膝谈心。三套间客房可以用家具、屏风将会客室和书房的某一局部空间围起来，使会客、读书写字的空间分隔。同时注意和墙面、天花板、地面的艺术处理手法结合起来，以便形成一个温馨、舒适的空间。

（二）渗透

“渗透”的处理方法一般适用于单间客房和卫生间等小尺寸的空间。一般通过借用镜子的照射功能等手段，给人以空间扩大的错觉。如卫生间面积较小，室内空间有压抑感，可以在墙面安装大镜子，室内空间就似乎增加了一倍，给客人以开阔、舒适的感觉。标准间客房在写字台前安装较大的镜面，不仅方便客人梳妆，而且也将室内局部景物加以“渗透”，丰富了室内的空间构图。

（三）抑扬

“抑扬”的处理手法一般适用于室内空间构图的过渡。客房空间较小，为了给客人造成宽敞的感觉，可以将客房楼层过道设计较低矮的天花板，装上较暗淡的灯光。客人通过楼层过道进入客房后，会有一种突然变大、变亮的感觉，先抑后扬、由小变大、由暗变亮，能够在客人心理上产生一种积极的效果。

（四）延伸

“延伸”的处理手法可以使低矮空间的客房获得较为开阔的视野。客房一般可以利用窗户将室外景物和室内环境结合起来，不仅开阔了室内空间，而且能使客人在客房内欣赏到美妙的风景。近年来，新建的客房一般采用大玻璃窗户，原因就在这里。同时，还可以凭借墙面、天花板和地面的延伸感，改变室内空间比例尺度。延伸的具体处理手法很多，其重点是尽量利用墙面、天花板、窗户，形成一个诱导视野的面，把室内空间延伸到室外，或把室外的景致延伸至室内，使室内外景物互相延伸，丰富观赏层次，形成美好的空间构图形象。

二、客房的重点空间设计

在进行客房室内空间设计时，为了强调室内功能，常常要通过某些艺术处理手法突出重点空间，形成空间的特殊氛围。客房卧室空间设计的重点在客人的睡眠区和靠窗的客人起居活动区。睡眠空间主要有床和床头柜，不仅要做到舒适，而且要均衡、美观，两个床位之间的通道尺度要合理。起居空间往往是客人休息、阅读、谈话的地方，因此要留出一定的空间，摆上茶几、扶手椅，再配上落地灯，形成一个温馨、舒适的氛围。卫生空间设计的重点在洗脸台。洗脸台设计要合理、美观，墙面安装大玻璃镜，一方面方便客人梳洗化妆，另一方面使卫生间宽大、舒朗。

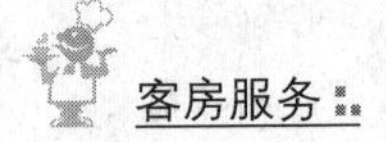

（一）睡眠空间

1. 床

睡眠空间是客房最基本的空间，其中最主要的家具是床。绝大部分饭店都是配备西式床，个别饭店用中式床。饭店用床应是定做的，要求床头安装两个活动轮，代替两条腿，中间部分和床尾部位是固定的腿，这样既结实美观，又方便员工操作。为了使床能经久耐用，靠卫生间的床应注意与墙保持 10 厘米的距离，同时定期翻转床垫。

2. 床头柜

床的两侧少不了床头柜，它是与床配套的家具。现代饭店客房内床头柜上的功能应能基本满足客人的要求。柜子上有电话、便条纸和笔，为了客人通讯方便，还提供电话号码本。房间所有设施、设备的开关按钮都在上面，以方便客人使用。

（二）盥洗空间

盥洗空间即浴室，又称卫生间，主要设备有浴缸、坐便器、洗脸盆与云台（洗脸台），俗称“三大件”。

1. 浴缸

浴缸带有冷、热水龙头，还有既能固定又可手拿的淋浴喷头。浴缸底部应有防滑措施结构。浴帘杆与浴帘、毛巾架与晒衣绳也都应为客人提供。豪华房间应装配冲浪浴缸、按摩浴缸、桑拿浴或蒸汽浴装置。

2. 坐便器

普通房间均装一个坐便器，豪华房间还应该再装一个净身器。

3. 洗脸盆与云台（洗脸台）

洗脸盆一般镶嵌在由大理石面、人造大理石面等铺设而成的云台里，上装冷、热水龙头各一个，现国外还有再装一个供客人冷饮的凉水龙头。在墙面配有一面大玻璃镜，大镜面里或大镜面侧装有放大镜，以供客人剃须或化妆使用。为了解决因客人淋浴而使镜面蒙上水蒸气的问题，有的饭店还在镜子的背面装有除水雾装置。

云台上面放置各种梳洗、化妆及卫生用品。在云台侧面墙壁上装有国际标准型（扁形或圆形）110/220 伏特交流电电源插座。三星级以上饭店还有吹风机和电话副机。豪华套房卫生间还装有小电视和音响，以方便客人随时了解信息。

云台的大小一般根据卫生间的空间设计，没有统一的规格标准。普通标准间设一个脸盆，而豪华饭店的豪华套间设两个脸盆。其高度一般为 80 厘米，这对于标准身高的人来说为最佳高度。

当然，卫生间还应有通用换气设备，地面还应有泄水的地漏和定门器。

（三）起居空间

起居空间应在标准间的窗前区。这里放置着软座椅、茶几（或小圆桌）；豪

华饭店放置沙发、茶几，供客人休息、会客、饮食、观看电视等。

（四）书写和梳妆空间

标准间的书写与梳妆空间在床的对面，沿墙设置一长条形的多功能柜桌。一般包括行李架、写字台（桌）和电视机柜。

1. 行李架

所有客房都应设有行李架或行李台。行李架的高度为 40 厘米～45 厘米，宽为 60 厘米～65 厘米，长为 75 厘米～85 厘米。行李架的表面有硬面和软面之分，软面有时可以方便客人当座位使用。

2. 写字台（桌）

写字台（桌）和写字椅（有少数饭店摆放的是梳妆凳）是为了客人办公、写字、存放物品之用。一般置于明亮区，写字台所靠墙面上装有梳妆镜，高度适宜，为了达到好的化妆效果，上面应装有照明灯以提高亮度。

3. 电视机柜

电视机柜（架）应是每个房间的必备物品，电视机柜上方放电视机，下方柜内往往是放置备有各种饮料的小冰箱。

三星级饭店一般电视机柜上配有可转动的托盘，四星级饭店和五星级的电视机柜是豪华型的。电视机柜的门打开为了方便不同角度看电视，两扇门还可以推进柜中两侧，电视机底托（或叫可转动托盘）还可以拉出 30 厘米左右，看后收回，平时看上去是一件非常精美的家具。另外，五星级饭店客房内采用电视、电脑系统，客人可通过电视、电脑直接使用饭店的各种服务和了解自己消费的账单情况。

（五）贮存空间

贮存空间主要指壁柜和酒柜。

1. 壁柜

壁柜通常设在客房入口处，壁柜长度因各饭店客房空间而定，但进深不应少于 50 厘米。为了挂衣方便，高度不应低于 180 厘米，挂衣杆上方空间也不应小于 10 厘米。壁柜内装有照明灯，柜内还应有私人保险箱。

2. 酒柜

酒柜上层摆放各种烈性酒、酒具、茶水以及小吃食品，下层为贮存饮料的小冰箱，以满足客人使用。

三、客房空间的分区与均衡

根据功能不同，客房室内空间设计可以分为几组不同的活动区域。它们既有自己局部的艺术特色，又互相联系，成为一个完整的空间构图形象。这样既有利于提高内部空间使用效率，又可以使几个空间交隔布局。

客房室内空间设计在功能分区的基础上要注意各个分区之间的均衡感。由于各个分区之间的面积较小，因此，空间均衡感的构成有赖于室内空间各个分区面积的分配，以及各个分区家具的形体、色彩、质感等所表现出的轻重、体量及陈设布置是否适当；有赖于各种家具设备本身形体的均衡；也有赖于整个风格、结构体系的一致性。它们都以整体的存在作为自身存在的基础，同时又以本身的体量作为总体空间构图的一部分。也就是说，在功能分区之前首先要根据面积的大小、分区功能的需要，从整体室内构图形象出发，设计出各个分区所占用的面积、需要配备的家具设备和陈设用品摆放的艺术手法。

四、客房空间围护体的处理

客房室内空间围护体的处理是客房室内空间设计的重要内容。它们对于形成不同的室内装饰风格、完善室内功能、加强空间艺术效果等有十分重要的作用。

空间围护体的处理多侧重于空间的流通和变化，注重围护体面的形状、线条、层面、质感和装饰物品等的衬托和呼应，运用对比和调和的手法来处理体重、线条、色彩、质感和纹理等的关系。客房室内空间围护体的处理，包括天花板、墙面和地面处理。

（一）天花板的处理

天花板是客房室内空间形象的一个围护面。它与墙面、地面相结合，形成室内空间构图。客房的天花板主要有平天花、斜天花和不规则天花三种：平天花最为广泛；斜天花一般在顶层客房，是顺应屋面斜度构成的；不规则天花是由几何图形构成，并结合照明、音响、空调管道等经复杂曲面处理后而形成的天花。

客房室内天花板的处理以简洁、明快为宜，常常结合灯具和各种装饰手段的运用，形成特定的空间气氛，以起到对整个室内空间构图形象的控制和美化作用。

（二）墙面的处理

墙面是客房室内空间分隔的主要层面。它与天花板、地面相互衬托，形成不同的空间氛围。一般来说，客房空间低，生活气息较浓，墙面处理宜简洁，以利于与家具陈设的映衬。客房墙面处理有以下几种方法：

（1）墙面的横向处理可用踢脚线、墙裙。墙裙的高度一般不超过 1.2 米，上部向天花板过渡段为墙身。

（2）墙身贴壁纸。壁纸的选择要注意图案、纹样、色彩和质地，一般以简

洁、明快为宜。

(3) 正面墙上配备装饰画。油画、水彩画、国画均可。豪华客房还可配备条幅、壁毯等来美化墙面。装饰字画、条幅、壁毯的位置要适中，便于客人欣赏。

(4) 墙面上门、窗、电器开关的设置要合理，并要美化。如门的颜色、质地，窗框的材料、形状等，都要和室内空间构图形象协调。

(三) 地面的处理

地面是客人直接接触的客房空间围护体，除需要坚固、耐磨、防滑和易于清洁外，还要具备保温、隔音、防潮等特性。客房卧室一般满铺地毯，卫生间铺设大理石或瓷砖。地毯图案的形状、尺度、方向等要符合整个客房空间的格调。一般来说，棱角尖锐的图案可产生粗犷有力的印象，圆润流动的图案容易给人以活泼自由的感觉，细密的格子能扩大空间感，大块的格子易使空间显得更局促，中心突出、左右对称的图案最好用在家具、设备较少的地面，以显示图案的完整性，反之，在家具、设备较多的空间内，则可选用连续展开的几何图案，使地面与陈设的结合更自然。客房地面一般宜选择铺设简朴大方、色调淡雅的地毯。

1.3　客房的装饰布置

客房的装饰布置是客房服务工作的重要内容之一。客房装饰布置是否优雅、舒适，不仅直接影响客房服务水平，而且对客房出租率、能否取得饭店的最佳经济效益起着十分重要的作用。

客房装饰布置涉及的内容包括：室内设计手法；室内陈设艺术；室内家具布置艺术与手法；室内绿化艺术；室内灯光气氛处理等。这里我们主要从客房服务的角度来探讨客房的装饰布置原则，研究通过搞好客房装饰布置以提高客房服务水平，从而实现吸引宾客、提高经济效益的目的。

一、客房的家具布置

家具是客房室内的主要用具，是供客人使用享受的基本物质条件。家具种类一般有木制、藤竹制、金属制、石制等。其中以木制家具的使用最为广泛。家具的造型和纹样艺术性很强。它既是日常生活的基本用具，也是室内设备中的艺术品。因此，客房的家具种类式样的选择、配备和布置是否合理，直接影响室内装饰布置的效果和艺术性的高低。

（一）家具布置的原则

在具体布置客房时，要基本遵循以下五个原则。

1. 整体感

家具在颜色的选择上，首先应有一种主色调，房间中其他各种主要设备的色彩要靠近这一主色，使房间家具从色彩到布置都呈现出一种整体感。按照当今较流行的方式，客房地毯、家具、床罩、厚窗帘等颜色应基本相同或相近，在此基础上考虑墙纸、墙饰、灯具等其他设备的颜色。

2. 均衡感

在家具的布置摆放上，要尽量避免过于集中、室内某一区域显得疏密不均、重心偏倾的现象，使整体布局有均衡感。

3. 舒适感

在家具的选择上，既注重美观，又要舒适实用；在客房的整体布局上，首先要立足于方便、舒适、安全，在此基础上再突出暖、静、雅。

暖，即客房的家具色调、灯光应呈现出温暖的气氛，客人在这样的环境里感到温暖、舒适、轻松。

静，即客房环境要安静，室内家具布置要文静。如室内铺设地毯，可减少家具与地面摩擦而出现的噪音；瓷器或玻璃器皿下面垫上杯垫、套上消毒套，都可达到这一目的，使客人有一种静居而不受干扰的感觉。

雅，即室内家具的颜色要协调、雅致，家具布局要合理。

4. 家具和客房的协调

在进行客房室内布置时应注意，家具的大小、高矮，应与房间的实际面积和房间高度相协调，同时，家具之间的比例也要合适。如梳妆台与梳妆凳的高度，应以梳妆凳的高度是否合适为准，一般来说，一个中等身材的女人，坐在梳妆台前，以从镜中能看到自己胸部以上部位为准。又如，床与床头柜的高度比例，应使客人睡在枕头上能看到床头柜上的东西为适宜。至于家具和房间的高低比例，由于随着饭店业的发展，客房内的高大家具已逐渐被淘汰，这里就不做专门介绍了。

5. 家具摆放的实用性

房间家具的摆放是否规格统一和科学合理，也是饭店管理水平高低的重要标志。

（1）摆放实用。

软床：一般摆在房间光线最暗处，并且尽量避免“进门见床”的摆法，因为这样容易引起宾客的尴尬。

沙发：两个单人沙发一般采取与床平行的摆法。如房间面积较小，可采取

沙发（或咖啡桌椅）面向床外侧的方式。

落地灯：一般摆放于两沙发中间、茶几后面，也有摆在沙发另一侧的。

写字台：一般摆放在光线较好的地方，与床和沙发相对。

(2) 搭配合理。

在布置家具时，还要注意家具搭配合理、使用方便，如沙发与茶几，床与床头柜，写字台与写字椅（凳），梳妆台与梳妆凳等必须摆放在一起，不能随意拆散。

（二）家具的基本格调

客房家具的基本格调包括两个含义，即家具的基本格式和家具的基本色调。

1. 家具的基本格式

家具的基本格式包括东方式、西方式、宫廷式、民间式、古典式，现代式等。基本格式有时可以决定客房的等级。如选用宫廷式表明客房的档次较高；民间式则常表明是普通客房；古典式可显示房间的古色古香；东方式则可体现东方各民族风格和地方特色。确定客房的基本格式后，才能选择家具的式样。

2. 家具的基本色调

基本色调是在确定基本格式后，根据所选格式的要求而确定的。例如，选用西方意大利式，家具的基本色调一般是白色或浅色；选用中国古典式，家具的基本色调多为深色或暗红色。客房布置是一项十分细致复杂的工作，艺术性很强，具体布置一定要根据各地的不同特点，选择基本格调，再按照格调要求选好家具式样和颜色，使客房布置有特色、美观实用。

（三）家具配备需注意的事项

1. 造型优美，统一配套

客房的家具在购置时，注意在式样、风格、色调、木质等方面要相一致，最好成批购买一个厂家生产的产品。如果一个房间的家具新旧不一、式样不一，风格和色调更不统一，那么这个房间布置出来后就会显得杂乱、不协调，为了达到协调，在配备家具时就要尽量做到式样、风格和色调的统一。

(1) 统一风格。风格统一主要是指一个房间内只能放置中式或西式，古典式或现代式家具当中的一种，风格要固定绝不能有两种以上风格的家具混放在一个房间内，否则就会破坏整个房间布置在风格上的统一。

(2) 统一式样。式样统一主要是指一个房间内的家具式样应一致，如家具的腿和脚固定为一个式样，不要直腿的、弯腿的、斜腿的等混放在一起。

(3) 统一色调。色调统一主要是指一间客房内从壁纸、窗帘、地毯、床罩到各种家具的色调要协调一致。色调的反差不宜过大，要注意冷暖色调的运用，要给客人以高雅的感觉。

2. 要注意与周围环境相协调

除上面讲的“三个统一”之外，家具配备还要注意与房间周围环境之间的呼应和协调。如客房空间的大小、色调和搭配等，都应具有相辅相成的作用。如果单独考虑家具本身的式样和色调，就会使之与房间不协调。

3. 家具配备要注意数量适当

现代饭店客房内的家具配置一般讲求简单、轻便、适用。这就要求在配备家具时数量要适当。多了显得拥挤，少了则房间显得空旷、单调，影响客人使用。所以，家具配置要做到适当、实用、美观，家具之间的通道最低应在55厘米以上。

4. 要有适应服务对象的特点

配备家具要有适应饭店接待对象的特点，如果是接待外宾的饭店，房间可以布置成法式、英式、美式、意大利式、日本式等，也可以布置成现代式、中国式、古典式。如果是接待内宾的饭店，就要布置成中国现代式的房间。

二、客房室内照明

客房装饰布置应充分考虑到自然采光与室内照明的设置，室内照明也是客房装饰布置的一个很重要的内容。

（一）客房照明的作用

1. 提供光照，创造意境

室内照明的主要作用是为人们提供良好的光照条件，获得最佳的视觉效果，使室内环境具有某种气氛和意境，增强室内环境的美感和舒适感。

2. 组织空间，改善空间感

在客房内照明方式、灯具种类不同的区域，各有一定的独立性，同时，照明方式、灯具种类、光线强弱、光线颜色可以明显地影响空间感。例如，直接照明时，灯光比较耀眼，容易给人以明亮、紧凑的感觉；用灯光照射到天花板、墙壁等界面之后再反射回来，容易使空间显得更开阔；吸顶灯或镶嵌在天花板内的灯具，可使空间显得高一些；暖色的灯光可使空间显得温暖；冷色的灯光则使室内显得凉爽。

3. 渲染气氛，体现特点

灯具与灯光有形有色，用它们来渲染客房内的气氛，往往可以取得非常显著的效果。灯光角度配置得当，会使客房内部景物更加生动耐看；灯光角度的变换，会使物体的显现更具魅力。不少东方国家特别是日本，常用竹子、木材、纸等做灯罩，使灯具有一种自然美；中国的宫灯也是很有特色的。在客房的设计中，恰当地使用这些灯具，会使客房更具特色。

（二）客房常见的照明方式

1. 按活动布置的照明类型，可分为直接、间接、漫射、半直接、半间接五种

（1）直接照明。就是全部灯光或90%以上的灯光直接照射被照的物体。露明装置的日光灯和白炽灯就是属于这一类。直接照明无间隔、不靠反射，其特点是发光强烈、投影清楚，使物体产生鲜明的轮廓，对一些艺术品的光照可以产生特殊效果，但作为生活照明，应避免直接照射人的眼睛。

（2）间接照明。90%以上的灯光先照射到墙上或天花板上，再反射到被照的物体上，就是间接照明。间接照明的特点是光线柔和，不刺眼，没有较强的阴影。客房使用这种照明方式较多，因为它有利于创造一种安静、平和的氛围。

（3）漫射照明。漫射即灯照射到上下左右的光线大体相等。这种照明，其灯罩常用乳白色磨砂玻璃，光线无定向、感觉柔和，通常无明显阴影，但灯光利用率较低。

（4）半直接照明。60%左右的灯光直接照射被照物体，在灯具外侧用半透明的玻璃、塑料、纸等做伞形灯罩，这种照明方式就称之为半直接照明。

（5）半间接照明。是指大约60%的灯光首先照射到墙和天花板上，只有少量光线直接照射到被照物体上。

2. 按照灯具的布局方式，可分为整体照明、局部照明和混合照明

（1）整体照明。即使室内整体达到一定亮度、满足室内基本的使用要求。其特点是光线比较均匀，能使空间显得明亮和宽敞，如客房内顶灯和吊灯均为整体照明。

（2）局部照明。即对某些部位的局部采用加强照明度，来满足具体的功能需求。局部照明能使空间层次发生变化，增加环境气氛和表现力，如客房内的台灯、落地灯、射灯等均为局部照明。

（3）混合照明。即在整体照明的基础上设置局部照明。这种方式在客房豪华套间较为多见。

（三）客房常见的灯具

1. 吸顶灯

直接固定在天花板上的灯具称为吸顶灯。吸顶灯的形式相当多，有各种带罩或不带罩的白炽灯，也有各种带罩和不带罩的日光灯。以白炽灯做光源的吸顶灯，大部分采用乳白玻璃罩、彩色玻璃罩和有机玻璃罩，开关有方形、圆形、长方形等多种，常用于客房套间的起居室或走道等处。以日光灯作光源的吸顶灯，大部分采用带有晶体花纹的有机玻璃罩和乳白玻璃罩，外形多为长方形。

2. 吊灯

吊灯就是用灯线或导管把灯具从顶棚上吊下来，大部分吊灯都是带罩的。

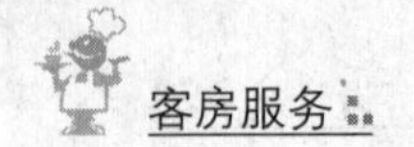

灯罩常用的材料有金属、玻璃和塑料，还有木、竹、纸等也可用来做灯罩。吊灯多数用于整体照明，极少数用于局部照明。吊灯的用途很广泛，客房的豪华套间也常用吊灯。由于吊灯位于室内的上半部，容易为视线所接触。它的形式、大小、质地、色彩等很能左右室内的气氛，而且有可能成为室内的主要装饰物。因此，对于吊灯的选择应认真考虑，一定要使它与空间的大小、形状、功能、特点相适合。

3. 镶嵌灯

镶嵌灯就是将灯具埋入天花板之内，有全嵌式、半嵌式两种形式。若用日光灯一般都须附加遮罩或天窗隔。镶嵌灯的特点是看起来很简洁，而且可以减少顶棚较低而产生的压抑感，多见于客房卫生间。

4. 壁灯

壁灯就是将灯具固定在墙面上，既具实用性，也有很强的装饰性。壁灯光线柔和、造型精巧而别致，多用于客房和卫生间，也有装在梳妆镜上端的。最常见的是用作床头灯，可调控灯光的明暗。

5. 台灯

台灯主要用于局部照明。它不仅是照明用具，也是很好的装饰用品。台灯的光源可以是白炽灯，也可以是日光灯，通常由灯座、灯头和灯罩几个部分组成。灯座由金属、陶瓷、木板或其他材料制成，灯罩由纸、绢、纱、塑料、玻璃、金属等制成。台灯主要用于写字台上，也可用于茶几和床头柜上的局部照明。

6. 立灯

立灯又叫落地灯，是一种局部照明的灯具。客房内常放在沙发和茶几附近，为宾客阅读、会客、休息提供方便。立灯通常由灯架、灯头和灯罩几个部分组成。灯头和灯罩与台灯相似，从外观上看，可以分为皱纹式和图案式。皱纹式素洁高雅，可与比较艳丽或花面的沙发搭配组合；图案式以人物、花鸟、山水为图案，绚丽多姿，适合与单色素雅的沙发搭配组合。立灯的灯杆一般是金属抛光电镀的，也可以是竹制的、旋木的或带雕饰的。带有木、竹灯杆的立灯易与竹、木、藤制家具相协调，从而使室内陈设更加有情趣。

7. 轨道灯

轨道灯是一种局部照明的灯具。主要特点是可以通过集中投光以强调某些需要特别强调的东西，如壁画、工艺品等。轨道灯由轨道和灯具组成。灯具可沿轨道移动，灯具本身也可以改变投光的角度。轨道可以固定或悬挂在天花板上，必要时还可布置成十字形或口字形。这样，灯具就能在很大的范围内移动位置。轨道灯在有些客房豪华套间内可以看到。

（四）客房照明设计的基本要求

1. 实用性

客房照明设计首先应有利于客人的生活和休息。灯具的类型、照明的方式、照度的高低、光色的变化等，都应与使用要求相一致。

2. 艺术性

客房照明应有助于丰富空间的深度和层次，明确显示家具、设备和各种陈设的轮廓，在一般情况下，灯光的角度应使家具、设备和各种陈设更有立体感，阴影的大小都要仔细推敲，力求产生最佳效果。

3. 统一性

这里说的统一性主要指照明设计要与空间的大小、形状、功能及性质相一致，要与客房的家具及其他陈设相一致，要符合总体要求，而不能孤立地考虑照明问题。

4. 安全性

现代照明一般都用交流电，因此，线路、开关、灯具的设置都要采取可靠的安全措施，以确保客房的安全。

（五）客房照明设计的主要内容

客房照明设计的主要内容有四项，即决定照度的高低、确定灯具位置、确定投光范围、选择灯具等。

1. 照度的高低

所谓照度，是指单位面积上接收到的光通量，其单位是勒克司（LX）。照度合适，人才会感到舒适，照度调整不当常使人感到疲劳，影响健康。客房照度应当符合客房功能要求和有利于营造一个亲切、宁静、轻松的环境氛围，如客房床头灯一般照度在60W，并有明暗控制开关。

2. 灯具位置

灯具的正确位置应按照宾客在客房内活动的范围和家具的位置来安排。灯具的设置往往是多层次、多形式的。客房内有专门用于看书写字或梳妆的专用灯、进入房间的过道灯、有衣柜内的灯和供客人睡眠用的床前灯等。

3. 投光范围

投光范围是指达到照度标准的范围有多大，这取决于人们在室内特定空间的活动范围、被照物的体积和面积。即使是装饰性照明，也应根据装饰面积的大小进行设计。投光面积的大小与发光体的功率强弱、灯罩的形式和大小有关，同时与灯具的高低及投光角度有关。照明的投射可使空间内部形成一定的明暗区，产生一种特定的气氛。如谈话时，可以从人的背面投光，但看书时，灯光应该正好投射在书页的范围。对于绘画作品和其他艺术品所用的射灯，应以覆盖被照物为准。

4. 选择灯具

由于现代照明工业的发展和制造技术的进步，灯具的种类和形式日新月异、品类繁多。选择灯具的形式固然重要，但灯具的实用效果更不可忽视。首先，灯具要符合客房空间的环境，适合客房的体量和形状，大空间要用大灯具、小空间要用小灯具，不可以把大吊灯挂在小小的房里；其次，灯具要符合客房的功能和装饰风格，并不是越豪华越好；最后，选择灯具还应注意体现民族风情和地区特点。

三、客房室内陈设

客房室内布置除家具外，还包括装饰织物、观赏物和绿化等几大部分。客房的陈设布置构成了客房各区域的内部环境，并形成了与其使用功能相一致的气氛和意境。

客房陈设布置的几大部分在其表现形式和作用上各有特点，然而无论是何种场合，作为一个整体，彼此又是不可分割的。

（一）织物

织物是人们生活必不可少的物品，也是客房室内陈设的重要内容。由于织物在室内的覆盖面积大，因此对室内的气氛、格调、意境等起着很大的作用。在饭店的一些公共空间，织物往往是点缀。而在客房（尤其是卧室）等私密性较强的空间内，织物则大面积使用，给人以亲切和温馨的感觉。

客房的织物主要有地毯、窗帘、床罩、沙发蒙面、靠垫及其他织物，其原料构成分为两类：一类为天然制品，如棉、麻、丝、毛做成的织物；另一类为人造制品，如聚酯、人造丝、玻璃丝、腈纶和混纺织物。其织法和工艺又可分为编织、编结、印染、绣补和绘制等。

由于原料、织法和工艺的不同，织物的品种丰富多彩，其特性和用途也有很大差异。为此，室内织物的选择与设计必须有整体观念，孤立地评价织物的优劣是没有意义的，关键在于整体的搭配。选择不同类的织物以适合不同的用途是客房室内织物陈设的重要内容之一。其具体表现在质地、色彩和图案花纹三个方面。

1. 织物质地

织物原料和织法的不同，使人对织物表面的视感和触感均不相同。以视觉而言，粗纹理往往给人以豪放的感觉，细纹理则给人以文静的感觉，两者的装饰效果截然不同。为了显示不同质感，布置中常用对比的方法，即光洁的物品以粗糙的织物衬托，而粗犷的物品则以光滑的织物衬托；麻毛织物、土布、草编品可以衬托家具的光洁，并和简练的家具构成一种自然、素朴的美；丝、绸、

缎等物可以衬托出陶砂制品的粗犷，并和古老的陈设品相映成趣。以触感而言，直接接触皮肤的料子，适宜选用质地细密、平滑的织物（如床上用的丝、绸、缎等）；经常摩擦的场合，可用坚固的粗纹理的织物（如沙发套、踏脚毯等）。

2. 织物色彩

织物的色彩必须从室内的整体出发，同时兼顾各个局部。大面积的织物（如地毯、窗帘、床罩等），其自身的彩度要低，在客房布置中宜选用同类色或类似色；小织物（如靠垫、衬布、脚垫等），其色彩纯度可偏高，在整体中以对比色为宜。

3. 织物图案花纹

织物图案的花纹有单独纹样、二方连续或四方连续等。客房内的墙布、窗帘、满铺地毯等较多为四方连续纹样。织物图案纹样的格式可分为规则式和自由式两种。规则式纹样庄重，常在古典式的室内和正规、隆重的场合采用这种图案格式；自由式纹样较活泼，现代织物主要是这种格式。织物图案的内容可分具象和抽象两类。具象是根据自然物象的花鸟、草木、山水、人兽绘制而成；抽象则不易分辨描绘的内容。另外，几何图案和格子条纹等非具象图案更是强调形式，较适合于现代风格的装饰。

此外，选择织物时，还应考虑其阻燃性、防蛀、防静电等安全防火因素。

（二）观赏物品

观赏物品不是生活的必需品，主要用以满足客人精神方面的需求。客房内的客用品一般是客人的生活必需用品，但它们同时也具有观赏的功能。

客房观赏物品取材颇广，有出自名人手笔的书画，有来自民间传统的图案花纹，有高级精细的现代工艺品，也有粗犷古朴的古代实用品。客房之所以要陈设观赏物品，其主要作用是烘托气氛，增加情趣，点缀空间，调整构图，提高文化品位。

客房观赏物品按其布置特点，可以分为墙饰品和摆件。

1. 墙饰品

墙饰品也称挂饰或补壁。所谓补壁，就是在空荡冷落的墙面上进行某种补充。墙饰品是客房整个布置的一部分，其形式与内容应该与室内环境相和谐。

一般来说，形式的确定主要看客房建筑、家具的风格和陈设状况，如传统中式房间要用中国书画和民族传统的工艺类饰品布置；古典西式房间用油画等西式有分量的画或名画布置；现代式房间则用现代派绘画、装饰画及水彩画布置。至于墙饰品的横或竖、单或双、多或少、大或小，应根据客房建筑的格局及家具的摆放等情况来确定。

客房的功能和场合是确定墙饰品内容的关键。书房可选择意境隽永、清新淡雅的作品，而卧室可以用娴雅秀丽、恬静柔和的作品来点缀。

此外，宾客的嗜好、忌讳和宗教信仰是确定墙饰内容的主要依据，以体现“宾客至上”的宗旨。墙饰品的内容选择不当，会对宾客造成不良的印象。

墙饰品的种类主要包括以下几种：

(1) 中国书画。中国书画是中国书法和绘画的统称。中国书、画虽为两门艺术，但历来书画同源，密不可分，两者均以笔、墨、纸、砚为基本工具和材料，且画幅形式相同，如壁画、屏障、卷轴、册页、扇面、手卷等。

中国书画的装裱形式在世界上是独树一帜的。书画经过装裱可使画面平整，并使笔墨层次更加清晰。中国书画所用镜框，传统型的一般为红木或楠木框。现代型的镜框除简洁的淡色木框外，近来也有用铝合金制成的。中国书画在选框和装框时应注意画心的位置以及与画框的比例关系。

(2) 西画。西画有多个画种，其中油画、水彩画、版画在布置中使用得较多。西画在国际上有统一的画框规格。

1) 油画。古典写实的油画通常采用比较厚实的镜框，有的华丽、有的古朴。现代内容的油画则以简洁的画框为主。油画画框通常不用玻璃，这样可避免不必要的反光，以充分显示油画的真实效果，同时也可避免油画画面与玻璃黏连。个别的油画也有采用玻璃镜框的，但一定是双层框，画面与玻璃有间隙。

2) 水彩画。大多采用简洁、精巧的画框，如细边木框、铝合金框等，以显示水彩画轻松、明快的特点。水彩画也有十分写实的类似油画效果的画法，这种水彩画可用华丽厚实的画框。现代西式风格的客房常以水彩画作为室内主要墙面装饰。

3) 客房用版画。主要是套色木刻，其采用的画框与水彩画相似。铜版画、素描等单色画配以简单的画框，在室内布置中也显得很高雅。

4) 丙烯画。西画中还有一种采用丙烯颜料作画的丙烯画。它既可取得油画、水彩画、水粉画的效果，也可用作装饰画。画在画布上的丙烯画可像油画一样装饰。丙烯画是现代室内布置的理想画种之一。

(2) 工艺类装饰。墙上装饰品除中国书画和西画等纯艺术作品外，还有工艺性较强的品种，如镶嵌画、浮雕画、艺术挂盘、织物壁挂等。它们不仅在工艺制作上各具特色，在艺术表现形式上也往往比普通绘画更富装饰趣味。

1) 镶嵌画。是用玉石、象牙、贝壳或有色玻璃等材料镶嵌而成的画，在形式上，有古典风格，也有现代风格。

2) 浮雕画。是用木、竹、铜等材料雕刻而成的各种凹凸造型，嵌入画框进行布置。

3) 壁挂。主要指室内墙壁上所挂的织绣品，包括刺绣壁挂、毛织壁挂、棉织壁挂和印染壁挂。刺绣壁挂包括传统的“四大名绣”和属于新兴工艺的绒绣(用彩维绒在特制的网眼麻布上进行刺绣，能表现油画、国画、摄影等艺术效

果）；毛织壁挂即挂毯，有表现民间题材的，也有表现现代派绘画装饰性内容的；棉织壁挂和印染壁挂大都表现传统题材，其中扎染、蜡染具有质朴的西南风情。此外，还有一些物品可以用作壁挂的，如陶、瓷挂盘及弓箭、提琴、草帽、渔网、乐谱、风筝、折扇等，主要用于特色布置。

2. 摆件

摆件的品种按内容分为古玩、珍贵的自然物、现代工艺品、玩具、纪念品、文房四宝等。按其质地可以分为象牙雕刻、玉石雕刻、竹木雕刻、贝雕、螺钿、翡翠、琥珀、玛瑙、青铜器、景泰蓝、黑陶、瓦当、唐三彩、青花瓷、竹编、布娃娃等。

布置摆件时需要考虑品种、色彩和质地的配备以及空间的构图效果等。

（1）品种及风格的选择。摆件的品种很多，应该选择什么样的摆件进行布置，要充分考虑客房功能、装饰风格及客人的兴趣爱好。作品的风格应与客房的风格相一致。客房一般摆放各种小巧精湛的艺术品。对于常客或重要来宾，应根据其爱好进行布置。如客人喜爱中国书画，可在客房摆设文房四宝等。

（2）色彩、质地。摆件作为室内的点缀，其色彩应该选择室内之所需，或者以对比色起画龙点睛的作用，或者以某一部分的相同色起呼应作用。陈设橱里的摆件色彩除了考虑室内效果，还要注意摆件与橱的关系，简单的方法可用明度对比来进行布置。如深色橱选用浅色摆件，浅色橱则选择深色摆件。橱架与摆件色彩相近时，或以衬垫，或加不同色彩的托盘予以分隔。

摆件的质地在布置中也十分重要，一般光滑的物品如瓷器、玻璃器等采用粗糙的背景能取得较好的视觉效果，而粗糙的物品如陶器、草编、绒毛娃娃等则采用光滑的背景，以显示各自的质感特点。

（3）空间构图。摆件的空间关系主要指摆件在空间的位置与构图关系。一个硕大的花瓶放在一个很小的几架上，或者一个很小的雕刻品放在一个很长的条案上，都会显得比例失调。

在条案上一左一右放两件不同的摆件，就应注意平衡。这种平衡与摆件本身给人的视觉轻重感是分不开的。摆件的轻重感除了体积因素外，颜色、质地等都会对人的视觉产生影响。不同轻重感的摆件并列陈设，可以通过左右前后的移动来求得构图的平衡。如果在较大的陈设橱里陈设摆件，则摆件的空间关系主要体现为橱面构图的疏密和虚实变化。平均摆放容易显得呆板，但无章法的摆放也会使空间混乱。按视觉美的法则应该是在规整中求变化，变化中求规整。

此外，摆件的空间关系还表现在与墙饰品的关系上。摆件与挂饰无论从高低、宽窄还是从风格、色彩上，都只能是相互映衬而不能是彼此排斥。如摆件不能过高，不能挡住画幅。

四、客房绿化饰品

绿化饰品是客房布置的一大品类。随着人们消费观念的变化，绿化饰品在客房越来越受到客人的欢迎。

（一）客房绿化饰品的作用

(1) 调节室内气候。通过植物自身的生态特点，改善室内气候条件，从而起到净化环境的作用。通过室内绿化，调节室内温度，既经济实惠又易于实现。干燥季节，绿化可以使室内湿度增加20%左右；而雨季，由于植物的作用，又可减低室内湿度。由于植物有较好的吸音作用和吸收热辐射能力，可以起到减弱噪音、调节室内温度的作用。

(2) 提高客房的环境质量，满足客人的心理需求。绘画和装饰品虽能美化室内，但毕竟缺少花草树木那种充满生机的力量，尤其在高度都市化的城区里，室内绿化饰品可以给人幽静、宽松和无限美好的遐想。如在家具或沙发的转角和端头、窗台周围，以及一些难以利用的空间死角布置些绿化饰品，可使这些客房空间充满生机。

此外，绿化还可以起到内外空间的过渡与延伸、暗示与指向、限定与分隔及柔化空间硬质感的作用，并有提高礼遇规格、表达各种情谊的作用。当宾客进入客房时，看到桌上的鲜花和绿化饰品，一种亲切感会油然而生。

（二）客房绿化饰品的种类

1. 盆栽

盆栽是将植物栽种于盆内的一种绿化形式。盆栽取材颇广，根据品种和观赏习惯，大致可分为盆树、盆草、盆花和盆果四类：

(1) 盆树。是指盆内栽种的木本类观赏植物，如各类松柏、铁树、棕竹、天竹、龟背竹、南洋杉、袖珍椰子、橡胶树等。

(2) 盆草。是指盆内栽种的草本类观叶植物，如冰水花、文竹、网纹草、鸭跖草、万年青、吊兰、抽叶藤、铁线蕨等。其中，鸭跖草、吊兰、抽叶藤是理想的吊盆植物。

(3) 盆花。是指盆内栽种的以观花为主的植物，有木本也有草本。如杜鹃、八仙花、茉莉花、桃花、山茶、月季属木本类；兰花、水仙、铁线蕨、君子兰、樱草、天竺葵、紫罗兰、海棠、菊花、百合花等属草本花。盆花布置重在选配颜色和花形。

(4) 盆果。是指盆内栽种的以观果为主的植物，如石榴、金橘、葡萄、佛手、香橼等。用这类植物布置室内，给人以丰收、吉祥的联想，从而增添快乐的气氛。

盆栽的管理主要是植物保养，不同的植物有不同的习性，如果不掌握水分、温度、阳光的要求，将影响盆栽植物的正常生长。无论何种盆栽，在室内都应避开暖气管道、空调等设备。此外，放在室内花架、窗台或其他家具上的盆栽，为避免泥水沾污家具或台垫等，都应在盆底外加套盆、碟子。

2. 盆景

盆景即盆中之景，是用植物、石块等材料在盆中再现自然景色的一种艺术。盆景分为树桩盆景和山水盆景两种。盆景作为我国的传统艺术，有着悠久的历史。

(1) 树桩盆景。简称桩景，泛指观赏植物根、干、叶、花、果的色泽和风韵的盆景。树桩盆景的特点是枝叶细小、茎干粗矮、虬曲、苍老而优美。树桩盆景通过剪切或借助其他材料，可按人的主观设计生长。它的长势可分为直干式、蟠曲式、横枝式、悬崖式、提根式、丛林式、垂枝式和寄植式等多种形式，选用的树种主要有五针松、福建茶、石榴树、黄杨树、桧柏、罗汉松、榆树、雀梅、九里香等。

(2) 山水盆景。又叫水石盆景，其特点是通过栽枝点石、效仿大自然的风姿神采、奇山秀水，塑造逼真的小景，给人以“一峰则太华千寻，一勺则江湖万里”的感受。“丈山尺树寸马分人”说的正是盆景中的比例关系。所用石块要有良好的吸水性能，以保持石块整体的湿润，如太湖石、钟乳石、砂积石、珊瑚石等。山水盆景的造型可分为独立式、开合式、散置式、重叠式等。

盆景用的盆种类很多，一般为陶制或瓷制，也有用石块磨制的大理石盘和水磨石盘等。陈设盆景的几架有古色古香的红木几架、轻巧自然的斑竹几架和根制几架。布置中要注意树石、盆钵和几架之间的对比与和谐（即“一盆二景三架”之说）。大型盆景通常放在琴桌、条案或专门的桌子上，小型盆景通常放在茶几、花架和博古架上。

3. 插花

插花是一门剪切植物枝叶进行重新组合和造型的艺术。插花艺术的兴起源于人们对花卉的珍爱，人们从花之纯真美艳的生命，体验到了一种生命的真实与灿烂。插花作为客房绿化的一个方面，既能给客人一种美的享受，又体现了对客人的一种高规格的礼遇。

(1) 插花的花材。

1) 花材的选择。传统的插花材料有限，据初步统计，有牡丹、芍药、玉兰、荷花、芙蓉、山茶、月季、梅、水仙、桃、海棠、兰、秋葵、松、竹、绣球、百合等二三十个大的品种，却忽视了一些小花。其实，许多小花、野草，在形、色、结构组合等方面都是很独特的，特别是它们表现的旺盛生命力和悠然野趣，较之名花、佳花更有情调。现代插花对花材的选择可谓不拘一格。芽体、叶片、花、果、枝条甚至老干枯枝，只要生机勃勃，有美感，并能表现一定艺术主题或象征意义的，均可作为花材。植物材料具有很强的季节性，依时季不同，选择种类亦有差异。

2）花材的整形。花材必须通过整形才能充分展示它的魅力。因此，对花材必须进行必要的艺术加工，以使它的长短、疏密关系更加和谐。整形的方法有以下几种：

● 修剪。修剪花材应除去过多叶片，对玫瑰等带刺花枝要除去枝刺、除去残败的花瓣；木本花材要剪掉重叠枝、下垂枝、交叉枝、胸突枝等杂乱枝条，顶部枝条不能并立，应有高下之分。为充分显示枝条的线条美，可适量剪去过密的枝叶。

● 曲枝。除利用花材本身的姿态，有些还要进行弯曲整形，达到"虽由人作，宛如天成"的造型美，这就需要一些技巧。对草本和木本植物应采取不同的曲枝方法。

3）花材的保养。插花虽然好看，然而"红颜薄命"。要使一件插花作品最大限度地延长观赏期，应注意如下一些保养要素：

● 插花用水以雨水最佳，如果用自来水，则应贮存一两天后再用。水质应保持洁净，夏季每日换水，冬季三四天换一次水。盛水量多并非最好，遵循的原则是：水和空气保持最大接触面积，增加水体的空气流通。

● 花型的高低应根据花材本身吸水能力的强弱而变化，吸水力强的花朵可高插，如唐菖蒲、百合等；吸水力弱的花材可低插，如玫瑰。

● 还可借助辅助手段增加花木的吸水能力。

(2) 插花的器具。"工欲善其事，必先利其器"，做好一件插花作品的前提是要有完备的用具。

1）剑山、插花泥。插花中用于固定花枝的器具有剑山、插花泥。剑山有多种尺寸和样式，有方形、圆形、菱形之分。使用时应根据花器大小和花材多少决定所用形式。使用后必须清除污垢，校正歪斜的针，并收藏于干燥处以免生锈。插花泥有绿色和淡豆沙色。淡豆沙色花泥是用来插干花的。花泥外形颇像海绵，故又有人称之为"吸水海绵"，是一种极为方便的固定基座，通常吸水时间短，吸水量大，保水性能好。

使用花泥应按一定的程序进行。要按需用的大小尺寸切割一块花泥，然后将其平放在水中吸水（不要从花泥上方冲水，以免吸水不完全），待其吸足水分完全沉至水中即可捞出，再放入花器中，注意在花器内固定时切勿用力挤压，以免因破坏花泥密度而影响花枝固定，用花泥插花时应尽量避免将插下的花材拔起再插。

2）花器。在插花艺术中，花器不仅仅是盛水插花的用具，同时也能衬托花

型。花器的种类很多，质料各异，有陶、瓷、铜、银、木、藤、草编、玻璃、塑胶、漆器、玉器，还有合成材料器皿、树根等。选择花器应根据使用场合不同和主题内容的差异而定。花器在形状上也有许多种，有瓶、盘、盆、坛、罐、篮、杯、香炉以及各种造型迥异的异形花器。

花器作为插花器具，也是一种工艺品，有其不同的时空美学要求和功能要求。在空间较小的客房，可选择形式玲珑小巧的花器，使其既能与室内空间和谐，又能点缀出“室雅何须大”的精致。此外，花器还要与环境中的其他摆设和装饰相协调，诸如家具、挂画、窗帘、台面、墙壁等都是应该考虑的因素。如一套中式的房间陈设，配以传统风格的陶瓷器，可更显古雅的风貌；而在现代风格浓郁的房间内，则没有太多的限定，若能将古典的、现代的、手工的、非手工的各式花器合理布置安排，从不一致中求得协调，也都能体现出它们独特的精神和内涵。

(3) 插花造型的基本原理和方法。插花艺术有两种特性：一是素材的丽质性，二是造型的寓意性。它多取法自然而高于自然，以艺术升华为目的，追求自然的再现，取素材本质之瑰丽，抒自我才情之逸志，以点、线、面、块等造型符号为手段，赋予不同作品以拟人化的性格，构成一幅幅生机盎然的画面，表达心灵的感受和对生命的诠释。插花艺术可使人居于室内而享田野之趣。

1) 插花造型的基本原理。插花构图的关键是在有限的空间将各种素材巧妙合理地布局。要求主题突出、宾主呼应、枝条疏密、穿插得宜、虚实相生。

• 主题突出。作品必须突出主体。花材形态千变万化，要使宾主有序，可借助于色彩。一般陪衬枝的色彩比较浅淡，高度低于主枝，动态要应和于主体，从而产生一种导向主枝的向心力。

• 虚实相生。虚实结合的思想是中国传统艺术的一个特性。插花所用的材料均为实物，似乎很难“虚”，其实插花中的虚，是指花、枝、叶的疏、简、散和色轻；实，是指花材的密、繁、聚和色重。只要运用恰如其分，依然能使每种花材该虚则虚、该实则实，达到画面层次清晰、错落有致，有景深的效果。丝石竹、孔雀草等碎花型花卉，适于表达虚空朦胧的情景。有些花如芍药、牡丹的一些品种和洋水仙、波斯菊等，虽花形较大，但其质地轻薄、花色柔和，也适合作虚材表现。各式藤蔓更是勾勒空白的绝佳素材。在中国式的插花中，特别注重留空白，有时只要用很少的两三枝花，精心布局，亦能以少胜多。有些花材色彩凝重、花形规整，比较写实，如菊、香石竹、唐菖蒲等，易作为“实”体花材。然而虚实是一对相对的关系，在不同搭配关系、不同构图条件下，能使其各自的角色发生转换。比如用大捧密集满天星插于粗陶罐中，内插两朵锌红扶郎，此时红色被白色所掩映，白色的满天星在几点红色的映衬下，则显得群星璀璨，美丽异常，这就是虚实角色的转换。

● 疏密穿插。枝条的疏密要合理安排，才不显得零乱，密的部分要尽量集中，疏则可力求稀松。明代袁宏道说："插花不可太繁，亦不可太瘦，多不过两种三种，高低疏密，如画苑布置方妙。"所论即是插花前后枝叶交错适宜，左顾右盼，俯仰有态，画面紧凑而有生气。若一盆有数枝花枝，不能成簇插入完事，而是将数枝分成几组，成组安排，切忌等分。

2）插花造型有以下几种方法：

● 三角形构图。通常以三主枝为骨架，构成正三角形、不等边三角形，最高主枝即第一主枝高度为花器的 1.5 倍，右方第二主枝为第一主枝高度的 2 倍，第三主枝约为第一主枝高度的 1/2。在三主枝之间填插花卉，不可高于第一主枝。结构均匀，比较简单。

● 圆形构图。将花朵造型构成圆形，可显丰满圆润。将花插成圆形后，为避免单调之感，再填插叶片衬托，讨个"团团圆圆"的口彩，是人们喜爱的花型。

● 新月构图。造型弧线如一弯新月，新奇简洁有新意，花枝不能随意交叉，应该比较有秩序，选择柔软易于成弧线的花枝。

● 球面构图。花型成球体平卧的圆弧，较平缓，主花插成低矮的圆弧，线条柔和，辅花、配叶应低于主花，填插在其周转的空间。要点是圆弧面要均衡。通常用于餐桌摆花。

● S 型构图。形如英文字母 S，也称蛇形线条，是西方人士认为的美丽线条，其实，国画的三点构图也包含了 S 形在内。线条柔美抒情，近年不但有竖向 S 构图，还发展了水平状的 S 构图，是一种新潮的构图形式。

● 直上型构图。第一主枝直立，与盆、瓶成垂直角度，第二、第三花枝均有不同角度的倾斜，花型清疏挺拔。

● 倾斜型构图。第一主枝以 70°倾斜插在水盆里，其他两枝花或直立或倾斜较为随意，要点是主枝倾斜，动势较强。

● 下垂型构图。第一主枝倒挂呈下垂势，第二主枝也是由上垂下，第三主枝视整体动态而定，每每不下垂，下垂长度视整体构图而定。

● 水平型构图。该构图形式较新颖，花枝水平横伸，角度在 10°～20°之间游移，呈水平动势，花枝长度依具体情况而定。

以上所述九种构图形式，前五种通常称为西方式插花造型，后四种常称为东方式插花造型，但在插花实践中已不将其截然分开。各花型为达到艺术美的极致，需仰仗于花材的聚散组合、色彩节奏、和谐对比、宾主呼应及花器的搭配，在对立统一中寻找美的和谐。

五、客房装饰布置原则

客房的室内装饰、布置，是客房建筑设计的延续和深化，其任务是组织空间，创造出一种人为的气氛，具有个性的格调，即以材料、光、色彩和各种陈设等为手段和工具，在有限的空间里实现功能、气氛、格调和美感的高度统一，综合运用技术与艺术的手段，创造出适应人的生理和心理要求的良好环境。因此，客房装饰布置、气氛设计的基本原则是：一要适用、经济、美观；二要体现民族特色和地方特色；三要反映礼遇、规格和管理水平。

（一）适用、经济、美观的原则

功能、设计手法和室内形象是客房室内环境艺术和布局装潢的基本要素。所谓功能，就是指某一室内空间的主要用途。

适用就是要从不同的功能需要出发，根据客人住店的活动规律和心理特点，来制定设计方案和装饰布置方案，做到室内环境和装饰布置既舒适、安全、方便，又美观、大方、优雅，引起客人的兴趣，从而产生影响客人意向的形象吸引力。

经济就是在满足功能要求的条件下，在原材料的选购，人力、物力的组织上，要坚持因地制宜、就地取材、才以致用和精打细算的原则，充分发挥技术力量，做到少花钱多办事。室内环境设计和布局装饰需要大笔费用，坚持经济的原则才能节约成本、降低房价，增强竞争能力。因此，有些设备如空调机、管道等的选择要经久耐用，而满足客人需要的物资用品的选择要以美观、经济、有利于及时更新为原则，才能取得优良的经济效益。

美观高雅就是在适用、经济的前提下，尽量满足客人的审美要求。经济并不是越简朴、越省钱越好，经济和美观是互为条件的，都要以功能需要为转移。

（二）体现民族风格和地方特色的原则

客房室内环境和布局装潢体现民族风格和地方特色是旅游事业发展的需要，是从客人心理特点出发的。客人外出旅游参观，有一个很重要的心理特点，即要求改变环境，在紧张繁忙的工作之余希望调节一下生活，恢复身心健康。因此，大多数外国旅游者要求领略异国他乡的民族情趣。饭店建筑要体现民族风格和地方特色，室内环境和布局装饰也要体现民族风格和地方特色，才能满足客人的需要。当然，我们从客房布置、家具式样、室内壁画、装饰物品等到其他一切陈设，要结合功能尽量体现我国丰富多彩的民族风格和地方特色，为旅游者提供一个舒适、美观、优雅、方便的室内环境。只有满足他们想领略我国劳动人民的生活乐趣和民族情趣的心理，才能增强饭店的竞争能力，招徕更多的游客。

（三）反映礼遇规格和管理水平的原则

就客房来说，等级不同、接待对象不同、礼遇规格不同，装饰布置也不一样。在客房大小相同的前提下，其等级标准的差别就在于室内环境艺术和布局装潢的处理上。布置一般家具设备就是普通客房。如果铺上纯羊毛地毯，摆上高档家具，增加冰箱小酒吧、电脑电视、电话，挂上名画，再摆上欣赏价值较高的古玩和工艺美术品、鲜花等，规格就会大大提高，变成高级豪华客房。所以客房的礼遇规格、等级标准是由环境艺术、布局装潢的设计手法和艺术形象来决定的。当然，其房租价格的高低也以此为转移。

六、客房区域功能装饰布置

（一）客房门厅的装饰布置

门厅是从客房入口到客房室内的一个过渡空间。一般普通单间的门厅装饰布置较为简单，只安装一个更衣镜即可。这里主要介绍较高级套间的门厅。

门厅是客人走入房门后第一眼见到的地方，如装饰布置适当，会给客人留下深刻的印象。门厅的基本功能是起缓冲作用。较正规的门厅通常设有衣帽架、壁柜及一组桌椅。墙上有一面更衣镜，供客人进出整装之用。色彩和灯光是门厅效果的关键。由于门厅一般都没有直接向外的窗户，所以通常采用人工照明，如白炽灯。色彩是光线的产物，具有改变空间大小的视觉作用，如运用得当，可使狭小的门厅显得宽敞些。因此要特别注意色彩的搭配，合理选用灯具。

由于门厅是人们常走动的地方，因此这里的地面易被磨损，在选择地板材料时，应以舒适美观和易于清扫为前提。

（二）客厅的装饰布置

客厅的空间设计没有固定的模式，在装饰布置中，应根据房间的布置和具体情况，体现美观实用的原则。

1. 色彩的运用

色彩学的研究成果表明，若不对环境的色彩进行适当的调整和设计，就会严重地影响人的心理、生理健康，甚至危及人的生命。因此，为客人创造一个良好的休息和居住环境，在客房装饰布置时，必须注意色彩的合理运用。但要注意，房间色彩的设计不要千篇一律、互相效仿，不能简单地从概念出发、套用科学的配方，只有真正了解了色彩的含义，才能灵活地运用色彩的特性。

2. 客厅的装饰布置

客厅的装饰布置与背景处理是分不开的，要想表现感性之美，墙面、地面和天花板的处理要特别注意。

同时，样式新颖、功能各异的家具往往也能引起人们的极大兴趣。沙发是

现代客厅中不可缺少的主角。其造型和色彩的搭配往往可以决定客厅的气氛和风格。电视机和音响设备的设置、茶几的巧妙安排，除可渲染客厅的气氛外，若搭配适宜，对整个空间会起到画龙点睛的作用。

客厅装饰品有美化空间的效果。它可以提示人们的视觉焦点，有助于烘托客厅的气氛。

客厅内的光源一般有两类，一类是自然光源，即阳光。另一类是照明光。这两种光源的合理利用，可以给人以丰富多彩、扑朔迷离的感觉。一般客厅都设置一个主灯，辅助照明灯有落地灯、台灯、投射灯、壁灯等。这些灯通常用于阅读或强调室内某个特殊的装饰物。

（三）书房的装饰设置

书房的功能，是为客人提供一个用于阅读、书写和学习的静态工作空间。

书房所用的家具最低限度不少于一桌、一椅。具体内容应根据客房等级来确定。一般套间书房家具可较简单，如是高级套房或总统套房，除应配备书写或阅读家具外，还应适当增加一些供工作学习后小憩的家具。

采光与照明是书房装饰布置的重点之一，在自然光源上，最适宜书房的窗户是朝北的。因为来自北方的光线柔和、简洁、无眩光，且比较稳定。写字台的摆设最好与窗户成直角。

书房的照明应较一般照明更为讲究。在写字台面上的光线应较亮，照明面较大，应从使用者左肩上端照射下来，或在写字台上面装日光灯，使光线直接照射在书桌上。书房里最好有可调整方向，高度、光线较柔和可移动的灯具。

（四）卫生间的装饰布置

卫生间的基本功能有三个，即盥洗、沐浴、坐便。其主要设备有洗脸池、浴缸和抽水马桶。

1. 标准房间的卫生间

（1）装饰部分。采用较高级建筑材料装修地面、墙面，色调柔和，目的物照明度良好，有良好的排风系统或排风器，110/220 伏电源插座，采取有效的防滑措施。

（2）设备。装有抽水马桶、梳妆台，并配有面盆、梳妆镜、带淋浴喷头的浴缸，配有浴帘，24 小时供应洗浴用冷热水。

（3）盥洗服务用品。刷牙用具：2 套；梳子：2 把；洗脸香皂：2 块；洗衣液、洗浴液：各 2 套；漱口杯：2 个，带有消毒杯套；浴帽：2 个；面巾、浴巾、大浴巾：各 2 条；防滑毛巾垫或胶垫一块。

2. 套间卫生间

（1）装饰部分。采用高级建筑材料装修地面、墙面，色调高雅柔和，目的物照明度良好，有良好的排风系统或排风器，110/220 伏电源插座，24 小时供应洗浴用冷热水。另配备电话副机，摆有小盆景或常青花草植物。

(2) 设备。设梳妆台，配备面盆、梳妆镜、带淋浴喷头的浴缸，配浴帘。抽水马桶要求低噪音，浴缸上方配有晾衣绳。

(3) 洗盥服务用品。较高档刷牙用具：2套；较高档梳子：2把；浴帽：2个；较高档浴液、发液：各2套；较高档香皂：2块。

实践活动

1. 利用多媒体课件演示各类客房的布局以及基本设备和用品的配置情况，使学生对各类客房拥有一定的感性认识。

2. 在教师指导下，分组在模拟客房进行客房装饰布置操作练习。

3. 在教师指导下进行插花的模拟练习。

相关链接

客房装饰布置中色彩的运用

在客房建筑的室内，色彩是一个能强烈而迅速被人感知的因素。它不只是一个抽象的概念，而且是与室内每一物体的材料、质地紧密地联系在一起。在室内设计中，色彩占有重要地位，因为室内设计涉及的空间、家具、灯具、织品、装饰品等，最终都是以其形态和色彩为人们所感知的。色彩使用得好坏，除了对视觉环境产生影响外，还对人的情绪、心理有影响，是一种最实际的装饰因素。

一、客房室内色彩的功能

(一) 色彩的物理作用

色彩通过视觉器官为人们感知后可以产生多种作用和效果。其中色彩的物理作用在客房设计中起着积极的作用。

1. 温度感

不同色相的色彩，按色性分为暖色和冷色，如同人们看到太阳会感到温暖，看到田野、森林、水会感到凉爽。人们常把橙色、红色之类的颜色称为暖色，青类颜色称为冷色，介于两者之间的紫色、绿色称为温色，既不属于暖色也不属于冷色的黑色、白色、灰色称为中性色。

色彩的温度感与色彩的明度有关，明度越高越具有凉爽感，明度越低越具

有温暖感。色彩的温度感还与色彩的纯度有关，在暖色范围内，纯度越高温暖感越强，冷色范围内，纯度越高凉爽感越强。

为了更好地创造特定的室内空间气氛，在客房设计中可利用色彩的温度感确定主色调，再利用中性色起调和作用。

2. 距离感

色彩可给人进退、凹凸、远近的不同感觉，这种感觉就称为距离感。色彩的距离感与色相、明度、纯度有关，一般暖色和明度、纯度高的色彩，具有前进、凸出、接近的效果；而冷色和明度、纯度较低的色彩，具有后退、凹进、远离的效果。色彩的距离感用于客房设计中，可改善室内空间的大小和形态。

3. 重量感

色彩的重量感取决于色彩的明度和纯度，明度和纯度高的显得轻，如柠檬黄；明度和纯度低的显得重，如青紫。在客房设计中，常利用色彩的轻重感平衡和稳定室内构图。

4. 体量感

色彩具有膨胀感和收缩感。也就是说，如果物体表面具有的某种颜色看上去好像增加了体量，该颜色属膨胀色；反之，看上去像是缩小了物体的体量，该颜色就属收缩色。色彩的体量感与色相和明度有关。暖色和明度高的色彩在视觉上具有扩散作用，显得物体的体量扩大，而冷色和暗色具有内收作用，因而显得体量缩小。在客房设计中，可以利用色彩的体量感来改善空间尺度和体积，协调室内各部分之间的关系。

（二）色彩的心理与生理作用

人们的生活经验、利害关系以及由色彩引起的联想，决定了人们对不同色彩表现出的好恶感和心理反应。同时起作用的因素还有人的年龄、职业、性格、素养、民族习俗等。

1. 色彩的心理作用

色彩的心理作用表现为两个方面：一方面色彩能给人以美的享受；另一方面色彩能影响人的情绪，引起联想。如人看到红色，可联想到太阳、火光，也可抽象地联想起某一事物的品格和属性。如人看到黑色，就联想到丧事中的黑纱，从而使人感到悲哀、不祥、绝望等。

红、橙、黄、绿、蓝、紫等六色从色相的角度称为标准色。应该指出的是，标准色是很少作大面积使用的。室内装饰布置中大面积使用的，往往是偏向某一色相的复色，如土黄、土绿、土红、棕色、奶油色和各种含灰色，这类颜色有一个重要特点，即朴实、浑厚、不矫揉造作，并给人以稳定感，人们生活的环境大多选择这类颜色。

色彩学除了要研究彩色，同样也要研究无彩色。所谓无彩色是指黑色、白色以及介于其间的各种灰色。

黑色几乎吸收一切光亮，给人以沉重、庄严和肃穆的感觉。在室内设计中仅有少量家具、门、窗框使用黑色，与其他色彩搭配，可以产生更加鲜艳和明快感觉。

白色基本不吸光，意味纯洁、神圣。纯白色在室内不宜大面积使用，因为对眼睛刺激太强。各种奶白色在室内可以使环境变得轻盈、高雅。白色与其他色彩在一起，可以减低其他色彩的彩度。

灰色是一种极稳定的色彩。灰色有深有浅，正灰很少使用。室内大多采用含有某一彩度的灰色，如绿灰、红灰、米灰等。含灰色有助于减轻人眼的疲劳，尤其是人们逗留时间比较长的场合，如客房、办公室等处经常使用。

2. 色彩的生理作用

主要表现在它对人的视觉产生刺激后引起的视觉变化。这种视觉变化称为色适应。当我们观察有色彩的物体时，其背景应为物体颜色的补色，使眼睛在背景上获得平衡和休息。色彩的生理作用还在于它对人的脉搏、心率、血压等有明显的影响。

二、色彩在客房中的应用

（一）色调的确定

一幅画、一个景或任何一组色彩，如果带有明显的色彩倾向，就称为色调。如夕阳下的一片旷野，通常就是橙红色的色调；秋收前的稻田，则是金黄色的色调。色调可以色相区分，也可以明度、彩度或冷暖度区分。例如，深调（低调）、浅调（高调）就是以明度区分；纯调、灰调就是由彩度区分；冷调、暖调则由冷暖度区分。

色调是一门艺术。色调包含了规律、节奏的法则，通过色调使色彩达到多样的统一。色调的确定与室内的功能有关，也与室内建筑条件（如空间大小、接受阳光的多少以及季节、气候等）有关。

饭店的门厅常采用暖色，给宾客以热情的感觉；休息厅采用活泼、明快的色调，给人以清醒感；客房采用柔和、幽雅的色调，给人以文静感；卫生间多用冷色系的蓝、绿、紫等色调，给人以清洁感。

为使客房室内空间具有宽敞感，可选择冷色调，而要使过于空荡的室内变得小而亲切，则可采用暖色调；缺少阳光的房间宜用暖色调，而阳光充足的房间则宜用冷色调；季节的影响主要是通过室内色彩织物、绘画和其他点缀的更换来调节，即夏季采用冷色系和冬季采用暖色系。据实验证明，同一环境用冷色和用暖色两种不同的处理方法，会使人主观感觉的室温相差 3℃左右。

（二）色彩的搭配

色彩搭配的方法也与功能有关，同时还与人的不同阶层、素养、习俗等有关。中国古代的宫殿、府第、衙门喜欢用“朱门金钉”和红、黄、蓝、黑、白等强烈对比的彩画，以显示其富贵尊严的政治地位；而民居或士大夫的园林则以浅灰色的彩画，上着纤细的木纹和点缀浅蓝色花草图案，以表现其恬静的效果。而室内色彩的搭配一般以“大调和，小对比”为原则。这“大”，即客房墙面和天花板，这“小”，即点缀物（如摆件、挂饰和沙发靠垫等），而家具是介于大小之间的。大调和既指整个室内大面积用色的文静、低彩度，也指整体色彩的调和（或称其为整体色）；小对比既指小面积用色的大胆、高彩度，也指画龙点睛的作用（或称其为重点色）。整体色和重点色之间在色彩之属性上应该是呈现对比的。

色彩搭配的方法主要以下四种。

1. 同类色搭配

同类色是指色相相同而明度、彩度不同的色彩组合在一起，如浅灰绿的墙画、墨绿的地毯、翠绿的窗帘，这种搭配就属同类色搭配。同类色是典型调和色。这种搭配朴素、单纯，大多用于宁静、高雅的空间。如起居室、卧室和书房等。同类色的搭配很容易掌握，其不足之处是有时让人觉得过于沉闷、单调。通常弥补的方法是利用质地、纹理、光影的差别造成变化，或有目的地选择与基调相对比的挂饰、盆花、摆件等点缀物，以起到提醒作用。

2. 类似色搭配

类似色（也称近邻色），是指色相环 90°范围内的色彩组合在一起，如黄、黄绿和绿，红、红紫和紫等。这种搭配就属类似色搭配。类似色搭配有一个明显的特点，即一组色彩中的每色都含有相同的原色成分。类似色搭配也是一种调和色搭配，但比同类色搭配更富有层次变化。类似色搭配在当今室内布置中运用较广。

3. 对比色搭配

对比色是指色相性质相反或明暗相差悬殊的色彩，如红与绿、黄与紫、蓝与橙、黑与白等的搭配。色相环上相对应的色彩，即互为补色的两种色彩的搭配，称为补色搭配。补色的搭配是一种典型的对比色搭配，与此相对非补色的对比搭配，则称弱对比搭配。对比色搭配具有鲜明、强烈、跳跃的特点，在搭配方法上需要有一定的技巧。如对比色所占面积要有明显的主次，古人曰“万绿丛中一点红”，这万绿就是基色，即主色；一点红是补色，即点缀色。对比色彼此要交错、渗透，用中和色帮助调和。如对比色本身很不稳定，但穿插了黑、白、金、银的任何一色，都会使整体变得稳定起来。

4. 有彩色与无彩色的搭配

有彩色是活跃的，而无彩色则是平稳的，这两类色彩搭配在一起，可以取

得很好的效果。在室内黑、白、灰的东西并不少，它们与彩色物品摆在一起别有一番情趣，很具有现代感。

知识拓展

不同国家的禁忌风俗

一、英国

“3”和“13”这两个数，英国人认为是不吉利的。重要的活动不安排在13日，饭店一律没有13号房间。忌用人像作为服饰图案和商品装潢；忌用大象和孔雀图案；忌送百合花。

二、法国

法国人忌讳“13”这个数，无13号座位、13号房间，城镇的门牌号也难以见到一个13号。人们往往以“12B”或“14A”来代替13号。法国人忌讳孔雀与仙鹤。红色或黄色的花都被认为是不吉利的颜色，黄色的花还是不忠诚的表示。菊花、杜鹃花也都是不吉利的，因为只有在葬礼上才使用。除此之外，法国人还忌墨绿色、黑桃图案，核桃也是不祥之物。法国人喜爱公鸡，把它看作是“光明”的象征。他们喜爱蓝色，把这种颜色看成是“宁静”和“忠诚”的色彩。

三、德国

德国人非常注重礼品的装潢，至于里面的东西是否满意，那不是太重要的。在德国，玫瑰花是专为情人准备的，而蔷薇、菊花则是为悼念亡者所用的。德国人比较注重衣着，外出必须穿戴整齐，观看文艺演出、出席宴会和其他社交活动时，男士必须穿礼服、女士穿长裙。

四、意大利

意大利人忌菊花，因为菊花是葬礼上用的；还忌讳用手帕做礼物送人，认为手帕是惜别时擦眼泪用的，令人伤感；也忌讳别人用目光盯视他们，认为这是对人的不尊重，还可能有不良企图；给意大利人倒酒时，切忌反手倒，这意味着“势不两立”，它源于黑手党的一种手势。

五、美国

美国人忌讳别人询问他们的年龄、某种东西的价格，以及对妇女“太胖、太瘦”等品头论足的话；忌讳向妇女送香水、衣物、化妆用品；不喜欢服务人员给他们送香巾擦脸；老人上楼、爬山等不喜欢有人去扶他们；忌讳同性别的人一起跳舞；忌讳带有公司标志的礼物，因有做广告之嫌。

美国人送礼物必须送得有意义，不能动辄送礼，这样对方不但不会感激，还会疑心其另有所图。他们一般对气味很敏感，尤其厌闻大蒜气味，外出之前如果吃过蒜，最好先漱口刷牙。美国人喜欢白色（象征纯洁）以及白猫、白头鹰（国鸟），也喜欢蓝色和红色，认为是如意的象征。

六、日本

日本人讲究送礼，而且注重实惠，但在送礼时一定要记住：菊花和带有菊花图案的物品不能随意送人。因为菊花是皇室家族的标志，是一般人不敢也不能接受的物品。日本人不喜欢紫色，忌讳绿色，还忌讳狐狸、獾及荷花。日本人忌数字“2”、“4”、“8”和“9”（日语发音“4”与“死”相似，“9”与“苦”相似），不喜欢偶数，而对奇数颇有好感。日本人忌送梳子（发音近似“苦死”）。

七、泰国

泰国人重头、轻脚，不能随便摸泰国人的脑袋，连小孩的头也不能摸，否则被认为是不恭和蔑视，物品不能从别人头部掠过；睡觉时不能头朝西，因为日落西方象征死亡；忌用脚踢门、忌就座时跷腿、忌将脚伸到别人跟前，这些都被视为失礼。泰国人绝不用红笔签名，因为人死后用红笔把名字写在棺木上；递送物品忌用左手。泰国人喜欢数字“9”，喜爱蓝色，喜爱荷花。

复习思考题

1. 客房设计的理念和原则是什么?

2. 一间普通客房通常有哪些功能性空间区域?

3. 简述客房室内照明的作用、方式、灯具的种类以及客房照明设计的主要内容和基本要求。

4. 从功能性和艺术性两个方面来考虑，选择客房家具有哪些注意事项？客房家具在布局上又有哪些要求？

5. 常用的客房装饰品有哪些？各有什么特点和要求？

6. 客房内的绿化饰品有什么作用？常用的绿化饰品有哪些种类？它们各有什么特点？使用各种绿化饰品时要分别注意什么？

7. 插花常用哪些器具？插花造型的基本原理和方法是什么？

第2章　客房设备与客用物品

教学任务

讲述客房设备与客用物品的种类及配备原则；重点讲述客房设备与客用物品的正确使用与保养；详细讲述客房设备与客用物品的有效管理方式。

学习任务

能够正确使用和保养客房设备与客用物品；能够独立完成客用物品的保管、领发；能够正确使用和填写各种管理表格和卡片，对客房设备和客用物品进行有效管理。

2.1　客房设备的使用和保养

合理使用和妥善保养客房设备，可以保证客房处于正常完好的状态，因此，延长客房设备的使用寿命，是客房设备使用与保养的基本要求。

一、客房设备的种类

根据用途，客房设备分为电器类、卫生洁具类、家具类、安全装置、地毯等。

（一）电器

客房内配备的电器设备主要有电视机、空调、电冰箱、灯具、音响等。空调有中央空调和分体空调之分。饭店大多使用中央空调。房内配有控制器，以调节室内温度。一些高档客房还配有自动熨斗和衣架，以方便客人熨烫衣物。

（二）卫生洁具

客房卫生洁具主要有浴缸、淋浴器、坐便器、洗脸盆。高档客房内还装有净身器等。

（三）家具

客房内主要应配有床、床头柜、写字台、靠背椅、沙发、躺椅、电视机柜、行李柜（架）、衣橱等家具。

（四）安全装置

为了保证客人的安全，客房内必须配备安全装置。如消防报警装置，有烟感器、温感器及自动喷淋等，其他安全装置有窥镜和防盗链等。高档次客房在房内还配有小型保险箱。

（五）地毯

地毯具有保暖、隔音、装饰、舒适等作用。饭店通常把地毯作为客房地面的装饰材料。

二、客房设备的配备

客房设备的配备不仅是简单的客房家具布置和设备安装问题，更重要的是客房产品的设计问题，包括客房应该配置设备的种类、样式等。客房设备的配置直接影响客房的功能、档次和特色。因此，饭店必须从产品设计的角度来配置客房设备。具体应考虑以下几方面的问题。

（一）客房档次

要依据经济合理的原则，选择配备与客房档次相适应的设备。档次高的客房，配置设备的种类多，规格也高。如卫生间的卫生洁具，普通档次的客房一般配备“三大件”，即浴缸、洗脸盆、坐便器，而豪华客房卫生间往往配有“四大件”（三大件加净身器），甚至五大件（四大件加淋浴器）。有些高档次的客房，卫生间除配有电话分机外，还增设小电视和音响，方便客人随时观看电视节目和收听广播。

（二）客房种类

一家饭店通常会设计若干不同类型的客房。因各类客房的使用功能不同，客房设备配置的要求也不同。如商务客房，客人往往会将其作为第二办公室，而且一般是单独使用一间客房。客房内应配置一张双人床、一套舒适的办公桌椅和现代化的办公设备（或者为客人使用自备的办公设备提供方便）。而公寓房则应考虑家庭居住的需要，配备小型的厨房、简单的厨具，如电冰箱、微波炉等。

（三）使用对象

不同的使用对象，对客房有着不同的消费需求。饭店应重视研究各类消费群体的特点及他们对客房的特殊需求，有针对性地配置各类客房设备，最大限

度地满足客人的需求。如有些客人对健身设施要求较高，客房内就应配备一些简单的健身器材，如跑步器、哑铃等；对爱好音乐的客人客房内需要配置音响设备等。

(四) 经营思想

饭店管理者的经营思想是配备客房设备的主要依据之一。如果管理者主要从节约能源方面考虑，有些客房设备及用品（如电热淋浴器、电热水瓶等）虽然使用方便，但耗电量较大，就不宜选用。

(五) 竞争对手

饭店应对其主要竞争对手的客房设备配备的种类、规格、档次等情况了如指掌。为保持在竞争中的优势，客房设备配置应适度超前，在竞争对手中处于较为有利的地位，做到“人无我有，人有我优，人优我特”，打出品牌，创出特色，以吸引客人。

三、客房设备使用前的准备工作

充分做好客房设备使用前的准备工作，贯彻“预防为主”的方针，是做好设备使用和保养的先决条件。

(一) 重视员工的培训

客房部员工是设备使用和保养的主要责任人。饭店必须重视员工的培训。客房设备投入使用或新员工上岗前，饭店应安排员工接受相关的专业培训。培训的主要内容有：客房设备的用途、性能、保养要求和使用方法，以及简单的维修知识等。培训后要进行考核，新员工经考核合格后方能上岗。这项培训工作最好由设备供货商负责，也可由饭店有关专业人员承担。

(二) 制定操作规范和保养制度

根据每种客房设备的产品说明书及售后培训内容，制定相关的操作规范和保养制度；最好能配以图片，张贴在楼层工作间，为实行客房设备“操作规范化、保养制度化”管理做好基础工作。

四、客房主要设备的使用与保养

客房设备主要包括电视机、空调、电冰箱、照明用具及卫生洁具。

(一) 电视机

1. 电视机的检查

(1) 开启电源开关，显像管在5秒之内即应发光，这是因为彩色显像管具有快速启动的功能。随着使用时间的延长，启动时间会加长。

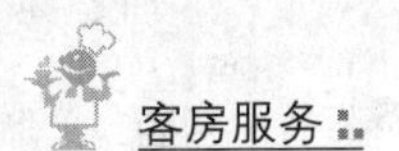

(2) 接收电视节目时，调整好对比度、亮度和色度，应能得到满意的图像和不失真的声音。

(3) 观察几何失真与非线性失真情况。

2. 电视机的使用与维修

(1) 电视机应安放在通风良好的地方，放置位置要距墙5厘米以上。

(2) 电视机的屏幕一般背对窗口位置，避免阳光直射在电视机屏幕上。

(3) 电视机最好面向南或向北放置，这样，地磁对显像管的影响最小，否则可能产生色度不好的现象。

(4) 电视机不得靠近热源，否则机壳会变形，或因过热使电路发生故障。

(5) 注意防尘，定期请维修人员清理。

3. 电视机使用注意事项

(1) 电视遥控器内的电池可能用半年左右，若遥控器不能正常使用，大都因电池电力耗尽，故应及时更换。

(2) 电视机上不要放置任何物品，尤其是小件物品。以免掉入机内造成故障。

(3) 在收看电视时，手触及屏幕会有轻微的放电，这是因显像管表面带有静电的缘故，对人体无影响，遇有这种情况不必慌张。

(4) 机壳及表面操作部分的污迹，请用软布轻轻地擦净。尘污过多时，可用水和中性洗涤剂清除，而后用干布擦干。

(5) 磁性物体会干扰电视机的色彩，请勿使磁铁、含有磁性的玩具、收音机及其他类似物品接近电视机。

(6) 电视机长期不使用时，夏季一个月通电一次，时间在两小时以上；冬季三个月通电一次，时间在三小时以上。

(7) 电视机的内部有很高的电压，有的电视机机芯带有220伏电压。非电视机维修人员不要随便打开电视机的后盖，以免触电或造成电视机的损坏。

(8) 电视机运输时，禁止碰撞，最好装入包装箱内，以起到良好的防护作用。

(二) 电冰箱

1. 电冰箱的类型和星级

(1) 类型。

1) 亚温带型，使用环境温度10℃～32℃。按规定，测试冷藏室的三点温度应为－1℃～10℃，三点最大平均温度为7℃。

2) 温带型，使用环境温度为16℃～32℃。测试冷藏室的三点温度为0℃～10℃，三点最大平均温度为5℃。

3) 亚热带型，使用环境温度为18℃～38℃。测试冷藏室的三点温度为0℃～

12℃，三点最大平均温度为7℃。

4）热带型，使用环境温度为18℃～43℃。测试冷藏室的三点温度为0℃～12℃，三点最大平均温度为7℃。

（2）星级。电冰箱冷冻室的性能，国际上统一用星级来表示。星级的表示符号是雪花图案，一个“雪花”表示冷冻室温度低于－6℃；两个“雪花”表示低于－12℃；三个“雪花”表示低于－18℃；四个“雪花”表示低于－24℃并有一定的速冻能力。

2. 使用电冰箱注意事项

（1）搬动时要箱体直立，如倾斜时倾斜度不得超过45°，更不允许将电冰箱倒置。

（2）电冰箱要放在干燥、通风、阴凉的地方，而且要远离热源，避免阳光直射。其背部要与墙有10厘米左右的距离，以保证散热。

（3）不要把带有热气的食品和热水放入冰箱，否则热食品会损坏温度控制器。

（4）电冰箱内存放的食品、饮料不宜过多，要经常保持冰箱内的清洁。

（5）停电时，尽量不要开电冰箱门，以便控制箱内的温度上升。

（6）电冰箱长期不用要拔下电源插头，切断电源，取出食品，清理干净。

（7）电源一旦中断，要等5分钟后再启动。

（8）切不可将水泼洒到电冰箱的电器部件上，否则会损坏电冰箱的电器机件。

（9）切不可用酸、稀释剂等化学药品及热水清洗电冰箱，否则会使塑料部件变形、变质。

（10）不可用电冰箱代替空调器来降低室温。

（11）电冰箱化霜时，切不可用坚硬刀子或金属物件刮剥，以免损坏蒸发器和其他部件。

（12）电冰箱不可贮存乙醚、汽油、油漆、苯、酒精等易挥发、易燃烧的物品。

（三）空调器

1. 空调器使用注意事项

（1）使用冷气时最好比室外气温低4℃～5℃，使用暖气时控制在18℃～20℃之内。

（2）关闭后再重新启动时，必须等3分钟以后，以免机内气体没有充分得到平衡，重开机时使负荷过大，引起电机损坏。

（3）电源插头要插牢，否则会引起漏电或过度发热。

（4）不要利用电源的接通或切断控制机器，否则会引起触电或过度发热。

(5) 吸入口和吹风口不要插入细棍等杂物。

(6) 不要堵塞吸入口和吹风口，这样会给空调器增加负担，使性能下降或引起过流保护装置启动，使机器停止运转。

(7) 不要喷洒可燃性药物，如杀虫剂、油漆等，以免引起火灾。

(8) 长时间不使用时应拔掉电源插头。

2. 空调器的维护和保养

(1) 有空调器的房间，要保持清洁、干燥。

(2) 不要往空调器上浇水，以免损坏空调器绝缘。

(3) 经常清洗空气过滤网，空气过滤器应每 2～3 周清洗一次，具体做法是：1) 从面板上取下过滤器；2) 用吸尘器把堵塞空气过滤器的灰尘除去，或者用低于 40℃的温水、肥皂水、中性洗涤剂溶液清洗，然后用清水冲洗，并用软布把水擦干。

(4) 空调器内部冷凝器、蒸发器等处的灰尘，可用软毛刷或吸尘器进行清扫，但注意不要碰损内部零件与金属散热片。

(5) 机器运转有异常现象时，应立即停机检查，排除故障后方可重新使用。

客房主要设备的使用与保养请参见表 2—1。

2.2 客房设备的管理

客房设备管理是客房管理的重要内容，加强对客房设备的管理，有利于保证客房产品质量，延长设备的使用寿命，减少设备维修更新的资金投入。

一、客房设备的资产管理

(一) 建立账卡

购进客房设备后，客房管理人员必须严格查验，建立设备登记档案，将需用的设备按进货时的发票编号、分类、注册，记下品种、规格、型号、数量、价值以及分配到何部门、何班组。每个使用单位（一般以一个或若干个班组为一个单位）将所管理的设备登记在小组设备账本上。在建账过程中，要做到账物相符、账账相符。“账物相符”是指各类设备的品种、数量一定要与所登记的品种、数量相符，“账账相符”是指各小组的分账本要与客房总账本及饭店总账本相符。小组账本分类要细致，设备通常有多少种，账本就应有多少页。每一页应登记相关项目（见表 2—2）。

表 2—1　　客房主要设备的使用与保养

设备名称 \ 使用保养	搬运与安装	使用	保养	故障检查	维修
电视机	1. 应安放在通风良好处，距墙 5 厘米以上，切勿置于高温、潮湿、灰尘多处，一般应背对窗户，避免阳光直射。为减少地磁对彩色显像管的影响，电视机最好面朝南北方向。 2. 切勿碰撞或剧烈震动。	1. 按使用说明书调试。 2. 电线、天线和插头完好。 3. 使用时通风散热良好。 4. 远离带有磁性的物体。 5. 防止水或其他物品进入机内。	1. 长期不使用时需罩好，定期将罩子取下通电，以去除机内潮气。夏季每月通电 1 次，每次 2 小时以上；冬季每 3 个月 1 次，每次 3 小时以上。 2. 用柔软的干布和中性清洁剂擦拭。		发生故障可对照说明书排查。无法排除故障时，应请专业人员检修。
电冰箱	1. 搬运时防止剧烈震动，否则会损坏零部件。 2. 要平稳直立，与地面倾角不小于 45°，更不能倒置。 3. 背面距墙 10 厘米以上，保证通风散热良好。	1. 温度调节：通过箱内的温度调节器调节。 2. 制冰：在清洁卫生的冰盒内倒入 4/5 的凉开水或饮料，再将冰盒放入冷冻室冷冻。 3. 储物：(1) 存放食品饮料不宜过多，不能紧贴后壁。(2) 瓶装液体饮料应放在冷藏室箱门的格架上，不可放入冷冻室。(3) 冰箱内不可储存乙醚、汽油、油漆、酒精、苯等易挥发和易燃、易爆物品。 4. 除霜：当蒸发器表面结有一定厚度（约 5mm）的冰霜时，即应除霜。(1) 自动除霜。用定时器控制，24 小时除霜 1 次，即	1. 长期不使用时应拔下电源插头，取出食品，保持箱体内外干净；电源不能时通时断，要连续供电。冬季冰箱也不宜停用。 2. 阴雨天气及潮湿季节，空气中的水分会凝结成水珠附在冰箱外壳上，这是正常现象，只需用柔软的干布擦拭。 3. 经常清洗箱体内外，防止异味产生。内部附件及外表可用浸有温水或中性清洁剂的软布擦洗。塑料器件不能用开水和酸、苯等有机溶剂，以免老化变形。 4. 不能频繁开启箱门，开门次数要少，门打开的时间要短。	1. 噪音过大：(1) 安放不平稳；(2) 紧靠墙壁或其他物体。 2. 触摸时有触电感：(1) 没有接地或接地不良。(2) 静电感应。 3. 制冷效果不佳：(1) 内部物品放得过多、过紧，影响了空气	应请专业人员检修

续前表

使用保养 设备名称	搬运与安装	使　用	保　养	故障检查	维　修
电冰箱	4. 严禁在冰箱上放置电器和其他过重物品。 5. 要有独立的电源和可靠的接地线。	使蒸发器上没有结霜，定时器也会定时发出除霜指令。(2) 半自动除霜。用手按下按钮，冰箱会自动除霜。除霜结束后，将按钮复位。(3) 人工除霜。切断电源，打开箱门，待霜融化后，用软布蘸上温水擦拭，并用干布擦净。	5. 冰箱确需停用时应采取的保护措施：(1) 将温控器调节盘置于“0”或“MAX”(强冷) 位置，使温控器处于自然状态，延长其使用寿命；(2) 在密封条与箱体之间垫上纸条，防止互相粘连；(3) 每月开机 1 次，使压缩机运转30～60 分钟。	流通；(2) 温控器调节不当；(3) 门没关严，开关过于频繁或门打开的时间过长；(4) 冰箱背部和顶部通风空间不够；(5) 冷凝器上积尘过多。	应请专业人员检修
空调		1. 由专人负责管理，按季节集中供冷、热风。 2. 各房间配有控制器、送风口，可按需调节。	1. 定期清洁鼓风机和导管。 2. 每隔 2～3 个月清洗 1 次过滤网，保证通风流畅。 3. 定期给电机轴传动部位加注润滑油。		
照明	1. 电源插座要牢固，以防跑电、漏电。 2. 电线相对隐蔽，并整理好外露电线。		1. 电线应保持表面无破损。 2. 擦拭灯罩尤其是灯泡、灯管时，需切断电源，用干的软布擦拭。		
卫生洁具			1. 经常擦洗，保持清洁卫生。 2. 擦洗时，一般选用中性清洁剂，切忌用强酸或强碱，因为它们不仅会破坏卫生洁具瓷面光泽，损坏釉质，还会腐蚀下水道。 3. 防止水龙头或淋浴喷头滴漏水。发现情况及时报修。 4. 定期清洗洗脸盆、浴缸下水塞及下水口，并杀菌消毒。		

表2—2　　客房设备账卡

班组________

类别	名称	编号	规格	数量	领出	结存	建账日期	经手人

客房设备还要建立相应的档案卡，建卡时要做到账卡相符，即档案卡登记设备的品种、数量要与小组账本相符，以便核对控制。客房设备在使用过程中发生维修、变动、损坏等情况，都应在档案卡片及相关账册上做好登记，设备的使用状况也要做好记录，以便设备维修部门全面掌握。在建立客房设备档案时，要按一定的分类法进行分类编号，使每件设备都有分类号，以便管理（见表2—3）。

表2—3　　客房设备档案卡

项目	购买日期	供应商	价格
型号		编号	
出外维修情况			
日期	价格	维修项目	修理方式

（二）建立客房设备的历史档案

为了全面掌握客房设备的使用情况，加强对客房设备的管理，除了建立设备账卡外，还应建立客房设备的历史档案。

1. 客房装饰一览表

该表要求将客房家具、地毯、织物、电器、建筑装饰及卫生间材料等分类记录，并注明其规格特征、制造商、使用日期等。每一间客房一张表格（见表2—4）。

2. 楼层设计图

客房每一楼层的设计图可表明饭店共有多少种类型的客房，其确切的分布情况和功能设计等。

表 2—4　　客房装饰一览表

区域________　房号________　类型________　面积________

设备类别	项目	数量	规格	制造商	色彩	单价	使用日期	维修保养记录	更新改造	备注
家具	床垫床架									
	床头板									
	床头柜									
地毯织物										
电器										
建筑材料										
卫生间										

3. 地毯织物等样品

每间客房的地毯、墙纸、床罩、窗帘等各种装饰织物的样品都应作为存档资料，若原来选用的材料短缺而用其他材料作为代用品，也应保留一份替代品的样品。

4. 照片资料

每一种类型的客房都应保留相关的照片资料，包括客房平面图、床和床头柜的布置，卫生间的布置装饰及套房的起居室、餐室、厨房等的布置。

5. 客房号码

根据客房的类别和装饰特点，分别列出客房号码的清单。

建好客房设备档案后，还应根据新的变化做好补充和更改工作，确保记录常更常新。

二、客房设备的日常管理

(一) 做好设备使用培训工作

客房部要加强对员工的技术培训，提高他们的操作技能，培养他们良好的

职业道德及责任心，教会他们掌握客房各类设备的用途、性能、使用和保养方法。

（二）制定保养制度

应就客房所有的设备制定保养条例，定期进行检查维护，使其处于正常工作状态。如定期清洁空调网罩、上家具蜡等。应注意各种设备防潮、防锈、防腐蚀、防超负荷使用。存放在库房的备用设备或维修、报废的设备，必须擦拭干净，摆放整齐，并有防护措施。

（三）建立定期检查制度

为保证客房设备运行良好、及时发现隐患，对各类客房设备应实行定期检查制度，责任到人。如美国假日饭店管理集团公司采用万能工的方式，定期对客房进行检查及计划维修。

下面是某饭店万能工的工作安排：

（1）对客房检修。

1）每年对客房全面检修4次。

2）每个万能工每天负责检修4间客房，每季度要求检修264间客房（共66天）。

3）每个万能工负责4个楼层客房及楼层区域，共负责252间客房（63天）。

4）每个万能工全年必须检修1 008间客房。

（2）每季度检修公共区域（3天）。

（3）将每天的检修结果填写在登记表中（见表2—5），每月将工作报表填好，上报存档。

表2—5　　**设备维护检查表**

设备编号：

设备名称	作业	开始： 完成：	科目：	承担部门：

说明：		地址：	
检修项目	情况	检修项目	情况

日期：　　签名：

意见及说明：

（四）做好相关记录

客房设备不能随意搬进搬出。在一些管理严格的饭店，搬动或更换客房设备都须办理相关手续。所有需要出门维修的设备，即使是从客房部拿到工程部，都必须做好记录，填写维修单（见表 2—6），同时要在原设备摆放处打上维修标志或用备用品代替，直到维修的设备送回原处。

表 2—6　　设备维修单

维修卡 No.	维修附卡（2）No.	维修附卡（1）No.
日期	物件名称	物件名称
物件名称	收件部门（人）	收件部门（人）
取自　　收回	收件日期	收件日期
需维修内容	送修部门（人）	送修部门（人）
	送至	送至
	送修日期	送修日期
	备注	备注

（五）制定报损、赔偿制度

如果住客不慎损坏了客房设备，应根据饭店有关赔偿制度索赔，如无法修复，应按有关程序报损或报废。若是员工损坏设备，则根据具体情况做出相应的处理。

（六）定期盘点

要对客房设备定期盘点，以免因日久或交接频繁出现误差，发现账物不相符的要找出原因，及时处理。

2.3　客用物品的配置

一、客用物品的种类

客房客用物品的品种较多，通常分为两大类：客用消耗物品和客用固定物品。

客用消耗物品主要是指供客人在住店期间使用消耗，也可在离店时带走的物品。此类物品价格相对较低、易于消耗，所以，也有人称之为客用低值易耗品，如火柴、茶叶、信封、信笺、肥皂等。

客用固定物品是指客房内配置的可连续多次供客人使用、正常情况下短期内不会损坏或消耗的物品。这类物品仅供客人在住店期间使用，不可消耗，也不能在离店时带走，如布草、杯具、衣架、水瓶、文具类等。

二、客用物品的配置

不同等级的饭店、不同档次的客房，客用物品配置的种类、规格是不相同的。饭店应根据自身的情况及有关行业标准，合理配置客房客用物品。

（一）客用物品配置的指导思想

1. 宾客至上

客房客用物品的配置，必须能满足客人日常起居生活的需要，充分体现“宾客至上”的原则，做到实用、美观、方便。如配备针线盒时，在针线盒中加上一根小别针，可供客人应急时使用，将不同颜色的线穿好在针眼内，可免去客人“穿针引线”之累；再配上一把小剪刀，更体现了事事处处为客人着想、方便客人的服务精神。

2. 效益为本

在满足客人实际需要的前提下，客房客用物品的配置要以“效益为本”，考虑投入与产出的关系，尽可能选择价廉物美的产品，以降低客房费用。如小闹钟是多数欧美旅客所喜欢的用品，客房内配置使用电池的小闹钟，一定会受到客人的欢迎，其费用也不高。

3. 利于环保

环境保护已经成了全人类的共同任务，饭店应尽可能选用有利于环保和可再生利用的客用物品。如配置固定的可添加液体肥皂的容器，将容器分别安装在洗脸台上方和浴缸上方墙面，客人用多少按压多少，既方便了客人，又减少了浪费。

（二）客房客用物品的配置

客房内所配备的客用物品，要以客房的类别和档次为依据。在品种、数量、规格、质量以及摆放要求等各方面有统一的标准，并制成表格、图片等，以供日常发放、配置、检查和培训时使用。饭店在制定这些标准时，要参照行业标准、竞争对手标准以及国际标准等，做到既不违反常理，又有突破创新，以获得实效为主旨。

三、客用物品的管理

（一）客用物品的保管

做好客房客用物品的保管，可以减少物品的损耗，保证周转。良好的库存条件及合理的物流管理程序是搞好客房客用物品保管工作的两个必要条件。

1. 良好的库存条件

(1) 库房要保持清洁、整齐、干燥。

(2) 货架应采用开放式，货架与货架之间要有一定的间距，以利通风。

(3) 进库物品要按性质、特点、类别分别堆放，及时码垛。

(4) 加强库房安全管理，做到“四防”，即防火、防盗、防鼠疫虫蛀、防霉烂变质等。

2. 合理的物流管理程序

(1) 严格验收。

(2) 分类上架摆放。

(3) 进出货物及时填写货卡，做到“有货必有卡，卡货必相符”。

(4) 遵循“先进先出”的原则，应经常检查在库物品，发现霉变、破损及时填写报损单，报请有关部门审批。

(5) 定期盘点，对长期滞存积压的物品要主动上报。

(6) 严格掌握在库物品的保质期，对即将到期的货物应提前向上级反映，以免造成不必要的损失。

(二) 客用物品的领发

客房客用物品须定期领用发放，做到保证满足客房运转需要，省时省力，减少领发环节及损耗。通常根据楼层小仓库的配备标准和楼层消耗量等规定领发的时间，一般是一周领发一次，并规定领发日。这样不仅使领发工作具有计划性，方便中心库房人员的工作，还能促使楼层工作有条不紊，减少漏洞。在领发之前，楼层服务员应将本楼层小仓库的现存情况统计出来，按楼层小仓库的规定配备标准提出申领计划，填好《客房物品申领表》，由领班签字。中心库房在规定时间根据《申领表》发放物品，并凭《申领表》做账。

(三) 客用物品的消耗控制

1. 制定消耗定额

在实际工作中，客房部应加强对客用物品消耗情况的统计分析，积累经验，从而制定出客用物品的消耗定额，并据此对客用物品进行有效控制。

(1) 客用消耗物品的消耗定额。通常，客用消耗物品是按客房客用物品的配备标准配置和补充的。但由于客用消耗物品并非每天都全部消耗掉，因此，对这些物品的实际消耗情况要进行具体的统计分析，从中找出规律。

1) 单项客用消耗物品的消耗定额。

单项客用消耗物品的消耗定额可以用下列公式计算：

$$\text{单项客用消耗物品的消耗定额} = \text{出租客房的间天数} \times \text{每天客房的配置数} \times \text{平均消耗率}$$

例如，客房内的茶叶，每间客房每天供应4包，每间客房每天的平均消耗量为3包，平均消耗率为3/4，即75%。如果某一楼层本月客房的出租总数为576间天，那么该楼层本月茶叶的消耗应为：576×4×75%=1 728（包）

2）全部消耗物品的定额。

全部客用消耗物品的定额可用下列公式计算：

$$\text{全部客用消耗物品的消耗金额}=\text{出租客房的间天数}\times\text{平均消耗率}\times\text{每间客房配置客用消耗品的总金额}$$

例如：客房全部客用消耗物品的总金额是8元，平均消耗率为60%，某楼层某月出租客房的总数为576间天，那么该楼层本月客用消耗物品的消耗总金额为：576×8×60%=2 764.80（元）

（2）客用固定物品的消耗定额。客用固定物品的消耗定额，应根据各种物品的使用寿命、合理的损耗率及年度更新率来确定。这类物品的品种很多，各种物品的使用寿命、损耗率及更新率因质量及使用频率等的不同而不同，因此要分别单独制定其消耗定额。

例如：客房的玻璃杯每间天的损耗率为3%，每间客房所配置的玻璃杯平均为4只，如果某楼层某月出租的客房总数为576间天，该楼层本月玻璃杯的消耗额为：576×4×3%=69（只）

在控制客用物品时，要做到内外有别，即客人使用的物品要严格按有关标准配备，该补充的一定要补充，该更新的必须及时更新。内部员工使用的，要厉行节约，能修则修，能补则补，精打细算，在保证对客服务质量的前提下尽可能节约。

2. 制定客用物品的配备标准

制定客用物品的配备标准是实施客用物品消耗控制的重要措施之一。合理的客用物品配备标准，既能满足对客服务的需要，又不过多占用流动资金，还能避免不必要的损耗。

（1）客房客用物品的配备标准。应详细规定各种类型、等级的客房客用物品配备数量及摆放位置，并以书面形式固定下来，最好配上图片，以供日常发放、检查及培训用。这是控制客用物品消耗的基础。

（2）楼层小仓库客房客用物品的配备标准。楼层小仓库应该配备客房客用物品，以供楼层周转使用。其客用消耗物品的配备通常以一周使用量为宜；对其他非消耗品，则应根据各楼层的客房数量及客情等具体情况确定合理的数量标准。配备物品的品种、数量等需用卡或表格标明，并贴在库房内，以供盘点和申领时对照。

（3）中心库房客用物品的配备标准。客房部通常设有中心库房，储备客房部的常用物品。中心库房的客用消耗品储量以一个月的消耗量为标准，其他客用物品的品种和数量则视实际使用和消耗情况及周转频率确定。

3. 加强日常管理

日常管理是客房客用物品消耗控制工作中最容易发生问题的一个环节，也是最重要的一个环节。

(1) 专人领发，专人保管，责任到人。客房客用物品的领发应由专人负责，不能多人经手。如果必须多人经手，就要严格履行有关手续。储存和配置在各处的物品，要由专人保管，做到谁管谁用、谁用谁管，避免责任不明，互相推诿。

(2) 防止流失。在客房客用物品的日常管理中，要严格控制非正常的消耗。如员工自己使用、送给他人使用、对客人超常规供应等。

(3) 合理使用。员工在工作中要有成本意识，注意回收有价值的物品，并进行再利用。另外，还要防止因使用不当而造成的损耗。

(4) 避免库存积压，防止自然损耗。很多客房客用物品尤其是客用消耗物品都有一定的保质期，如果库存太多、物品积压过期，难免会造成自然损耗。因此，饭店要根据市场货源供需关系确定库存数量，避免物品积压。

4. 完善制度

为了有效地控制客房客用物品的消耗，客房部必须建立物品的保管、领发、使用和消耗等工作制度，并根据制度实施管理。

5. 加强统计分析

饭店各楼层客房服务员要对每天的客房客用物品消耗进行统计，由领班进行核实。客房部中心库房须统计每天、每周、每月、每季度、每年度的客用物品消耗量，并结合盘点，了解客用物品的实际消耗情况，并将结果报客房部经理室。客房部要对照消耗定额标准及有关制度实施奖惩。只要实际消耗情况与定额标准偏离较大，就必须分析原因，找出解决方法。

6. 降低消耗，保护环境

在客房客用物品消耗控制过程中，要始终高度重视并切实做好降低消耗和环境保护工作。合理地降低消耗能够有效地控制成本，减轻饭店负担，提高经济利益。做好环境保护工作，对于饭店乃至全人类的生存和发展，都有非常重要的意义。客房部应采取多种措施，做好降低消耗和环境保护工作，尤其是要大力推行四个“R”的做法。四个“R”（即四个以“R”开头的英文单词：reduce、reuse、recycle和replace）是人们对降低消耗和环境保护工作一些具体做法的高度概括。

(1) 减少（reduce）。客房部应尽量少使用对环境有污染的物品，如塑料用品和塑料包装材料，下面特别介绍和推广一些饭店目前所尝试的有益做法：

1) 减少客房客用物品的配置。减少配置主要指在不影响服务质量的前提

下，适当减少一些客用物品的品种、数量，对于一些客人不常用的物品，不作为正常供应品在客房内配置，如果客人需要，可以临时提供。一些物品的数量也可以减少，如在一些通常由单人租用的双人间里，只配备一套客用消耗物品，个别用品如浴液、洗发液等的量，只需够一次使用即可。

2）减少客房客用物品的更换。对客房的一些布草用品尤其是床单及卫生间的毛巾可减少更换次数，很多饭店在卫生间放置一只专用的篮子或其他容器，供客人放置需要更换的毛巾，并在卫生间放置醒目的告示，用于提示和解释。如在房内床头柜上放置环保告示卡，这种尊重客人意愿、为了保护环境而减少物品更换的做法，在大多数饭店里都是可行的。

3）调整客房客用物品的发放方法。按传统的做法，客房每天需更换补充客房已使用的消耗品，如牙刷、梳子、香皂等，日积月累，这种客用物品的发放方法所造成的资源浪费是相当大的。目前一些饭店对原来的发放方法做了适当的调整：对连续租用两天以上的客房，在清扫整理时，不一定将客人动用过的消耗物品一概重新更换，而是视情况在保留原有物品的同时再做补充。为避免客人因担心牙刷、拖鞋等物品互相混淆而丢弃的情况，现在有许多饭店在双住的客房放置两把不同颜色的牙刷、两双有明显区别的拖鞋。这种客用物品的发放方法，既尊重了一部分客人“喜新厌旧”的权利，又顺应了一部分客人节约资源的良好意愿；既降低了消耗，又避免了丢弃这些物品所造成的环境污染。

4）调整客房整理的次数。国内一些饭店为体现档次和“服务质量”，日常客房清扫整理往往采取一天三进房甚至四进房的做法。进房次数多，不仅增加了成本费用，有时还因打扰了客人而引起客人的投诉。饭店可根据客源对象等具体情况适当调整客房整理的次数。目前，在国外一些饭店，晚间做夜床已不是每天必做的工作，而采取事先在客房内放置告示卡的方式，用于提示和解释。告示的内容设计为：“尊敬的宾客，为避免影响您的休息，我们不敲门进房做夜床。如您需要夜床服务或其他服务，请致电客房中心，号码为×××，我们可随时为您提供服务。”这种做法可谓一举多得。

（2）再利用（reuse）。客房可以再利用的物品很多，人们对这些物品再利用的方法也很多：

1）注重回收。通常饭店要求员工在日常工作中注重回收那些已经用过，但仍有再利用价值的物品。客房服务员清扫房间时，可以回收报纸、杂志、酒瓶、饮料罐、食品盒、肥皂头、剩余的卷纸、用过的牙刷、用剩的牙膏、浴液、洗发液、枯萎的花草等，有些物品的包装材料和容器等也可以回收。

2）合理利用。凡是具有再利用价值的物品，回收后再合理利用，这样做既可以减少物品消耗，又可避免简单地将其作为垃圾处理，造成环境污染。如肥皂头、牙刷、牙膏、浴液、洗发液等，可以用于清洁保养工作，报纸、杂志等可以卖给废品收购站。一些物品经过再加工还可以继续使用，如报废的床单可改制成洗衣袋、枕套、婴儿床单；报废的毛巾可作抹布使用。

(3) 循环 (recycle)。循环使用是减少客用物品消耗、做好环境保护工作的一项重要举措。客房的某些物品如果在材料和设计上做些调整，就可以循环重复使用。如以前很多饭店客房内配置的洗衣袋都是塑料制品，属于一次性消耗品，用过即弃，不仅造成浪费，而且污染环境。现在不少饭店都改用布袋作为洗衣袋，且设计、制作比较讲究，使之成为经久耐用的环保用品。

(4) 替代 (replace)。饭店应尽可能使用有利于环境保护和可再生利用的产品，以替代一些传统产品，如用纸质包装取代塑料包装，将塑料洗衣袋改为纸制品，或用可多次使用的布袋、竹篮代替。

客房部在推行四个“R”的过程中，必须注意下列事项，以防产生负面影响：

第一，讲究标准规范。客房部推行四个“R”前有统一的标准和规范，不能随心所欲，不能降低客房服务及有关工作的质量标准，一定要尊重有关行业管理的规定和要求，借鉴国际和国内一些成功的经验，同时还要考虑市场竞争等因素，有一套严格而明确的标准和规范，要做得科学、合理，有特色、有成效。

第二，注重宣传解释。饭店在推行四个“R”的做法时，需向客人及有关方面进行适当的宣传解释，以取得他们的理解和支持。对客人，饭店要用推销技巧，向其宣传解释四个“R”的一些具体做法，而不能仅从保证饭店自身利益的角度向客人宣传解释，要注重从客人的角度，至少是兼顾客人的利益去宣传解释，以得到客人的理解、支持和配合。另外，饭店要经常接受有关方面的检查。对于检查，饭店除了可能采取的一些技术性措施外，往往还需要做些必要的宣传和解释工作。否则，有关方面的人员可能会认为饭店的一些做法不合规定、不达标准。

客用物品的数量及摆放要求具体见表3—7。

表2—7　　客用物品的数量及摆放要求

位置	物品名称	数量	摆放要求	备注
床上	床罩	1条	床上用品须按做床的整理和铺设要求布置	
	毛毯或被子	1条		
	枕芯	1对（大床2对）		
	枕套	1对（大床2对）		
	床单	2条或3条		
	褥垫	1条		
	床裙	1条		

续前表

位置	物品名称	数量	摆放要求	备注
床头柜	便笺	5张		非禁烟房，床头柜上也可放烟灰缸
	笔（大多用铅笔）	1支		
	“请勿卧床吸烟”卡	1张		
	“常用电话号码”卡	1张		
写字台上	台灯	1盏	台灯放在左上方，服务指南可用架子立着放，烟灰缸在左边，火柴放在烟灰缸上。台面要整洁	服务指南也可放在服务夹内或抽屉内
	服务指南	1本		
	烟灰缸	1个		
	火柴	1盒		
写字台抽屉内	服务夹	1本	各种用品的摆放要整齐有序，要让客人容易找到，通常要将大的放在下面，小的放在上面。各种用品分类摆好	为了摆放整齐，可以将一些文具用品放在服务夹内
	饭店介绍	1本		
	安全须知	1本		
	房内用餐菜单	1本		
	航空信封	2个		
	普通信封	5个		
	大信纸、中信纸	各5张		
	明信片	2张（或4张）		
	电传、电报、传真纸	各2张		
	箱贴	2张		
	行李牌	2张～4张		
	客房意见书	2份		
	针线包	2份		
	圆珠笔	1支		
电视柜	电视节目单	1份		晚间可将遥控器放在床头柜上
	遥控器	1个		
茶台（茶几）	茶盘	1个	茶杯、水瓶、茶叶盅放在茶盘内，火柴放在烟灰缸上，正面朝上。台面整洁	1. 如果房内配电水壶，就可以不配热水瓶 2. 高档客房还可配袋装咖啡
	茶杯	2个		
	茶叶盅	1个		
	茶叶	红茶、绿茶、花茶各2包		
	烟灰缸	1个		
	火柴	1盒		
	保温瓶	1个		
小吧台	酒杯	若干个	体高的用品在里面，较低的用品在外面，摆放整齐，布置美观	酒水可放在酒篮内或酒架上
	开瓶器	1把		
	调酒棒	2根		
	酒水	若干瓶		
	杯垫	每杯1张		
	餐巾纸	若干张		
	账单	2份		
	立卡	1份		

续前表

位置	物品名称	数量	摆放要求	备注
电冰箱	冷饮水瓶	1个		食品主要是佐酒食品和方便食品
	小杯	2个		
	饮料、食品	若干种		
	冰桶	1个		
壁橱	备用被子	2条	各种用品摆放要整齐有序	
	备用枕头	1对		
	衣架	3对/人		
	鞋篮	1个		
	拖鞋	2双		
	擦鞋器	1个		
	擦鞋布（纸）	2块（张）		
	鞋拔	1只		
	衣刷	1把		
	洗衣袋	2个		
	洗衣单	2套		
	脏物袋	2个		
衣挂柜旁或写字台旁	垃圾桶	1个（配垃圾袋）		
洗漱台上	漱口杯	2个	用品摆放要整齐有序，摆放的位置要照顾大多数人的习惯，保证使用方便	1. 为了避免用品占据台面过多的位置，最好用专用的盘子、篮子或盒子盛放用品 2. 牙刷、梳子最好要有明显的区别，避免客人之间混用
	肥皂碟	1个		
	烟灰缸	1个		
	小方巾	2条		
	牙膏牙刷	2套		
	香皂	2块		
	沐浴液	2瓶		
	洗发液	2瓶		
	浴帽	2只		
	梳子	2把		
	指甲刀（锉）	2把		
	棉签	2盒		
	面巾纸	1盒		
	洗衣粉	2包		
	润肤露	2瓶		
	剃须刀	2把		
洗漱台下	体重秤	1个	垃圾桶最好靠近坐便器	
	垃圾桶	1个		
洗漱台旁的墙上	毛巾架	1条	脸巾悬挂端正，正面朝外	
	脸巾	2条		

相关链接

何时更换织物用品

饭店应每日更换租用房的床单吗？或最好每两三天换一次床单吗？随着环境保护运动的开展，有些饭店经理要求客房部经理实行隔一天更换床单的做法。争论的一方称，饭店价格上涨，且顾客的期望值提高了；争论的另一方称，环境意识和责任感增强了，带来了更大的好处。在这种情况下，饭店能为所有的人创造出一种双赢的局面吗？

在最近的调查中，受调查者中有一半人说，他们早就实行每隔两天或三天给一位住店客人更换床单了。由于各类饭店在受调查者中都有代表，这种决策似乎并非取决于价格水平。

饭店管理部门必须对采用什么政策做出抉择。有些饭店会每天更换租用房的床单，其他饭店采用在床上或在门把手上放卡片的方法，让客人自己做出选择。客人可在卡上指明是否要更换床单。其他还有些饭店指令每两天或三天给宾客换一次床单，且不就此事与客人打招呼，或听取他们的意见。

在这一决策中，没有很多不同的正反面意见。首先，要考虑的问题是宾客需要什么。鉴于以优异的服务方式赢得回头客及换来正面的口头宣传是饭店员工的首要任务，权衡宾客对此问题做出的反馈是重要的。虽然最近实行隔一天换床单做法的饭店称，确实有顾客向他们抱怨，但大多数宾客对拯救环境、减少使用水与化学物品的做法表示支持。饭店必须倾听他们店内的客人的反馈。其次，应考虑实行何种程序才能既保证客房清洁过程令人满意，宾客又不易觉察到这种质量控制的存在。最后，要考虑在劳动力、化学物品或能源方面节约的成本，是否能弥补因宾客投诉、宾客提早离店重做房间，或为维持体系运转进行其他工作而造成的额外开支。

经营中产生的一些问题包括：

（1）对那些已受过每日更换床单培训或那些面临惩戒行动或解雇的客房部员工，必须重新加以培训。虽然大部分客房服务员对不需要更换每张床单的做法表示欢迎，但与客人沟通确定哪张床换床单、哪张床不换床单，这可能是困难的。饭店若雇用不大会英语或一点不会说英语的员工，就面临着更大的沟通上的难题。

（2）必须构想出一种记录哪些床换了床单，哪些床只是整理而没换床单的方案。该方案必须使用代码，用它来识别双床房间中各床的床况。该方案必须对预期延住但提早离店客的情况有所防范。该客房服务员（如果还未离开饭店）应回房间重新做床，并换上干净的床单。如果该服务员当天已离店，别的什么人必须去重新做好那张床，至此该房才能列为干净的空房。

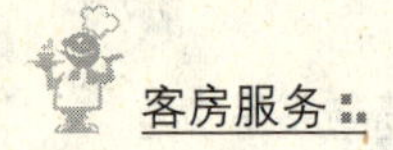

(3) 如果床上织物用品只是隔日进行更换，就需制定一种方法，在客房服务员每日工作单上注明当日哪些床要更换用品。这件事可在编写晨间报告者去核对每位延住客人的到店时间及主要情况，或标注更换床单的房间时完成。

(4) 由于一些饭店给客人发卡，让他们在卡上注明是否要更换床上用品，客房服务员必须在任务单上标记床单是否换过。如果客人在营业时间过后回房，并抱怨床单没有更换，随时应召的员工须迅速去重新做床，随后去核查当日日志，对投诉一事做出调查。

(5) 在不要求更换床单的日子里，若客房服务员发现床单不够干净，应能做出判断与决定。例如，床单上沾有化妆品是否要更换呢？枕套上若有墨水迹该怎么办？

(6) 由于多数饭店想让客人感觉床上用品已经更换，他们把床罩盖过枕头。另一种做法可以让床处于做过晚床的样子，给客人一种温馨的感觉，而且让员工知道床单没有换过。

(7) 如果员工选择让客人决定是否换床单，就应仔细选择信息卡或门上挂卡使用的语言。有些团体提供附带材料，如美国饭店与住宿业协会提供的材料中有专为毛巾设计的卡片，嘱咐客人若还要使用该毛巾，就将毛巾放回到架上。另一种卡是床单卡，这些卡片通常经过压膜处理，以延长使用寿命。上面印有英语、法语、德语、日语和西班牙语等文字说明。

床单不加更换的比例因饭店而异，它取决于平均住店时间的长短及客人的类别。例如，若饭店客人的平均住店时间为2.8天，且规定每三天换一次床单，那么事实上该饭店的政策是只在客人离店后更换床单。

总经理需要知道这一规定的改变会对饭店的盈利产生什么影响。在客房清洁作业劳动生产率可相对保持不变的情况下，有些饭店预计织物用品使用寿命可延长5%，且使用外部洗衣服务的成本可下降9%。实际上，真正的节约来自于织物洗涤。“生态研究”(Ecolab)做的一次全国性调查显示，饭店客房织物用品洗涤的平均成本是每磅0.232美元。这些成本系数是在洗衣房最大效率运行下得出的。鉴于一条特大号床单约重1.8磅，一条双人床单为1.2磅，一只枕套为0.3磅，因此至少有减少0.3磅洗涤量的余地，或者说每间房差不多可节约1美元。

对员工来说，最要紧的是诚实对待自己，诚实待客。是考虑保护环境的问题吗？或是出于盈利的目的吗？宾客用敏锐的目光观察饭店改变政策的动机。如果他们没看到在其他方面(诸如灯泡、循环使用物品或控制供暖、通风与空调系统的传感器)有一致的环保行动，他们可能不赞成减少服务内容。宾客会仅仅因为没给换床单就中止在一家饭店住宿吗？我们能预期客人在预订电话中问“你们每天换床单吗？”我们会看到“我们每天都换床单”这样的广告吗？不

可能吧。

其实，如果饭店开展恰当的培训活动，定出缜密的运营程序，做出相关的环保努力，就能节约很多加仑的水、许多吨的洗涤剂及大量的能源。如果宾客支持这种努力，这就是一种双赢的结果。

知识拓展

高科技武装　客房更“聪明”

当房客打开房门时，旅馆房间就可以将室温调到最适宜的温度；利用床边触摸式屏幕，可调节窗帘；房客小睡时，它还会将来电信息存入语音信箱。这些属于未来梦想的成果，在现在的旅馆得以实现。

位于加拿大温哥华国际机场旁的一家新旅馆 Faimont Hotel 是最新也是最全面的用高科技装备的旅馆之一。美国 INNCOM 国际公司为这家拥有 392 间客房的旅馆设计出这套系统。在各个客房之间串联了一种室内动态行为感测系统，旅馆员工知道客房是否在使用状态——就算房客在房内什么也不做，系统也会知道房内有人，旅馆的服务人员只要在房门前挥动一下感测器，如果房内有房客，感测器上的红灯就会亮起，服务员就不必敲门打扰到房客。

在北美，费尔蒙温哥华机场也有一项特色服务。那就是旅客到达该机场后，可以在行李区的服务台办理旅馆投宿登记。旅客可以拿到房间的进出卡片，行李则由机场方面送到房间，INNCOM 系统会接到登记信息，会将房间的温度从“能源节约模式”调到室温，门廊灯和地板灯自动打开。常住客人所关注的细节、所喜欢的事物都可写入程序，自动启动。

不仅如此，旅客在房内就可以拿到登机证了，航空公司的服务人员上门服务，还帮他们把行李运到航空站。

复习思考题

1. 客房通常配备哪些设备？
2. 制定客房设备的使用与保养规程。
3. 制定客房设备的管理制度。
4. 客房内供住客使用的物品分为哪几类？各类物品通常包括哪些品种？
5. 客房客用物品的保管、领发有哪些具体的要求？
6. 何为“4R”？“4R”的具体做法是什么？采用“4R”做法有何意义？

第3章　清洁设备与清洁剂

教学任务

讲述清洁设备与清洁剂的种类、特性及其用途；重点讲述客房部清洁设备与清洁剂的选择、分配与管理；详细讲述各种清洁设备的使用流程与保养技巧。

学习任务

了解各种清洁设备与清洁剂的种类与特性；能够正确使用各种清洁设备；能够对清洁设备进行简单保养；能够根据清洁保养工作的实际需要选配安全高效的清洁剂；能够正确使用清洁剂；能够对清洁剂进行有效的控制。

3.1　清洁设备的分类

必要的清洁设备既是文明操作的标志，也是质量和效率的保证。客房部所用的清洁设备的种类很多，从广义上讲，是指从事清洁工作时所使用的任何器具：既有手工操作的简单工具，也有电机驱动的特殊机器。为了便于使用和管理，可把清洁设备分为两大类：一般清洁器具和机器清洁设备。

一、一般清洁器具

一般清洁器具包括手工操作和不需要电机驱动的清洁器具两大类，具体有以下几种。

（一）扫帚

扫帚主要用于扫除地面那些较大的、吸尘器无法吸走的碎片和脏物。根据其用途、形状和制作材料的不同，可以分为很多种。

（二）簸箕

簸箕用于撮起集中成堆的垃圾，然后再倒入垃圾容器，可分为单手操作、

三柱式和提合式三种。

（三）拖把

拖把是指用布条束或毛线束安装在柄上的清洁工具。所有的拖把头都应可以拆卸，以便换洗。拖把较适用于干燥平滑的地面，其尺寸大小取决于地面和家具陈设等。

（四）尘拖

尘拖也称万向地拖，是拖把的进一步发展。尘拖由两个部分构成：尘拖头、尘拖架。尘拖头有棉类和纸类两种。尘拖主要用于光滑地面的清洁保养工作，它可将地面的沙砾、尘土等带走以减轻磨损。为了使尘拖效果更好，往往还要蘸上一些洗尘剂或选用可产生静电的合成纤维制作的推尘头。尘拖头的规格应根据地面的情况而选用。拖头必须经常换洗以保证清洁效果和延长其使用寿命。用牵尘剂（静电水）浸泡过的棉类拖头，除尘效果更好。

（五）房务工作车

房务工作车是客房卫生班服务员清扫客房时用来运载物品的工具车。有的酒店还配备了不同类型的房务工作车，如女服务员工作车、棉织品车、男服务员工作车等。另外，还有专为运送垃圾桶、家具等设计的辘轴车，以及一些钢制和木制的用于搬运箱子的手推车和运输大件物品的平台车。

（六）玻璃清洁器

擦玻璃是一项费时费力的工作，如果使用玻璃清洁器则可提高工效，而且安全可靠、简便易行。玻璃清洁器主要由长杆、“T”形把和其他配件构成。

二、机器清洁设备

机器清洁设备，一般指需要经过电机驱动的器具，如吸尘器、吸水机、洗地机、洗地毯机、打蜡机等。在酒店的清洁过程中，使用的大部分机械都是电动机械，这是因为电动机械使用灵便，效率高，也不污染环境。

（一）吸尘器

吸尘器全称为电动真空吸尘器，它是一个由电动机带动的吸风机，即利用马达推动扇叶，造成机身内部的低压（真空），通过管道将外界物品上附着的灰尘吸进机内集尘袋中，达到清洁的目的。

吸尘器应用范围很广，包括地板、家具、帐帘、垫套和地毯等。吸尘器不但可以吸进其他清洁工具不能清除的灰尘，如缝隙、凹凸不平处、墙角以及形状各异的各种摆设上的尘埃，而且不会使灰尘扩散和飞扬，清洁程度和效果都比较理想。吸尘器是酒店日常清扫中不可缺少的清扫工具。

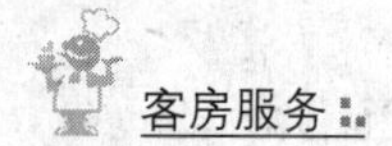

（二）洗地毯机

洗地毯机工作效率高，省时省力，节水节电。机身及配件用塑料玻璃和不锈钢制成。洗地毯机一般采用真空抽吸法，脱水率在70%左右，地毯清洗后会很快干燥。洗地毯机可清洗纯羊毛、化纤、尼龙、植物纤维等地毯。

（三）吸水机

吸水机外形有筒型和车厢型两种，机身由塑料或不锈钢材料制成，分为固定型和活动型两种。吸水机的功能是：用洗地毯机洗刷后，地毯表面比较干净，但洗刷后的污水及残渣仍深藏在地毯根部，在地毯上容易形成脏污并使它失去弹性。如果用吸水机对刷洗后的地毯进行抽吸，任何顽固的残渣都能被彻底抽除，因为吸水机一般均装有两个真空泵，吸力特别大。

另外，还有吸尘吸水两用机，又称干湿两用吸尘器，此类机器既可用来吸尘，清理地板、家具和窗帘，又可以用来吸水。

（四）洗地机

洗地机又称擦地吸水机，它具有擦洗机和吸水机的功能。洗地机装有双马达，集喷、擦、吸于一身，可将擦地面的工作一步完成，适用于酒店的大厅、走廊、停车场等面积大的地方，是提高酒店清洁卫生水平不可缺少的工具之一。

（五）高压喷水机

这种机器往往有冷热水两种设计，给水压力可高达每平方厘米20公斤～70公斤。一般用于垃圾房、外墙、停车场、游泳池等处的冲洗，也可以加入清洁剂使用。附有加热器的喷水机水温可高达沸点，故更适合于清除油污场所。

（六）打蜡机

打蜡机有单刷、双刷及三刷机。以单刷机使用最广。单刷机的速度分为慢速（120～175转/分）、中速（175～300转/分）、高速（300～500转/分）和超高速（1 000转/分）。其中，慢速及中速较适合于擦洗地板用，高速则用于打蜡及喷磨工作。

3.2 清洁设备的使用与保养

一、清洁设备的使用

正确使用清洁设备可以提高工作效率、延长机器寿命，同时还能避免相关的伤害事故。在使用中应该注意以下事项。

（一）加强培训

要使员工知道在什么情况下需要使用清洁设备、如何使用清洁设备、如何清洁设备、在哪里清洁设备、找谁帮忙及设备附件在哪里。

（二）重视检查

应重视机器设备的检查，尤其要注意设备使用前的检查，避免设备带病工作。使用时，若发现声音不正常或有异味，应立刻停机检查。

（三）严格按程序操作

按程序操作是工作正常进行的前提，违反程序的操作往往会导致问题的出现。例如针座及刷盘应用手安装到机器上，而不要将机器放在上面，试图启动机器，使其自动装上，那样会引起伤害事故；机器的电线应拖在操作者的后面，而不要放在前面，那样容易被机器盘刷卷起，而损坏盘刷和电线，引起安全事故；也不要将电线绕在手柄上，那会影响开关操作；吸尘前应先清除地面的纸团及别针、图钉等尖利物，避免吸管、过滤网及尘袋损伤。

（四）安全操作

插座应与插头相配，大的清洁设备要有地线；一些饭店在设计插座时，不能充分估计到电的负载问题，导致使用时出现跳闸现象；如果使用接线板或接线盘，其电线须与单擦机上的一样粗，最好略粗些；如果操作中用到溶液，为防止触电，最好戴橡胶手套、穿胶鞋；操作电器设备时手要保持干燥；注意设备、电线及吸尘器吸管在使用时的摆放位置，避免绊倒他人。

（五）保持设备清洁

要特别注意电线的清洁，随时擦去水迹，以免在家具或地面上留下污迹；尽量不要使水或清洁剂溅到机器上，以免马达断路或机器锈蚀；避免机器接触到具有腐蚀性的清洁剂，如果发生上述情况，应立即清除。

二、清洁设备的保养

（一）日常保养

日常保养是清洁设备保养的基础。

1. 班前保养要求

（1）阅读交班记录，了解需特别注意的问题。

（2）检查电源。

（3）擦拭设备。

2. 运转中的保养要求

（1）严格按操作规程操作。

（2）注意观察设备运转所发出的声音、气味。

(3) 设备不能带病运行，发现异常情况应立即停机，检查并排除故障，做好记录。

3. 班后的保养要求

(1) 工作结束后，应仔细将清洁设备擦拭干净，如用完吸尘器后，应清除尘袋内的灰尘垃圾，并将吸尘器的外表及附件清洁干净。

(2) 检查各部件，确保其运行正常。

(3) 保养完后，切断电源，设备应恢复到非工作状态。

(二) 定期保养

清洁设备的定期保养也称计划保养。它是定期对设备进行更深层次的维护，以便消除隐患，减少设备磨损，保证设备长期正常运行。该项工作一般由饭店工程部负责，也可与供应商签订合同，由其负责。

建立设备保养卡是确保清洁设备保养工作正常进行的基础。首先将需保养的清洁设备列出，然后参考设备使用说明书、使用手册、安装调试手册等资料中的有关维护保养内容，制定设备保养卡。此卡的内容包括：

(1) 间隔周期：每周（月、年）进行一次。

(2) 任务内容：应检查的零部件；应清洁保养的部件；应测量的数据及其基准值范围；应记录的内容；应润滑的部件及用油种类等。

(3) 任务时间定额：注明完成检查、擦净、测量和润滑等任务所需的时间。

一般情况下，酒店员工对于客房和公共区域设备的保养还比较重视，但却会忽略他们日常使用的清洁工具。清洁设备的使用效果和寿命在很大程度上依赖于其日常的保养工作。清洁设备的保养要注意以下方面：

(1) 所有员工应该知道何时要用到清洁设备。

(2) 所有使用人员都知道如何按照操作要求去使用清洁设备，并将不同的设备以正确的方法用于相应的工作项目中。

(3) 所有清洁设备在使用后都应进行全面的清洁和必要的养护。

(4) 设备使用前后都应检查其完好状况，发现问题要及时处理。

(5) 遵循规定的维修保养程序，所有设备应建有保养卡。

(6) 要有良好的存放条件并按要求摆放。

(7) 每一种设备都应有其规定的空位置。

(8) 有供存放所有附件的柜子、抽屉、架子和挂钩等。

(9) 有可供进行设备清洁保养的工作台、冷热水池和电源插座、灯光照明等。

三、清洁设备的维修

清洁设备能否正常运行，与维护修理工作关系密切，加强对设备的维修工

作，可以保证清洁设备处于良好的工作状态，延长其使用寿命，从而为清洁保养工作的正常进行创造必要的条件。

就像其他设备一样，清洁设备的维修也分预防性的维修和应急性的维修。预防性的维修属保养性质，包括对设备的日常保养和定期保养；应急性的维修是在设备出现故障时的维修。加强预防性的维修可在很大程度上减少应急性的维修。

及时发现问题有利于设备的维修工作，发现问题不及时或报修不及时，就可能让设备超负荷、带病工作，造成设备的非正常磨损，有时甚至烧毁马达，更严重的甚至造成事故。

饭店工程部是设备维修部门，负责处理一般性的维修问题。清洁设备的大修一般交送供货商进行。供货商会派出专业人员检查设备、更换零部件、排除故障。

大部分清洁设备供货商要求饭店不拆卸机器。饭店可根据清洁设备维护的特殊性，与供货商签订一份保养、维修合同。虽然饭店要支付一定的保养、维修费用，但由于设备能得到更专业的保养和维修，其工作效率会提高，使用寿命会大大地延长。与此同时，饭店还可在合同期内享受配件折扣优惠。所以从某种意义上讲，合同保养、维修应该更加经济。

四、主要清洁设备的使用与保养

(一) 吸尘器

1. 吸尘器的种类与功能

(1) 按照操作原理及构造，吸尘器大致可分为三类：直立式、吸力式和混合式。

1) 直立式吸尘器。直立式吸尘器的清洁作用，除了利用吸力之外，还要靠装在吸嘴内马达推动力的旋转震动辅助进行。在清洁效能方面，直立式吸尘器借着吸尘刷的旋转震动力，先将地毯的绒毛拨开，使深藏其中的尘屑污垢自绒毛中松脱出来，然后再把它吸起。所以在地毯上吸尘，这类吸尘器通常会有很好的效果。

直立式吸尘器在地毯上操作十分简便，使用者不用弯腰曲背。不过由于直立式吸尘器的吸嘴通常较为高宽，所以在清洁“矮脚”家具底下或其他浅窄的地方时，就不如圆筒型吸力式吸尘器方便了。此外，直立式吸尘器在操作时发出的噪音，也往往比吸力式大。

2) 吸力式吸尘器。吸力式吸尘器纯粹靠吸力去完成吸尘工作。这类吸尘器有多种款式，如圆筒型、长筒型等。尽管各款式的外形设计不尽相同，但它们都有一个共同之处，就是都拥有一个长喉管，用来接交各种配件，以配合不同

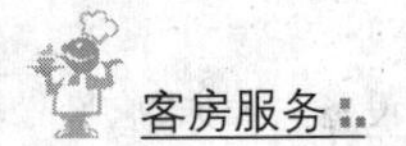

的工作需要。由于这类吸尘器只是靠吸力去吸尘，所以它的马达马力通常都会较直立式的大。

在清洁效能方面，这类吸尘器由于没有电动旋转刷的辅助，对清理地毯的效果不是很显著。但由于它具备强大的吸力，再加上一系列特别配件的帮助，对于清理地板、家具、帘帐、较薄细软的织物垫套效果较好。

至于方便程度，由于备有“扁身”的吸管，可方便清理“矮脚”家具底下或其他浅窄的地方。

3）混合式吸尘器。混合式吸尘器在外形方面与吸力式大致相同，也可采用圆筒式的设计。这类吸尘器除了具有强劲的吸力外，还备有电动的震动洗洁刷，可随时装上使用。

由于在构造上集合了吸力式与直立式的特点，所以在清洁效能方面，混合式吸尘器就可以同时发挥二者的长处。

2. 吸尘器的维护与保养

为确保吸尘器的使用性能和延长其使用寿命，每次使用完后，应按下列方法进行维护与保养：

(1) 每次用完之后，应先断开电源，然后将集尘袋（箱）中灰尘清除干净。集尘袋（箱）可定期用温水清洗，然后在阳光下自然干燥，最后将零件拆开并处理干净收好。

(2) 吸尘器附件要保持清洁，如有灰尘污垢，可用湿布擦拭干净，然后在空气中自然干燥，切忌使用含苯、汽油的溶液擦拭。

(3) 检查机体和附件上的螺丝钉是否有松动现象，如有松动应立即紧固。

(4) 将刷子上的毛发及线头清理干净。

(5) 检查刷子的磨损情况，如发现磨损偏大，则应及时更换。

(6) 定期更换轴承润滑油。可根据吸尘器使用次数的多少，半年或一年更换一次。润滑油采用高速复合钙基脂和复合钠基脂，不可使用普通黄油。

(7) 检查电机和电刷，如有故障应及时进行维修。

(8) 使用中如出现故障应立即切断电源。

(二) 吸水机

吸水机外型是筒型设计，机身由塑料或不锈钢材料制成。机身分为固定型和活动型两种，机身下有四个转轮，转动灵活，操作省时、省力。固定型吸水机吸水量为9公斤～65公斤，活动型为27公斤～73公斤。吸水机主要部件是蓄水桶和吸水刷，吸水机采用“旁路冷却系统”，旁路冷却系统可确保在吸水时不会因水分透过电器部分而烧毁发生危险。

吸水机的配件根据喉管直径的大小配备，如喉管直径40毫米配件有：(1) 胶接管；(2) 高空吸嘴；(3) 扁平吸嘴；(4) 圆吸嘴；(5) 收窄嘴；(6) 长

0.8米软喉管；(7) 长2.5米软喉管；(8) 地毯吸嘴；(9) 吸水嘴；(10) 吸尘嘴；(11) 电镀接管；(12) 轮式吸尘嘴；(13) 推动型吸尘扒；(14) 推动型吸水扒。

推动型吸尘扒和吸水扒，在支撑架的四周均装有一个活动轮，操作时更为灵活方便。

另外还有吸尘吸水两用机。此类机器除可以用来吸尘，清理地板、家具、窗帘外，还可以用来吸水或在潮湿地面上使用。此类机器属筒型设计，马达采用"旁路冷却系统"，主要配件除软硬喉管外，还包括尘隔、吸水嘴、吸尘刷、缝隙吸嘴、扫尘刷及家具吸嘴。

吸水机使用完毕后要将各种配件洗刷干净，晾干后装入配件箱内保管。在拆卸时要注意动作轻缓，做好吸水机的防护工作。

(三) 洗地机

自动洗地机具备大型擦洗机和吸水机的功能和长处，能把洗地和吸水工作同时自动完成，是饭店提高清洁卫生水平不可缺少的工具之一。

洗地机主要由控制杆和机身两大部分组成。控制杆上有马达安全开关、清洁剂填充活门、手柄调节控制杆、橡皮拖把控制杆。机身主要有剩余清洁剂吸嘴、吸嘴接头、吸管、吸嘴、支座、污水箱、自动关闭系统、刷子和垫子、防撞轮、清洁箱、清洁液调节器、方向调节旋钮、吸水机、吸水机开关等部件。

活动手柄有多个角度可供调节，适合不同身高的人操作，而且窄通道工作方便机身的转动。机内设有两个强劲马达，属于旁路冷却系统。

使用时要先检查各个部件是否完好。当打开吸水机开关时，检查污水箱是否保持密封，以防污水外溢。清洗工作完毕后，吸水系统要将剩余清洁液抽至污水箱内，以方便倾倒。然后把各种配件清洗干净，晾干后妥善保存起来。

(四) 洗地毯机

洗地毯机工作效率高，省力、省时、节水、节电。机身结构及配件由塑料玻璃钢和不锈钢制成。采用真空抽吸法，吸水率在70%左右，地毯清洗后即干。洗地毯机可清洗纯羊毛、化纤、尼龙、植物纤维等地毯。

洗地毯机主要部件由两个吸水泵、污水箱、净水箱、强力喷射水泵、电机等构成，采用真空抽吸原理。真空抽吸、水泵喷射系统都设有过滤网纹，以保证电机的正常工作。

洗地毯机在操作时，强力喷射、震荡刷洗、真空抽吸三个动作同时进行。

(1) 强力喷射：压力水泵将热水及清洁液呈柱雾状喷入地毯，迅速将污渍溶解。

(2) 震荡刷洗：高速摆刷每分钟前后摆动2 300次，将地毯底层的污渍、泥沙彻底清洗出来。

(3) 真空抽吸：特强的吸水系统立即将所有的污泥秽水吸入本机污水箱内。

随机附带手提式吸嘴，其喉管长度为 6 米，能洗涤楼梯、转角及任何隐藏的地方。只要换上手提式吸嘴，便可以清洗沙发、椅套等。

(五) 玻璃清洁器

客房服务员擦玻璃是一项费时、费力的工作，如果使用玻璃清洁器可提高工作效率，而且简便易行、安全可靠。玻璃清洁器主要有长杆、“T”形手柄及其他配件三部分构成。这里主要介绍原联邦德国产的安格尔牌玻璃清洁器的性能。

1. 长杆

这种长臂杆由高强度铝材和尼龙材料制成，具有重量轻、强度高的特性。其中一个特殊性能是，它的端部呈锯齿状，用螺母固定之后十分可靠。所有的工具（如油漆刷、削刮器、橡皮刮、刀子等）通过一对蝶形螺母就能很容易地被固定在长臂杆上。

长臂杆有两节和三节的两种，长度有九种变化，最大可伸长至约 11 米。使用长臂杆，可以站在地上清洁楼上的玻璃，这就大大降低了服务员的劳动强度和爬高工作的危险程度。

2. “T”形手柄

“T”形手柄可以装入任何长度的杆，最长的可达 10 米。握住清洗器的一端，可以将其伸到角落和其他刷子够不着的地方进行清理。

“T”形手柄上有两个部件，橡皮扫帚和削刮器。手柄可以紧紧地卡住任何一种长度的固定槽（这种固定槽是用来固定橡皮扫帚的）。手柄由不锈钢制成，橡皮扫帚固定槽可以被固定在开启位置、闭锁位置和预备开启位置三种状态。

卸橡皮扫帚时，用拇指向下拉动安全销杆，可导致手柄与橡皮扫帚固定槽脱开。安装时先用手柄卡住橡皮扫帚固定槽，然后用拇指把安全销杆推进去。橡皮扫帚手柄能在几秒钟内变成擦洗器或削刮器，锋利的剃刀装上特别的手柄，彼此卡紧后就是一把刀子。

3. 橡皮扫帚

橡皮扫帚是一种专用玻璃窗擦洗器的替换部件，可装在 20 厘米、35 厘米、45 厘米的“T”形手柄上，根据手柄规格来切割橡皮条。随时要以旧换新。橡皮扫帚装在长臂杆上特别适合清理高处的玻璃。

4. 拐角插头

为了工作需要，可把橡皮扫帚用拐角插头安装一个适合的角度，这种工具特别适合清理高处很难够得着的地方。

5. 水枪

这个装置可使每个长臂杆装上输水管，把加入清洁剂的水，通过输水管喷到墙面、玻璃面等表面很脏的地方进行刷洗。

6. 注射器

金属喷射泵，可以调节清洁剂的水流量。清洁剂储存在一个附于长臂杆上的塑料瓶中，通过拇指的轻微动作来控制水流的喷射强度。

7. 大夹子

大夹子接在长臂杆的端部，可以夹住海绵、丝绵等类的东西，对玻璃窗、墙壁、地板等处进行处理。夹子爪宽19厘米，打开夹子口两舌之间宽度为8厘米。此夹子采用耐力尼龙材料。

用夹子夹住一个拖把头，可以清理地板、墙壁等处的灰尘。用夹子夹住大海绵可以清理天花板、墙壁、地板以及玻璃窗等。

8. 短手柄削刮器

它可以刮去粘贴在玻璃、瓷砖等表面的污点。短手柄削刮器接在长臂杆上，可以清理距离地面10米高的地方，避免了登高造成的危险。这种轻而坚韧的削刮器接上一个1.2米长的把，可以很方便地刮去地板上旧的蜡痕、油漆、黏着物等，更换起来十分方便。

9. 刷子

刷子由三种不同材料制成，排刷由十分硬的鬃毛制成；清洗刷是不太硬的鬃毛制成；另一种是由很软的鬃毛制成，主要用于刷洗玻璃和平面。

玻璃清洗器可快速擦洗大玻璃，由于其质量轻，使用起来十分方便，拆去棉套（滚子）后的擦洗器还是一件很好的打蜡工具。工作时橡皮扫帚在上，玻璃清洗器在下，这样清洗器上的高效吸水材料（具有海绵一样的性能）能把玻璃上的水吸干净。

（六）打蜡机

打蜡机有单刷、双刷及三刷等三种款式，其中，以单刷机流行最广。单刷机的速度可以分为慢速机、中速机、高速机和超高速机四种，其中慢速机较适合洗擦地板，高速机则多用来打蜡及做喷磨工作。

3.3　清洁剂的使用与管理

一、清洁剂的种类与用途

目前酒店常用的清洁剂大致有以下几种。

（一）酸性清洁剂（pH＜7）

(1) 盐酸（pH=1）。主要用于清除建筑时留下的水泥、石灰斑垢，效果明显。

(2) 硫酸钠（pH=5）。可与尿碱中和反应，用于清洁卫生间便器，但要量少且不能常用。

(3) 草酸（pH=2）。用途同上述两种清洁剂，只是效果更强于硫酸钠。

上述三种酸性剂客房部可少量配备，用于计划卫生或清除尘垢，但需妥善管理和使用。使用前必须将清洁剂稀释，不可将浓缩液直接倒在瓷器表面，否则会损伤被清洁物品和使用者的皮肤。

(4) 恭桶清洁剂（呈酸性，1<pH<5，但含合成抗酸性剂，安全系数增加）。主要用于清洁客厕和卫生间便器，有特殊的洗涤除臭和杀菌功效。要稀释后再行分配使用。在具体操作时，必须在抽水马桶和便池内有清水的情况下倒入数滴，稍等片刻后，用刷子轻轻刷洗，再用清水冲洗。因此，住客房使用弱酸性的清洁剂，而走客房用马桶清洁剂，既保证卫生清洁质量，又缓解了强酸对瓷器表面的腐蚀。

(5) 消毒剂（5<pH<9）。主要呈酸性，除了作为卫生间的消毒剂外，还可用于消毒杯具，但一定要用水漂净。

（二）中性清洁剂（pH=7）

(1) 多功能清洁剂。pH 值约为 7～8，略呈碱性，主要含表面活性剂，可祛除油垢，除不能用来洗涤地毯外，其他地方均可使用，不仅很少损伤物体表面，还具有防止家具生霉的功效。原装均为浓缩液，使用前要根据使用说明进行稀释，再擦拭家具，便可祛除家具表面霉变的污垢、油脂化妆品等。多功能清洁剂为酒店用量最大的一种清洁剂，宜用于日常卫生，但对特殊污垢作用不大。

(2) 洗地毯剂。这是一种专用于洗涤地毯的中性清洁剂。因含泡沫稳定剂的量不同，又分为高泡沫和低泡沫两种。低泡沫一般用于湿洗地毯，高泡沫用于干洗地毯。低泡沫清洁剂宜用温水稀释，去污效果更好。

（三）碱性清洁剂（pH >7）

(1) 玻璃清洁剂（7<pH<10）。有液体的大桶装和高压的喷装两种。前者类似多功能清洁剂，主要功效是除污斑。后者内含挥发溶剂、芳香剂等。可祛除油垢，用后留有芳香味，虽价格高，但省时、省力、效果好，使用后会在玻璃表面留下透明保护膜，更方便以后的清洁工作。前者在使用时需装在喷壶内对准脏迹喷一下，然后立刻用干布擦拭，可光亮如新。

(2) 家具蜡（8<pH<9）。形态有乳液态、喷雾型、膏状等几种。在每天的客房清扫中，服务员只是用湿润抹布对家具进行除尘，家具表面的油迹污垢不能祛除。对此，可用稀释的多功能清洁剂进行彻底除垢，但长期使用会使家具表面失去光泽。家具蜡内含蜡（填充物）、溶剂（除污垢）和硅铜（润滑、抗

污），可祛除动物性和植物性的油污，并在家具表面形成透明保护膜，防静电、防霉。其有双重功能（即清洁和上光），使用方法是：先将蜡倒一些在干布或家具表面上擦拭一遍，以清洁家具；约 15 分钟后，再用同样的方法擦拭一遍，进行上光，两次擦拭效果极佳。

（3）起蜡水（$10<pH<14$）。用于需再次打蜡的大理石和木板地面，强碱性可将陈蜡及脏垢浮起而达到去蜡功效。由于碱性强，起蜡后一定要反复清洗地面后才能再次上蜡。

（四）上光剂

（1）省铜剂（擦铜水）。省铜剂为糊状，主要原理是氧化掉铜表面的铜锈而达到光亮铜制品的目的。只能用于纯铜制品，镀铜制品不能使用，否则会将镀层氧化掉。

（2）金属上光剂。金属上光剂含轻微磨蚀剂、脂肪酸、溶剂和水。主要用于铜制品和金属制品，如锁把、扶手、水龙头、卷纸架、浴帘杆等，可起到除锈、除污、上光之功效。

（3）地面蜡。地面蜡有封蜡和面蜡之分。封蜡主要用于第一层底蜡，内含填充物，可堵塞地面表层的细孔，起光滑作用，好的封蜡可维持 2～3 年。面蜡主要是打磨上光，增加地面光洁度和反光强度，使地面更为美观。封蜡和面蜡又分为水基和油基两种，水基蜡主要用于大理石地面，油基蜡主要用于木板地面。蜡的形式有固态、膏态、液态三种，较常用的是后两种。

（五）溶剂为挥发性液体，常用于祛除油污，又可使怕水的物体避免水的浸湿

（1）地毯除渍剂。地毯除清剂专门用于清除地毯上的特殊斑渍，对怕水的羊毛地毯尤为合适。地毯除渍剂有两种：一种专门清除果汁色斑，另一种专门清除油脂类脏斑。清洁方法是用毛巾蘸除渍迹（也有喷灌装的），在脏斑处擦拭。发现脏斑要及时擦除，否则效果较差。

（2）酒精。酒精主要用于电话机消毒（必须是药用酒精）。

（3）牵尘剂（静电水）。用牵尘剂浸泡尘拖，对免水拖地面（像大理石、木板地面）进行日常清洁和维护，除尘功效明显。具体操作时，应先将尘拖头洗干净，然后用牵尘剂浸泡，待全干后再用来拖地，效果才好。

（4）杀虫剂。指喷灌装的高效灭虫剂，如“必扑”、“雷达”等。用它对房间定时喷射后密闭片刻，可杀死蚊、蝇和蟑螂等爬虫和飞虫。这类杀虫剂由服务员使用，安全方便，但对老鼠等则应请专业公司或个人承包，或购买专门用于灭鼠的药粉等。

（5）空气清新剂。品种很多，不一定都是溶剂型，兼具杀菌、祛除异味、芳香空气的作用。香型种类很多，但产品质量差距很大。辨别质量优劣的最简单的方法就是看留香时间的长短，留香时间长的好。香型选择要考虑适合大众习惯。

二、清洁剂的分配控制

（一）储存

建立严格的清洁剂储存制度，可防止由于保管不当所造成的不必要的损失及其他不良后果。

（1）搬运时必须轻装、轻卸，按包装箱上箭头标志堆放，避免剧烈震动、撞击和日晒雨淋。

（2）用防水笔或标签在所有的容器上做上标记。

（3）浓缩清洁剂的腐蚀性一般较强，在标签上标明稀释率可减少失误。

（4）易燃、易爆的高压罐装清洁剂应远离热源。

（5）清洁剂货架要结实耐用，货架设计要方便管理员存取。

（6）要遵循物品“先进先出”的原则，必要时标明进库时间，以便查阅。

（7）保证清洁剂库房通道畅通、清洁干燥。

（8）定期盘点做账，在客房部电脑记录盘点情况，以备核查。

（二）分配

合理分配清洁剂既能满足清洁需要，又能减少浪费。清洁剂的分配最好由一名主管或领班专门负责，在每天下班前对楼层进行补充，每周或每半个月对品种和用量进行盘点统计。通常，用量的多少与客房出租率的高低有关，对例外情况的额外补充应作详细记载。对于用量大、价格也比较便宜的，像多功能清洁剂和恭桶清洁剂，买回时多用大桶装，分发工作量虽然大，但管理方便。对于用量难以控制、价格又比较高的清洁剂，像家具蜡、玻璃清洁剂（罐装）、空气清新剂和金属上光剂等，管理难度相对大些，而且流失量大，损失也大，对此一定要严格控制分配。例如，可凭经验或做试验，测算一瓶可以用多久，可用多少房间等。以此作为标准来控制分配。或者采用必须以空瓶换新瓶的办法来进行有效控制，以减少不必要的流失和浪费。

三、清洁剂的使用与安全管理

（一）清洁剂的使用

任何特性的清洁剂，一次使用过多，都会对被清洁物产生不同程度的副作用。再好的清洁剂有时对一些陈年污垢同样无效。客房工作者应树立这样的意识，即每天做好清洁工作，使用适量的清洁剂。这样不仅省时、省力，而且对增加被清洁物的使用价值和延长它们的使用寿命很有益处，应养成做保养式清

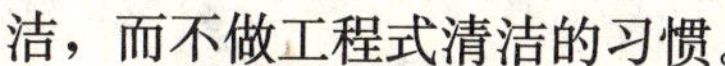

洁，而不做工程式清洁的习惯。

（二）清洁剂的安全管理

高压罐装清洁剂、挥发溶剂清洁剂，以及强酸、强碱清洁剂都是不安全因素。前两者属易燃易爆物品，后者会对人体肌肤造成伤害，若管理不当均有一定的危险性。所以，在管理中需注意以下几点：

（1）制定相应的规章制度，培训服务员掌握使用和放置清洁剂的正确方法。平时注意检查和提醒服务员按规程进行操作。

（2）必须使用强酸和强碱清洁剂时，先做稀释处理，并尽量装在喷壶内，再发给服务员。

（3）配备相应的防护用具，如合适的清洁工具、防护手套等。

（4）禁止服务员在工作区域吸烟。严查严罚，以减少危害源。

总之，购买货真价实的清洁剂，减少浪费，保证安全使用，是清洁剂管理工作的目的。

实践活动

1. 在教师指导下练习使用主要清洁设备。
2. 在教师指导下学习各种清洁设备的保养。

复习思考题

1. 为客房部配置清洁设备时通常需要综合考虑哪些因素？
2. 选择清洁设备时需要注意哪些问题？
3. 使用清洁设备的注意事项是什么？
4. 列出做好清洁设备保养工作的要点。
5. 根据污垢的物理和化学性质，污垢分为哪几类？它们各有什么特性？
6. 清洁剂通常由表面活性剂和助剂两部分构成。请问表面活性剂和助剂的主要作用分别是什么？在清洁保养中，常用的表面活性剂和助剂有哪些？它们各有什么特性？
7. 在使用和保管粉状、液态、膏状、溶剂型清洁剂时要注意什么？
8. 列出饭店客房部常用的清洁剂清单。

第4章　客房清洁保养

教学任务

重点讲述客房计划卫生，客房及餐具、茶具、酒具的消毒，客房清洁保养前的准备工作，客房清洁保养的控制；详细讲述客房清洁保养的操作程序与具体要求，使学生能够按照要求独立完成客房的日常清洁保养工作。

学习任务

能够正确对客房及客房用品进行消毒；能够制定合理的客房计划卫生表；掌握客房清洁保养的注意事项及客观标准，能够独立进行客房清洁保养的各项准备工作；掌握客房清洁保养的操作规范与具体要求，能够按照要求独立完成客房的日常清洁保养工作，并能够依据客房清洁保养的相关标准，进行质量检查与控制。

4.1　客房及餐具、茶具、酒具的消毒

消毒和除虫害是饭店清洁卫生工作的一项重要内容，是预防各种疾病流行，保证宾客健康的重要举措。在客房消毒工作中，每个服务人员必须加强责任心、明确消毒目的、了解基本原理、熟悉常用的消毒方法。

一、客房清洁保养的要求

客房是客人休息、睡觉的场所，客人对客房清洁保养的要求较高。无论是什么星级的饭店，客房清洁保养都应达到以下几个基本要求：

（1）凡是客人看到的，必须是美观整洁的。

（2）凡是客人接触使用的，必须是清洁卫生的。

(3) 凡是客房提供给客人使用的设备，必须是完好有效的。

二、客房清洁保养的安排

客房清洁保养工作涉及范围广、项目多，通常可分为日常性的清洁保养和周期性的清洁保养（即计划卫生）。

客房日常清洁保养是指为保证客房基本清洁水准而进行的日常清洁整理工作，主要包括以下内容。

（一）各类客房的清洁整理

饭店各类客房通常每天均需进行例行的清扫整理，以保证客房的整洁，为客人提供一个舒适的居住场所。

（二）晚间房间整理

通常，档次较高的饭店对顾客提供做夜床的服务，其目的是体现饭店客房服务的规格，方便客人，为客人创造一个恬静幽雅的休息环境。

（三）房间用品的补充

客房服务员清扫整理客房时须按规定补充客人已消耗的物品，以满足客人对日常客用物品的需求。

（四）客房设备用品的检查

清扫整理客房时，客房服务员应检查客房设备用品，以保证客房设备用品的日常完好，提高客人对客房用品的满意程度。

（五）客房的杀菌消毒

杀菌消毒是饭店清洁卫生的重要内容，定期对客房进行杀菌消毒，可保持房间的卫生，防止传染病的发生和传播。

（六）楼层工作间的清洁卫生工作

楼层工作间是存放物品、员工工作和休息的场所。做好工作间的清洁卫生工作，可为客房服务员提供一个良好的后台环境。

（七）客房工作车的整理及物品的补充

每天均须整理房务工作车并补充物品，工作车上的物品要整齐有序，取用方便。其目的是保证工作车的美观整洁，提高清洁整理客房的工作效率。

客房日常性清洁保养工作应有统一安排与调控。一般做法是：客房中心服务员根据当天客房出租率、人员排班及有关领导的特别指令和要求，通过《工作单》给每一当班人员分配具体工作任务。其原则是在确保工作质量、工作进度及定额标准的前提下，做到人人有事做，事事有人做。

客房周期性清洁保养工作，即计划卫生。所谓计划卫生就是定期的、具有一定周期性的清洁保养工作。客房计划卫生是在搞好日常清扫整理的基础上，有计划地、定期地对无须每天完成，日常清扫整理中难以完成及容易忽视、需要加强的部位或设备用品，进行全面彻底的清洁保养。做好客房计划卫生工作，能够保证和提高客房清洁卫生质量，加强对客房设施设备用品的维护修养。

在确定计划卫生的具体内容时，应遵循的原则是：勿将日常清洁保养的内容作为计划卫生的内容，也没有必要将计划卫生的内容作为日常清洁保养的内容。如果有过多的交叉，就可能降低客房日常清洁保养的基本质量和效率，造成不必要的人力、物力浪费。通常，在确定客房计划卫生内容时，可参考下列项目：(1) 通风口除尘；(2) 家具背后除尘；(3) 排风扇机罩和风叶除尘、除迹；(4) 电话机消毒；(5) 电冰箱消毒；(6) 墙纸、墙布除尘；(7) 天花板除尘；(8) 家具上蜡；(9) 酒篮、鞋篮除尘；(10) 门顶除尘；(11) 金属器件除锈、抛光；(12) 床垫翻转；(13) 地毯、沙发、床头板的清洁；(14) 皮革制品的抛光；(15) 毛毯、床罩、床裙、褥垫、被套的清洁；(16) 枕芯的清洁；(17) 窗帘的清洁；(18) 工艺品、装饰品的除尘；(19) 百叶门、顶板的除尘；(20) 卫生间顶除迹；(21) 冰箱、便器除垢；(22) 下水口及管道喷药、除污；(23) 洁帘的清洁；(24) 镜柜除锈、上油；(25) 大理石面上蜡；(26) 植物养护；(27) 顶灯的除尘；(28) 玻璃窗的擦拭；(29) 阳台的除污除迹；(30) 其他项目。

上述各个项目中，由于物体受污染的速度快慢不一、清洁保养的难度有大有小，所以清洁保养的频率和周期也有不同。在实际工作中，应根据这些具体情况，将所有周期性清洁保养的项目进行分类，诸如每三天一次、每周一次、每旬一次、每半月一次、每月一次、每季度一次、每半年一次、每年一次等。

三、客房及餐具、茶具、酒具的消毒要求

客房房间应定期进行预防性消毒，按照卫生要求，每天应通风换气、日光照射，每星期应进行一次紫外线或其他化学消毒剂灭菌和灭虫害，以保持房间的卫生，防止传染病的传播。

卫生间的消毒工作非常重要，因为卫生间的用具易于传染病菌。因此，卫生间必须做到天天彻底清洁保养、定期消毒，经常保持卫生整洁。每换一位宾客，必须进行一次严格的消毒。每周对地面喷洒杀虫剂一次，尤其对地漏处进行喷洒。

茶具、酒具等走客房的杯具必须统一撤换，进行严格的洗涤消毒。主客房用过的杯具每天都必须撤换，统一送到杯具洗涤间进行洗涤消毒。楼层应配备消毒设备和用具。

客房工作人员严格实行上下班换工作服制度，让工作服起到“隔离层”的作用。清洁保养卫生间时，应戴好胶皮手套。每天下班用肥皂清洗双手，并用消毒剂对双手进行消毒。定期检查身体，防止疾病传染。

四、常用的消毒方法

消毒的方法很多，大致可以分为物理消毒、化学消毒和生物消毒三大类。下面介绍几种常用的方法。

（一）物理消毒

1. 高温消毒

高温消毒可分为煮沸消毒与蒸汽消毒两种。其原理是在高温状态下，将湿菌体的蛋白质凝固致死。

（1）煮沸消毒法。将洗刷干净的茶具置入100℃的沸水中煮15～30分钟即可。此法适用于瓷器，但不适用于玻璃器皿。

（2）蒸汽消毒法。将洗干净的茶具和酒具放到蒸汽箱中，蒸15分钟即可。此法适用于各种茶具、酒具及餐具的消毒。

2. 干热消毒法

此法主要是通过氧化，破坏微生物细胞原生质，致其死亡。

（1）干烤。干烤法多采用红外线照射灭菌，目前客房楼层常用的消毒柜多属此类。其操作程序是将洗刷干净的杯具放入消毒柜中，然后将温度调至120℃，干烤30分钟即可。

（2）紫外线消毒。此法可用于卫生间的空气消毒。一般安装30瓦灯管一支，灯距地面2.5米左右，每次照射2小时，即使空气中微生物减少50%～75%，甚至90%以上。

（二）化学消毒

化学消毒剂能使微生物菌体内的蛋白质变性，干扰微生物的新陈代谢，抑制其快速繁殖，以及溶菌。

1. 浸泡消毒法

浸泡消毒一般适合杯具的消毒。使用浸泡消毒法，必须先把化学消毒剂溶解，同时严格按比例调制好才能发挥效用。如果浓度过低，达不到消毒的目的；浓度过高，则易留下余毒，伤害人体。

浸泡消毒的操作方法是：将洗刷干净的杯具分批放入消毒溶液中浸泡5分钟，然后用清水冲净并擦干即可。常用的化学消毒剂溶液有以下几种：

（1）氯亚明。氯亚明又称氯胺，呈白色或微黄色、粉末状、中性、微具氯臭，易溶于水，遇湿空气、光、热和酸都能加速分解。保存时，应密封、避光、放于干燥处。

常用浓度和配制方法：浓度3‰，即5 000克水加15克氯亚明粉末，配制好即可消毒，适用于客房内的茶杯及房内表面物的消毒。注意不能与易燃或易爆物品放在一起，防止发生意外事故。不宜久放，时间过长易失效，用时现配。它具有褪色及腐蚀金属的特征，所以在消毒餐具、茶具时，不能将刀、叉、勺、咖啡具放入浸泡。另外，配好的氯亚明消毒溶液只可使用一天，第二天便不能再用。

（2）漂白粉。漂白粉呈灰白色粉末状，有氯气臭味，含有效氯25%～35%，部分溶于水。漂白粉的消毒作用在于它能在水中分解出次亚明酸，次亚明酸能渗入细菌体，使其蛋白变性，从而达到杀菌的目的。

漂白粉消毒溶液配制方法：配置浓度为3‰的漂白粉，搅拌均匀后即可使用，注意事项与氯亚明相同。其使用范围不但可以消毒杯具、茶具，同时可用于水果和棉织品的消毒。

（3）高锰酸钾。高锰酸钾旧称灰锰氧，为紫色针状结晶体，可溶于水。水溶液为紫红色。高锰酸钾配制浓度为1∶2 000水溶液。对餐具、茶具、酒具、水果都适用，浸泡时间不少于5分钟。

使用高锰酸钾应注意：高锰酸钾溶液分解很快，容易放出新生态氧，特别是接触了有机物以后，具有氧化杀菌能力立即降低或消失的特点。所以，溶液如果变成黄褐色，就应更换新液，以保证杀菌效力。由于高锰酸钾具有遇到有机物即将有机物氧化的特性，所以，有机物品应尽量改用其他消毒剂溶液。

（4）“八四肝炎”消毒液。“八四肝炎”消毒液是一种高效、速效、无毒、去污力很强的消毒液，能快速杀灭甲型肝炎、乙型肝炎、艾滋病、节髓炎病毒和细菌芽孢等。“八四肝炎”消毒液配制浓度为0.7%～0.5%（1∶500或1∶200水溶液）。适用于餐具、茶具、酒具、蔬菜、水果、家具、玻璃、塑料制品和白色衣物等的消毒。其缺点是原液对棉织品、金属易腐蚀、易伤皮肤，如有接触，用清水冲洗即可。注意保存时要避光、避热，室温在25℃以下可贮存10个月以上。

（5）TC—101。TC—101配制浓度为0.2%～0.5%水溶液（每公斤水放两片TC—101），须浸泡15～20分钟。

2. 擦拭消毒法

该法即用药物水溶液擦拭客房设备、家具，以达到消毒的目的。

（1）房间。服务员清洁保养完卫生间后即可用化学消毒溶液进行擦拭消毒。

（2）卫生间。用2%～3%的来苏水溶液或“八四肝炎”消毒溶液擦拭卫生间洁具。消毒完毕，紧闭门窗约2个小时，然后开门窗进行房间通风。

化学消毒溶液对人体有一定的腐蚀作用，因此在进行消毒时，应注意采取

防护措施，如有接触，用清水冲洗即可。

3. 喷洒消毒法

为了避免对人体肌肤的损伤，可采用喷洒方法消毒。例如，用浓度1%～5%漂白粉澄清对房间死角和卫生间进行消毒。但禁止将漂白粉与酸性清洁剂同时使用，以免发生氯气中毒。

喷洒消毒以采用快干型的消毒剂为好，如空气清新剂、“杰雪”消毒剂等，这些消毒剂对皮肤无刺激，能迅速杀死甲肝、乙肝等病毒。

（三）通风与日照

略。

（四）室外日光消毒

利用阳光的紫外线，可以杀死一些病菌。例如，定期翻晒床垫、床罩、被褥，既可起到消毒作用，又可使其松软舒适。

（五）室内采光

室内采光是指阳光通过门窗照射到地面，以杀死病菌。例如，冬季日照三小时、夏季日照两小时，即可杀死空气中大部分致病微生物。

（六）通风

通风不仅可以改善空气环境，而且可以防止细菌和螨虫的滋生。因此改进客房的通风和空调效果，应是客房消毒常用的方法。

使用空调器应注意定期更换空调器的滤膜，防止细菌的滋生繁殖。因为在适宜的湿度和温度中，一些致病微生物（霉菌）会在空调器内繁殖成长。

4.2　客房清洁保养前的准备工作

为了提高工作效率，保证客房清洁的质量，清洁保养前必须要做好准备工作，包括了解有关客房清洁保养的知识。

一、客房清洁卫生质量标准

客房清洁卫生质量标准通常包括两个方面：一是视觉标准，即客人和员工凭视觉或嗅觉等能够感受到的标准；二是生化标准，即防止生物、化学及放射性物质污染的标准——往往由专业卫生防疫人员来做定期或临时性抽样测试与检验。

（一）视觉标准

1．“十无”

（1）四壁无灰尘、蜘蛛网。

（2）地面无杂物、纸屑、果皮。

（3）床单、被罩、枕套表面无污迹。

（4）卫生间清洁、无异味。

（5）金属把手无污渍。

（6）家具无污渍。

（7）灯具无灰尘、无破损。

（8）茶具、冷水具无污痕。

（9）楼面整洁，无“六害”（即老鼠、蚊子、苍蝇、蟑螂、臭虫、蚂蚁）。

（10）房间卫生无死角。

2．“六净”

（1）四壁净。

（2）地面净。

（3）家具、玻璃净。

（4）床上净。

（5）卫生洁具净。

（6）物品净。

（二）生化标准

客房的清洁卫生质量光用视觉标准来衡量是不够的。例如，一只光亮的杯子是否清洁卫生，无法加以确认，还必须用生化标准来衡量。客房清洁卫生的生化标准包括以下内容。

1．茶具、水具、卫生间洗涤消毒标准

（1）茶水具：每平方厘米的细菌总数不得超过 5 个。

（2）脸盆、浴缸、拖鞋：每平方厘米的细菌总数不得超过 500 个。

（3）卫生间不得查出有大肠杆菌群。

2．空气卫生质量标准

（1）一氧化碳含量每立方米不得超过 10 毫克。

（2）二氧化碳含量每立方米不得超过 0.07%。

（3）细菌总数每立方米不得超过 2 000 个。

（4）可吸入粉尘每立方米不得超过 0.15 毫克。

（5）氧气含量应不低于 21%。

3．微小气候质量标准

（1）夏天：室内适宜温度为 22℃～24℃；相对湿度为 50%；适宜风速为

0.1 米/秒～0.15 米/秒。

(2) 冬天：室内适宜温度为 20℃～22℃；相对湿度为 40%；适宜风速不得大于 0.25 米/秒。

(3) 其他季节：室内适宜温度为 23℃～25℃；相对湿度为 45%；适宜风速为 0.15 米/秒～0.2 米/秒。

4. 采光照明质量标准

(1) 客房室内照明度为 50 勒克司～100 勒克司。

(2) 楼梯、楼道照明度不得低于 25 勒克司。

5. 环境噪声允许值

客房室内噪声允许值不得超过 45 分贝（A）。

采用中央空调系统的饭店，对客房内的温度、湿度、噪音、新风量、气流速度等均有严格的技术指标和规定，能较全面地满足人体对于舒适和卫生的要求。有的饭店还为空调器配有杀菌灯、空气净化器和空气负离子发生器，使客房的清洁卫生质量更符合生化标准。

二、客房清洁保养注意事项

客人一旦进入客房，该房间就应看成是客人的私房，因此，任何服务员都不得擅自进入客人房间，都必须遵守相应的注意事项。具体内容如下：

(1) 每日的客房清洁保养工作应于客人不在房间时进行；客人在房间时，必须征得客人同意后方可进行，以不干扰客人的活动为准。

(2) 养成进房前先敲门通报的习惯。饭店员工都应养成进房先敲门通报，待客人允许后，再进入房间的习惯。敲门后，房间内无人答话的情况下，应按如下方式处理：

1) 客人在卫生间，要立即道歉，退出房间并关好门。

2) 如果客人在房间穿戴整齐，要立即礼貌征询客人，是否可以进房间工作或提供所需服务。

3) 如果发现客人正在睡觉，或正在穿衣，要立即道“对不起”，并退出房间关好门。

(3) 对挂有“请勿打扰”牌房间的处理，一般门外把手上挂有“请勿打扰”牌子或反锁标志，以及房门侧面的墙上亮有“请勿打扰”的指示灯时，不要敲门进房，如果到了下午 2 时以后，客房仍挂有“请勿打扰”牌，应由楼层领班或客房服务中心值班员用电话与客人联系，询问客人何时可以清洁保养；如果客人因事谢绝清洁保养，则需要在服务员做房表上注明时间和内容。电话联系无人接听，应由领班和清洁保养员一起进入房间，若发现客人生重病或其他事故，应立即上报。

(4) 清洁保养住有客人的房间时，不得使用客房内的一切设施、设备和用品，更不能乱翻动、借用客人的物品，特殊规定除外。

(5) 禁止使用房间的棉织品作为擦洗的清洁用具。

(6) 服务人员只能使用工作电梯。

三、清洁保养前的准备

(一) 领取客房钥匙

由于各饭店客房管理体制不同，管理方法不一，所以清洁员领取钥匙的方式也不同，但不管如何管理，在分发、领取、交回钥匙这项工作程序中，必须有严格管理、手续齐全。在领取钥匙的同时领取客房清洁报表。

1. 楼层万能钥匙的领取

领班代客房服务中心统一签领所辖楼层的万能钥匙，然后分发给卫生班服务员，下班时统一交回客房服务中心，并由后者签收。

2. 楼层服务台管理钥匙

卫生班服务员在清洁保养房间前，在楼层服务台登记，并领取待清洁保养房间的钥匙，做完卫生后再交还给服务台并由后者签收。

(二) 了解房态

做房前，应了解房间状态，以决定清洁保养房间的顺序，防止随便敲客房门，惊动宾客。

1. 客房状态

在饭店里，需要清洁整理的客房，可以分为以下几种状态：

(1) 住客房 (occupied)：即客人正在住用的房间。

(2) 走客房 (check out)：表示客人已结账并离开客房。

(3) 空房 (vacant)：表示昨日暂时无人租用。

(4) 未清洁保养房 (vacant dirty)：表示该客房为尚未经过打扫的空房。

(5) 外宿房 (sleepout)：表示该客房已被租用，但住客昨夜未归。为了防止发生逃账等意外情况，客房部应将此种客房状况通知总台。

(6) 维修房 (out of order)：亦称失效房或称待修房，表示该客房因设施、设备发生故障，暂不能出租。

(7) 已清洁保养房 (vacant clean)：表示该客房已清洁保养完毕，可以重新出租，亦称 OK 房。

(8) 请勿打扰房 (do not disturb)：表示该客房的住客因睡眠或其他原因而不愿服务人员打扰。

(9) 贵宾房(very important person):表示该客房住客是饭店的重要客人。

(10) 常住房(long staying guest):即长期由客人包租的房间,又称“长包房”。

(11) 请即打扫房(make up room):表示该客房住客因会客或其他原因,需要服务员立即打扫。

(12) 轻便行李房(light baggage):表示该房是住客行李很少的房间,为了防止逃账,客房部应及时通知总台。

(13) 无行李房(no baggage):表示该房间的住客无行李,应及时通知总台。

(14) 准备退房(expected departure):表示该客房住客应在当天中午 12 点以前退房,但现在还未退房。

(15) 保留房(out of the turn):表示该客房住客临时外出几天,不退房,通常这种客人身份很高、物品多、不计较房价。

(16) 加床房(extra bed):表示该客房有加床。

(17) 零散旅游外宾(free independent travelers)。

(18) 急需房(requested room)。

(19) 饭店临时自用房(hotel use)。

2. 不同房态客房的清洁保养要求

(1) 简单清洁保养的房间。空房属于这一类房间,一般只进行通风、吸尘、擦尘和放掉水箱、水龙头等积存的陈水。

(2) 一般清洁保养的房间。针对客人外出保留房间和长住客人的房间。

(3) 彻底清洁保养的房间。针对住有客人房间和离店客人的房间。

(三) 准备工作车

(1) 将工作车里外擦拭干净,检查有无损坏。

(2) 拉好垃圾袋和布巾袋,检查挂钩是否牢固。

(3) 床单放在底层,布巾放在中、上层。

(4) 服务、文具、卫生用品放在最上层的格内。各种用品的数量按房间住客人数配备。

(5) 备齐清洁保养的用具及用品。

(6) 备齐清洁卫生间的各种工具。

(四) 准备吸尘器

(1) 检查各部件是否严密,如有漏风处要及时修好。

(2) 检查有无漏电现象,注意不要赤脚和湿手操作,以防触电。

(3) 检查蓄尘袋内的灰尘是否已倒掉。

(4) 检查其他部件是否齐全、配套。

（五）确定清洁保养顺序

服务员在了解自己将要打扫的房间的状态后，应根据开房的急缓先后、客人情况或总台及领班的特别交代，决定清洁保养顺序。一般而言，客房清洁保养顺序如下：

（1）挂有“make up room”的房间或客人口头提出要求打扫的房间；

（2）总台急需房；

（3）VIP房；

（4）走客房；

（5）住客房；

（6）空房；

（7）长住房（长包房）。

房间清洁保养顺序的排列，以既能满足客人的特殊要求，又能加速客房出租周转为优先考虑的因素。因此，在旺季，客流量较大的情况下，清洁保养顺序应是：总台急需房——空房——走客房——挂牌清洁保养房——VIP房——住客房。长住房则应与客协调，定时打扫。

（六）清洁保养的基本方法

（1）从上到下。在擦拭房间、卫生间等设备物品时，应采取从上到下的方法进行。

（2）从里到外。地毯吸尘和擦拭卫生间地面时，应采取从里到外的方法进行。

（3）环形清洁保养。在擦拭和检查卫生间、卧室设备用品的路线上，应按照从左到右或从右到左的线路进行。

（4）先湿后干（干湿分开）。在擦拭房间的玻璃板、镜子时，应先湿后干，效果洁净、光亮；擦拭不同家具、物品的抹布有时要干、湿分开，区别使用。例如，房间的灯具、电视机、床头板等只能使用干抹布，以避免污染墙纸和发生危险。

（5）先卧室后卫生间。在清洁住客房时，应先清洁保养卧室再做卫生间的清洁，这是因为住客房的客人有可能回来，甚至带来亲友或来访者。先将客房的卧室整理好，客人归来即有了安身之处，卧室外观也整洁，使住客当着访客的面也不会尴尬；对服务员来说，这时留下来做卫生间也不会有干扰之嫌。

整理走客房则可以先卫生间后卧室。一方面可以让弹簧床垫和毛毯等透气，达到保养的目的；另一方面又无须担忧会有人突然闯进来。

（6）注意墙角。墙角往往是蜘蛛网和污垢积存之处，也是客人重视的地方，需要留意打扫。

4.3　客房清洁保养操作程序

客房的清洁保养又称做房。它包括三个方面的工作内容：整理清洁客房；更换添补物品；检查保养设施、设备。为了使清洁保养工作能够有条不紊地进行，同时避免过多的体力消耗和意外事故的发生，客房服务员应根据不同房态的房间，严格按照清洁保养程序和方法进行清洁保养，使之达到饭店规定的质量标准。

一、走客房的清洁保养程序

（一）基本要求

对客人刚结账退房的房间进行清洁保养，一般称“大清洁保养”，亦称“彻底清洁保养”。其要求是：

（1）客房服务员接到通知后，应尽快对客房进行彻底清洁保养，以保证客房的正常出租。

（2）将工作车停在打开的客房门口，并调整好工作车的位置（也有饭店要求把工作车停放在房门口一侧）。

（3）进入房间后，应检查房内是否有客人丢失的物品，房间的设备和家具有无损坏或丢失。发现以上情况，应立即报告领班，并进行登记。

（4）撤换茶水具并严格洗涤消毒。

（5）对卫生间各个部位进行严格洗涤消毒。

（6）客房清洁保养合格后，应立即通知总台，即使通报为“OK 房”，以便总台及时出租。

（二）卧室清洁程序

1. 卧室清洁保养“十字诀”

（1）开：开门、开灯、开空调、开窗帘、开玻璃窗（有些饭店客房的玻璃窗是不能打开的）。

（2）清：清理烟缸、纸篓和垃圾。

（3）撤：撤出用过的茶水具、玻璃杯、脏布件，如果有客人用过的餐具也一并撤去。

（4）做：做床。

（5）擦：擦家具、设备及用品，从上到下，环形擦拭灰尘。

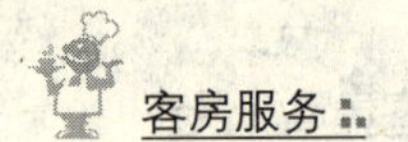

(6) 查：查看家具用品有无损坏、配备物品有无短缺、是否有客人遗留物品，边擦拭边检查。

(7) 添：添补房间客用品、宣传品和经洗涤消毒的茶水具。

(8) 吸：地毯洗尘由里到外，同时对清洁保养完毕的卫生间地面洗尘。

(9) 关（观）：观察房间清洁整理后的整体效果；关玻璃窗、关纱窗、关空调、关灯、关门。

(10) 登：在“服务员工作日报表”上做好登记。

2. 具体操作规范

(1) 按照饭店规定进入客房的规范开门进房。将房门完全打开，直到该房间清洁保养完毕。开门打扫卫生的意义有三点：

1) 表示该客房正在清洁保养；

2) 防止意外事故的发生；

3) 有利于房间的通风换气。

(2) 检查灯具。将房间里的所有灯具开关打开，检查灯具是否有毛病，一旦发现灯泡损坏，立即通知维修人员前来更换。

(3) 拉开窗帘、打开窗户。拉开窗帘时应检查帘子有否脱钩和损坏情况，必要时应打开空调，加大通风量，保证室内空气的清新，同时检查空调开关是否正常。

(4) 观察室内情况。主要是检查客人是否有遗留物品和房内设备用品有无丢失和损坏，以便及时报告主管。

(5) 清理烟灰缸和垃圾。

1) 清理烟灰缸。把烟灰缸里的烟头倒到指定的垃圾桶内，洗净擦干，绝不能把烟灰缸里的脏物倒进恭桶内，避免恭桶堵塞，倒烟灰缸时要特别注意烟头是否熄灭，及时消除隐患。

2) 清理垃圾桶（纸篓）。纸篓一般有两种形式：一种是纸篓直接接触垃圾；另一种是纸篓内套有垃圾袋。第一种纸篓在倒垃圾时应注意纸篓内是否有玻璃片等锐利脏物，应及时单独处理。第二种再套垃圾袋时，不能图省事，应依次往纸篓里放几个塑料垃圾袋。

(6) 撤走房内用膳的桌、盘、杯、碟等。

(7) 撤走用过的茶水具、玻璃杯。

(8) 撤走用过的床单和枕袋，把脏布件放进清洁车内。

1) 在撤床单、枕袋时，若发现床单、枕袋、毛毯、褥垫等有破损及受污染情况，应立即报告领班。

2) 不要把布件扔在地毯上或楼面走道上。

3) 撤床上用品的程序。

撤床的具体步骤及注意事项如下：

- 卸下枕袋，注意枕下有无遗留物品。
- 留意枕头有无污渍。
- 揭下毛毯放在沙发上，禁止猛拉毛毯。
- 揭下床单（从床上逐一撤下）。
- 逐一检查垫单是否清洁。
- 禁止猛拉床单。
- 收取用过的床单、枕袋并点清数量。

4）收去脏布件后带入相应数量的干净布件，放置在椅子上。

（9）做床。按整理床铺的程序换上新床单、枕袋，铺床的方法由于各饭店要求不同和床具不同而多少有些差别。

1）铺西式床的工作流程。

所需设施设备有床单、枕套、毛毯、床罩、云丝被。

铺西式床的工作流程具体如图 4—1 所示。

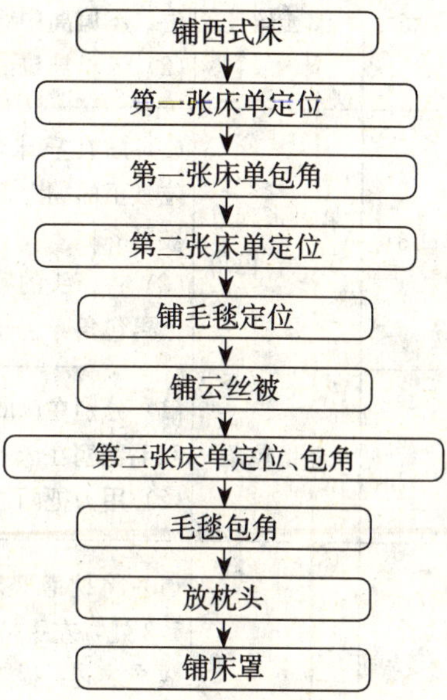

图 4—1 铺西式床的工作流程图

2）铺西式床的工作细则。

铺西式床的工作细则如表 4—2 所示。

表 4—2 铺西式床的工作细则

序号	操作程序	操作步骤	操作标准及说明
1	第一张床单定位	（1）站在床的一侧甩床单，并一次到位； （2）床单中线对准床垫中心线； （3）床单正面向上。	
2	第一张床单包角	（1）包四个角，包角平整成 90°； （2）先包床头两角（先横后竖），再包床尾两个角； （3）床单的四边包进床垫下面。	四个角式样和角度一致，均匀、紧密。床单四边紧密。
3	第二张床单定位	（1）站在床的一侧甩床单，并一次到位； （2）床单中线与第一条床单中线吻合； （3）床单反面向上。	
4	铺毛毯定位	（1）站在靠床头 1/3 处，一次性把毛毯抛开； （2）毛毯头距床头 25 厘米，与床头水平，有商标的一头商标朝下，位于床尾； （3）第二张床单覆盖毛毯头 25 厘米。	毛毯平滑，毛毯头紧密。毛毯居中且与第二张床单中线重叠。

续前表

序号	操作程序	操作步骤	操作标准及说明
5	铺云丝被	(1) 站在靠床头1/3处甩云丝被，一次到位，不偏离中线； (2) 云丝被拉链在床尾。	
6	第三张床单定位、包角	(1) 站在靠床尾1/3处甩床单并一次到位。正面朝上，三线对一，床单头与云丝被平齐； (2) 将床头的第二张床单折在第三张床单上再包角，包角平整成90°。	
7	毛毯包角	(1) 分别在床的两侧包角，把多出的床单和毛毯塞在床垫下面； (2) 用力把两侧的床单拉紧。	床尾的两角90°，紧密。床的两侧和床尾整齐、紧密。
8	放枕头	(1) 将枕芯竖着折叠为二：右手持前端1/3处，左手持枕套向里放至顶端；松手放平枕芯：提起末端让枕头完全滑入后包好枕芯，并横拎起枕套的两角，使枕头饱满； (2) 将枕袋的封口封严； (3) 摆放时，使枕头的开口与床头柜相反。	四个角饱满，外形平整、挺括。封口整齐、紧密。枕头在床中间。
9	铺床罩	(1) 站在床尾将床罩向床头甩出，站在床头整理床罩，床尾两角垂直、挺括，不压地，将多余部分塞好； (2) 床罩盖住枕头，枕头不外露，枕线清晰、平挺，无断折，不露白边，把多出的床罩均匀塞在两个枕头下面； (3) 床罩完全铺盖整个床面，两侧自然下垂，尾部两角垂直、挺括。	床面平整美观，床罩的两条边线与床垫的两条棱相符。

3）铺中式床的工作流程。

铺中式床所需物品有：床单、被芯、被套、枕芯、枕套、床垫。

铺中式床的工作流程见图4—2。

4）铺中式床的工作细则。

铺中式床的工作细则如表4—3所示。

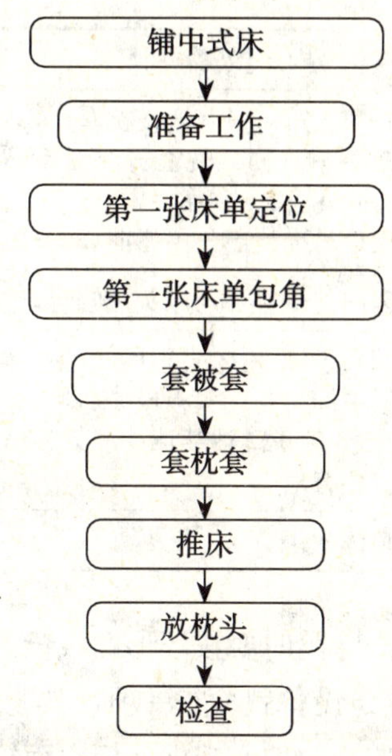

图 4—2　铺中式床的工作流程图

表 4—3　铺中式床的工作细则

序号	操作程序	操作步骤	操作标准及说明
1	准备工作	(1) 将床拉出约 40 厘米； (2) 检查调整床、护垫，发现有污渍及时更换； (3) 发现床架有突出的尖锐物体及时处理。	及时处理床架存在的各种问题，或记录下来报修，这样可以防止给宾客带来的意外的伤害。
2	第一张床单定位	(1) 站在床的一侧甩单，并一次到位； (2) 床单中线对准床垫中心线； (3) 床单正面向上。	甩单动作干净利落。 铺床单时注意检查是否有破损或不整洁现象，如发现应及时更换。 铺床时不能用手梳理头发，以免头发掉在床单上。
3	第一张床单包角	(1) 包四个角，包角平整成 90°； (2) 床单的四边包进床垫下面。	四个角式样和角度一致，均匀、紧密。床单四边紧密。
4	套被套	(1) 将被芯平铺在床上； (2) 将被套外翻，把里层翻出； (3) 将被套里层的床头部分与被芯的床头部分固定； (4) 手伸进被套里，紧握住被芯部分的两角，向内翻转，用力抖动，使被芯完全展开，被套四角饱满； (5) 调整被套位置，使棉被床头部分与床垫床头部分齐平，棉被的中线与床垫的中心线对齐； (6) 将棉被床头部分翻折 30 厘米； (7) 将被套开口封好。	床尾及床两侧部分自然下垂，使整个床面平整、挺括、美观。

续前表

序号	操作程序	操作步骤	操作标准及说明
5	套枕套	(1) 将枕心塞入第一只（内）枕套； (2) 再从第一只（内）枕套开口处套入第二只（外）枕套； (3) 枕套四角对准枕芯，不扭曲。	四个角饱满，外形平整、挺括。封口整齐、紧密。
6	推床	将铺好的床向前推进，与床头板吻合。	
7	放枕头	(1) 将两只枕头放在床头正中，枕头斜靠在床头板中间，与床头板成45°斜角； (2) 单人床枕套开口被朝床头柜，双人床枕套开口相背对。	枕头与床头平齐，挺括、平整。
8	检查	注意检查整体效果。	

(10) 除尘、设备检查。除尘时要按环形路线依次把房间各家具、用品抹干净，不漏擦。每擦一件家具、设备就检查一项，其顺序是：

1) 房间。擦房门时，应把门牌、门框、门立面擦净，窥视镜、逃生图擦干净，以防日久积尘，可保持门的整体洁净，看门锁是否灵活，“请勿打扰”牌有无污迹。走廊灯是否正常。

2) 壁柜。擦壁柜要仔细，要把整个壁柜擦净。检查衣架是否符合饭店规定的数量，衣刷、鞋拔子、鞋篮是否齐全。擦亮穿衣镜。

3) 小酒吧台（酒柜）。擦净小酒吧内外，检查冰箱运转是否正常，接水盆是否已满，温度是否适宜，并记录需补充的物品。

4) 行李架（柜）。擦净行李架（柜）内外，包括架面和挡板。

5) 写字、化妆台。擦拭写字台抽屉，应逐个拉开擦，如抽屉仅有浮尘，则可用干抹布擦。同时检查洗衣袋、洗衣单及礼品袋有无短缺，具体如下：

- 从上到下擦净镜框、台面、梳妆凳，注意对桌脚和凳腿的擦拭。可用半湿抹布擦尘。
- 擦拭完的镜面不得有布毛、手印和灰尘。
- 擦拭台灯和镜灯时，应用干布，切勿用湿布抹尘。如果台灯线露在写字台外围，要将其收好，尽量隐藏起来。灯罩接缝朝墙。
- 写字台上如有台历，则需每天翻面。
- 检查写字台物品及服务夹内物品，如有短缺或破损（旧），应添补或调换。

6) 电视机。用柔软的干布擦净机壳外表和底座的灰尘，然后打开电视机，检查图像、频道选用是否准确，颜色是否适度。电视机上不要放任何物品，尤其是小件物品，擦拭前应先拔下电源线插头。若使用清洁剂应用中性清洁剂。

7) 地灯。用干抹布擦净灯泡、灯罩和灯架，注意收拾好电线，将灯罩接缝

朝墙。

8）窗台。先用湿抹布，然后再用干抹布擦拭干净。检查一下推拉式玻璃窗是否正常好用。

9）沙发、茶几。用干抹布掸去浮尘或用吸尘器吸尘，注意沙发夹缝之间的脏物。擦拭茶几可以先用湿抹布擦去污迹，然后再用干抹布擦拭干净，保持茶几的光洁度。

10）床头板、床。用干抹布擦拭床头灯泡、灯罩、灯架和床头挡板，切忌用湿抹布擦拭。

11）床头柜。具体过程如下：

- 检查床头柜各种开关，如有故障，立即通知维修。
- 调整好床头柜的电子钟。
- 擦拭电话机时，首先听一下有无忙音，然后用湿抹布擦去话筒灰尘及污垢，用酒精棉球擦拭话机。
- 检查放在床头柜的服务用品是否齐全，是否有污迹或客人用过。

12）装饰画。装饰画有的是带玻璃画框，有的没有玻璃，擦拭时要注意湿、干抹布的使用，擦拭后摆正。

13）空调开关。用干抹布擦去空调开关上的灰尘。

(11) 按饭店规定的数量和摆放规格添补客用品和宣传品。

1）用干净托盘带进以消毒的茶水具、玻璃杯等。

2）更换添补的用品均应无水迹和污迹。

(12) 吸尘。吸尘按地毯表层毛的倾倒方向进行，由里到外，梳妆凳、沙发下、窗帘后、门后均要吸到，同时拉好纱帘、关好玻璃窗、调整好家具摆件。

(13) 离开客房之前自我检查一遍，看是否有漏项，若有需及时补做。

(14) 清洁卫生间。按卫生间的清洁保养程序操作。

(15) 关掉空调和所有灯具，然后将房门锁好。

(16) 登记客房清洁整理情况。每间客房清洁保养完成后，要认真填写清洁保养的进出时间，布件、服务用品、文具用品的使用和补充情况，以及需要维修的项目和特别工作等。

(四) 卫生间清洁保养程序

客人对卫生间的卫生要求很高。客房是客人最容易挑剔的地方。服务员和清洁保养员必须严格按照清洁保养的程序进行认真清洁保养，彻底消毒。

卫生间是体现饭店等级水平的重要设施和标志之一，既要清洁美观，又必须符合卫生标准。

1. 卫生间的清洁保养“十字诀”

(1) 开：开灯、开换气扇。

（2）冲：放水冲马桶，滴入清洁剂。

（3）收：收走客人用过的毛巾、洗刷用品，以及垃圾袋。

（4）洗：清洁浴缸、墙面、脸盆和抽水马桶。

（5）擦：擦干卫生间的所有设备和墙面。

（6）消：对卫生间各个部位进行消毒。

（7）添：添补卫生间的棉织品和消耗品。

（8）刷：刷洗卫生间地面。

（9）吸：用吸尘器对地面吸尘。

（10）关（观）：观察和检查卫生间工作无误后，即关灯并把门虚掩；将待修项目记下来上报。

2. 卫生间清洁保养的具体操作规范

（1）开灯、开换气扇（有的饭店是两项连在一起的），将清洁工具拿进卫生间。有的饭店还将一块毛毡放在卫生间门口，防止将卫生间的水带入卧室。

（2）放水冲干净坐便器，然后倒入按饭店规定数量的清洁剂，稍等片刻，清洁效果更好。

（3）撤出所有用过的棉织品，放入清洁车上的棉织品袋中。

（4）取出用过的消耗品，清理纸篓及烟灰缸，更换新垃圾袋。

（5）擦洗卫生间应按先脸盆、浴缸，后坐便器的顺序进行。先用清洁剂或专用洗涤剂由里到外全面擦，然后用清水冲洗，再用专用布依次擦净、赶光亮。脸盆、浴缸、坐便器的下水口必须无脏物，流水畅通。

（6）清洁卫生间的金属件时，注意不要使用酸性清洁剂，以免损坏电镀表层。

（7）留意对浴缸、云台边角缝隙的清洁。

（8）擦拭毛巾架、浴巾架、服务用品的托盘、吹风机、电话机、卫生间架并检查是否正常，发现故障，及时报修。

（9）清洁浴帘时，如发现上有霉点，要及时更换。

（10）对卫生间各个部位消毒。卫生间消毒的方法有很多种，无论选用哪种方法都必须对卫生间进行严格消毒，常用的消毒方法：

1）用2%～3%的来苏水液擦拭消毒；

2）用“八四肝炎”消毒液进行擦拭消毒。

（11）更换毛巾，按饭店规定摆放，店徽标志要外露。配备卫生用品和日用品（如香皂、发液等），结账离店的房间客用品全部更新，为下一位客人提供全新的住宿条件。

（12）把浴帘沿着浴帘钩的线迹折叠摆放好。

（13）清洁地面，从里到外边退边擦刷地面，特别注意对地漏的清洗、除

味，最后擦干地面。

（14）为了适应住店客人日益重视卫生间清洁卫生的需要，特别某些挑剔客人的需要，有些饭店要求在擦净地面后还要再吸尘，以保证卫生间不留一丝线头、毛发和残渣。

（15）环视卫生间每个部位，检查是否有漏项和不符合规范的地方。带走清洁工具，将门半虚掩，关上浴室灯。

3. 清洁保养卫生间注意事项

（1）清洁不同的设备要使用相应的清洁工具和清洁剂（一般清洁抹布、毛巾需用四块，不可一块抹布用到底）。

（2）清洁恭桶后加放“已消毒”封条（有些饭店不提倡加放，应按饭店规定要求做）。

（3）移动客人物品时动作要轻、稳，不要损坏客人的物品。

（4）不准使用客用毛巾清洁卫生间。

（5）撤换毛巾时不要误将客人的自备毛巾撤出。

二、住客房间的清洁保养

正常住客房间的卫生清洁大致与走客房间的清洁保养程序相同，其不同的地方有以下几点：

（1）房内有人，首先要征求客人意见，经允许后清洁保养动作要轻、时间要快，要礼貌操作，影响客人的时候要道歉，使用礼貌用语。

（2）如客人不同意清洁保养，应记下房号和客人要求清洁保养的时间。

（3）清洁时如遇客人的文件、物品、杂志等很乱，应稍加整理，不要弄错位置，文件等不要翻看（有些饭店规定不准动这些文件、物品）。

（4）除放在纸篓里的东西外，地上物品也要做简单整理，有些可能是有用或很重要的文件掉在地上，应帮客人放好，千万不要自行处理。

（5）放在床上或搭在沙发上的衣服，如不整齐，可帮客人挂到衣柜内，睡衣、内衣也要挂好或叠好放在床上。女宾住的房间更需小心，不要轻易动其衣物。

（6）擦壁柜时，只搞大面卫生即可，与擦写字台一样，尽量不打开擦内侧，以免客人回来看到产生误会。

（7）擦拭行李架时，一般不挪动客人的行李，只擦去浮尘即可。

（8）卫生间内女性用的化妆品，可稍加整理，但尽量不要改变位置，即使化妆品用完了，也不得将空瓶或盒扔掉。

（9）对客人的物品（尤其是敏感性很强的物品，如照相机、计算机、摄像

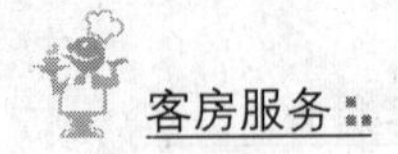

机、贵重文件等）不要随意摆弄。

（10）房间清洁完毕，应向客人表示谢意，然后礼貌退出房间，轻轻将房门关好。

三、空房整理

空房，是客人走后，经过彻底清洁保养过的尚未出租的房间。为了保证空房的清洁，随时能住进新客人，整理虽然较为简单，但每天必须进行必要的整理。具体做法是：

（1）每天进房一次，开窗或开空调，通风换气。查看有无异常情况。

（2）根据季节和室内温度的情况，调节室温。

（3）用干湿适宜的擦布擦拭各种设备、家具的表面浮土。

（4）连续未住客人的空房应每隔 2～3 天吸尘一次。

（5）每天将脸盆、浴缸、坐便的冷热水分别放 1 分钟左右，以保水质的洁净。

（6）卫生间的毛巾因冬季干燥，时间久了会失去其弹性和柔软度，如不符合要求，须在客人入住前更换新毛巾。

4.4　客房清洁保养的控制

客房清洁保养的控制，就是制定相应的标准，采取有效措施，对客房清洁保养工作的过程和结果加以控制，提高清洁保养工作的效率，保证清洁保养的质量。

（一）制定标准

要进行质量控制和管理，首先应有相应的标准，有了标准就使客房清洁保养工作有了明确的目标，检查和评价就有了一定的依据。客房清洁保养的标准主要有三个方面的内容：一是操作标准，用于对过程的控制；二是时效标准，用于对进程的控制；三是功能性标准，用于对结果的控制。制定上述标准的总体原则是：以饭店经营方针为指导，以市场需要为导向，以有关行业规定为参考，以实现三大效益（经济效益、社会效益、环保效益）为目标。

1. 操作标准

与客房清洁保养有关的操作标准有多方面的内容，它们都以饭店的经营方针和市场行情为依据。

（1）进房次数。进房次数是指服务员每天对客房进行清扫整理的次数，是客房服务规格高低的重要标志之一。按传统做法，国内大多数饭店一般都实行一天三进房的做法，即全面清扫整理、午后小整理、晚间做夜床。这种做法也符合大多数客人，尤其是内宾的生活习惯。有些高档饭店（四、五星级）也采用一日数次进房的做法，也就是只要客人动用过客房，服务员在认为方便的时候就进房进行清扫整理。但在一些外资、合资饭店，则大多实行一日两次进房的做法，即全面清扫整理和做夜床，不提倡午后整理。国外有些饭店只是在客人要求整理时，服务员才进房清扫。这些饭店通常在房内床头柜上放置提示牌，提示牌的大体内容是："尊敬的宾客，为了不打扰您的休息，我们尽量减少进房次数。若您需要服务，请将'请清扫房间'牌挂在门外；或电话通知，号码为×××，我们将随时为您提供服务。"

一般来说，进房次数多，不仅能提高客房清洁卫生的水准，还能提高客房服务的规格。但是，这并非说进房次数越多越好。因为进房次数是与成本费用成正比的，也与客人被打扰的几率成正比，因此，饭店在确定进房次数时，要综合考虑各种因素，包括本饭店的档次、住客的习惯和需求、成本费用标准等。当然，在具体执行时还要有一定的灵活性，通常只要客人需要，就应尽力予以满足。

（2）操作标准。为了使各项工作有条不紊地进行，避免操作过程中对物品和操作人员时间及体力的浪费，防止安全事故的发生，便于管理人员对工作进程的控制，保证工作质量，饭店应制定出一整套操作标准并不断进行修订和完善。制定操作标准时，应重点考虑如何省时省力，快捷高效，是否安全、经济，能否达到规定的质量标准。因此，操作标准中通常应包括操作步骤、方法、技巧、工具用品等。

制定出操作标准后，应用最有效的方式帮助员工熟悉和掌握标准，如将操作要领和标准制成图片或录像进行张贴或播放，制成图表、文字说明并人手一份，供培训及日常工作对照检查。通过多种方法使员工养成遵守操作标准的良好习惯。

（3）布置规格。布置规格是指客房设备用品的布置要求。客房内所配备的设备用品的品种、数量、规格及摆放位置、形式等，都须有明确规定、统一要求，以保证饭店同类客房规格一致、标准统一。总的要求是：实用、美观、方便客人使用及员工操作。具体的标准可以用直观和量化的方法加以规定和说明。为便于员工掌握，可将各类客房的布置规格制成图片、图表、文字说明，张贴在楼层工作间、客房服务中。

（4）费用控制。为有效地控制客房费用，获得理想的经济效益，饭店应根据客房档次、房价等具体情况，制定客房费用标准。通常，客房档次高，费用

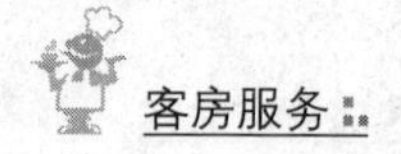

标准相应高；反之则低。

2. 时效标准

为了保证应有的工作效率和合理的劳动消耗，饭店应规定客房清洁保养工作的时效标准，实行定额管理。如规定铺一张西式床、清扫一间住客房的时间，客房服务员每天应完成的工作量等。所制定的时效标准必须科学合理。有了这些时效标准，一方面可加强员工的责任心和进取心，另一方面便于管理人员检查督导，控制整个工作的进程，评价员工的工作表现。

时效标准受到多方面的影响，在制定时通常应考虑以下几个因素：

(1) 工作职责安排。由于各家饭店在服务员工作职责安排上的指导思想和具体做法不同，服务员所能承担的工作定额也就不同。有些饭店，客房清洁保养尤其是日常性的清洁保养工作由专职清扫员负责，有些饭店则要求客房服务员负责，并要求服务员兼做其他一些工作，这就要考虑其他工作所占用的时间。

(2) 质量标准。通常客房清洁保养质量标准定得越高，需要服务员清扫整理所花费的时间越多，那么定额也就应相对降低。

(3) 客房的分布。客房的分布情况对时效标准也有一定的影响。如果客房比较集中，服务员在清扫整理过程中就可以省去一些时间。所以，饭店进行楼层设计时，就要充分考虑此问题。在日常运行中，安排人员和分配任务时，应尽可能使服务员清扫整理的客房相对集中，尽量避免跨楼层。

(4) 工作区域的状况。工作区域包括客房本身及周围的环境等。客房面积的大小、家具设备的繁简、装修材料的种类、周围环境的好坏等，对清扫整理的工作量都有一定的影响，在制定时效标准时必须予以考虑。

(5) 住客情况。住客的来源与类别、身份地位、生活习惯都会影响客房清洁卫生状况及清扫整理的时间和速度。

(6) 劳动工具的配备。清扫整理客房必须有相应的劳动工具，劳动工具是否齐全、先进，在很大程度上影响工作效率。

(7) 服务员的素质。服务员是否爱岗敬业，是否具有良好的工作习惯和熟练的操作技能，也是影响工作效率的因素。

3. 功能性标准

功能性标准是指客房清洁保养工作要求达到的效果，即客房清洁保养的质量标准。其总体要求是体现饭店及客房的档次和服务的规格，满足客人的要求。具体的标准根据内容及要求可分为三大类，即感观标准、生化标准和微小气候标准。

(1) 感观标准。是指饭店员工及客人通过视觉等感觉器官能直接感受到的标准。这方面的内容主要包括：客房看起来要清洁整齐；用手擦拭要一尘不染；嗅起来要气味清新；听起来要无噪音污染。当然，客人与员工、员工与员工之

间的感官标准不可能完全一致。要掌握好此标准，只能多了解客人的要求，并以客人的要求为出发点，总结出规律性的标准。

（2）生化标准。生化标准与感官标准不同，它所包括的内容通常是不能被人的感觉器官直接感知的，需要利用某些专门的仪器设备和技术手段才能测试和评价。生化标准的核心要求是客房内的微生物指标不得超过规定要求。

（3）微小气候标准。客房微小气候标准要求客房内的温度、湿度、采光照明、噪音及风速等符合人体的最佳适宜度。

客房日常检查的内容和标准见表4—4。

表4—4　　客房日常检查的内容和标准

检查的内容	检查的标准	检查的内容	检查的标准
卧室部分		卫生间部分	
1. 房门	a. 无灰尘、无污迹、无伤痕 b. 房号牌清洁完好 c. 门锁、安全锁链清洁完好 d. 窥镜清洁完好 e. 安全逃生图、请勿打扰牌、餐牌齐全完好 f. 门靠完好	1. 门	a. 清洁完好 b. 开关灵便，能反锁
		2. 墙	a. 墙面清洁 b. 墙砖完好、无脱落、无裂缝
		3. 天花板	a. 无灰尘、无斑迹、无水迹 b. 完好无损
2. 墙面、天花板	a. 无灰尘、无污迹、无蛛网 b. 无油漆脱落和墙纸、墙布起翘现象 c. 无漏水、渗水现象	4. 地面	a. 无尘、无迹、无毛发 b. 地砖完好 c. 下水口清洁无异味
		5. 便器	a. 内外清洁 b. 使用正常，不漏水
3. 护墙板、地脚线	a. 无灰尘、无污迹 b. 完好无损	6. 浴缸	a. 内外清洁、无污迹、无水迹 b. 金属器件清洁明亮、完好 c. 下水口清洁、无毛发、水塞完好 d. 浴帘清洁完好 e. 晾衣绳能正常使用
4. 地毯	a. 无灰尘、无污迹、无杂物 b. 无烟痕、压痕和脚印		
5. 床	a. 床头板清洁完好 b. 床上用品清洁完好 c. 铺法规范正确，美观清洁 d. 床垫按期翻转，符合规定 e. 床底清洁无杂物	7. 脸盆及洗脸台	a. 清洁完好、无灰尘、无污迹、无水迹 b. 金属器件清洁明亮、完好 c. 下水口清洁并用水塞塞好 d. 台面清洁整齐
6. 硬面家具	a. 光洁明亮 b. 无伤痕、无木刺、无尖钉外露 c. 坚固无松动 d. 摆放得当	8. 镜子	a. 镜框清洁完好 b. 镜面清洁明亮，无破裂
		9. 灯	a. 表面清洁完好 b. 灯泡功率符合要求

续前表

检查的内容	检查的标准
卧室部分	
7. 软面家具	a. 无尘、无迹、无破损 b. 摆放得当
8. 抽屉	a. 清洁、无灰尘、无杂物 b. 开关灵便，把手完好 c. 用品齐全
9. 电话机	a. 无尘、无迹、定期消毒 b. 摆放位置正确 c. 电话线整齐有序无缠绕 d. 使用正常
10. 灯具	a. 清洁完好 b. 位置正确 c. 灯泡功率符合规定 d. 灯罩清洁完好，接缝面向墙
11. 镜子	a. 清洁明亮、无灰尘、无污迹 b. 无破裂 c. 使用正常
12. 挂画	a. 清洁完好 b. 悬挂端正
13. 电视机	a. 表面清洁 b. 底座（转盘）清洁完好 c. 工作正常 d. 频道设置符合规定 e. 遥控器清洁完好，能正常使用，并摆放在规定的地方 f. 电视机清洁完好，摆放正确
14. 收音机、音响	a. 能正常使用 b. 频道与音量符合规定
15. 垃圾桶	a. 清洁完好 b. 套有干净的垃圾袋 c. 摆放位置正确
16. 窗户	a. 窗玻璃清洁完好 b. 窗台清洁无杂物 c. 关锁闭窗
17. 窗帘	a. 清洁完好、无污损、无脱落 b. 开关灵便 c. 悬挂美观、对称，皱折均匀

检查的内容	检查的标准
卫生间部分	
10. 排风扇	a. 清洁完好 b. 噪音低
11. 电吹风	a. 清洁 b. 使用正常
12. 电话机	清洁完好
13. 毛巾架、手纸架	a. 清洁完好 b. 无松动
14. 客用物品	a. 品种、数量符合规定 b. 质量符合要求 c. 摆放符合要求
总体感觉	清扫整理后的客房，给人的总体感觉应该是：清洁、卫生、整齐、美观、舒适、安全
21. 壁橱	a. 内外清洁 b. 门开关灵便 c. 用品配置符合规定 d. 壁橱内的灯能随门的开关而亮灭
22. 保险箱	a. 清洁完好 b. 有使用说明书

续前表

检查的内容	检查的标准	检查的内容	检查的标准
卧室部分		卧室部分	
18. 小酒吧	a. 吧台、酒架清洁 b. 用品配置符合要求，清洁完好 c. 酒水配置符合规定	23. 客用物品	a. 客用物品的品种数量符合规定 b. 质量符合要求 c. 摆放符合规定
19. 电冰箱	a. 清洁卫生，无异味 b. 饮料食品配置符合规定 c. 用品配置符合规定 d. 温度调节符合规定	24. 植物花草	a. 清洁无灰尘 b. 无枯枝败叶 c. 盆套整洁完好 d. 定期浇水、施肥、修剪 e. 摆放符合要求
20. 空调	a. 滤网及通风口清洁无积尘 b. 能正常工作 c. 温度调节符合要求		

（二）建立检查制度

有了标准，只是使客房清洁保养工作有了规范和目标，但并不能保证客房清洁保养工作就一定能达到这些标准，因为并非所有服务员在任何时候都具有执行标准的态度和能力。因此，建立相应的检查制度、加强督促指导就显得十分重要。

1. 检查体系

完善的质量检查体系是客房清洁保养工作管理高水准的重要标志。其根本任务是通过对客房清洁保养质量检查，保证客房产品的质量。

（1）客房部内部逐级检查体系。为保证客房清洁保养的质量符合饭店标准，及时发现问题并予以纠正，客房部必须建立内部逐级检查体系，包括：服务员自查、领班检查、主管核查及经理抽查。

1）服务员自查。就是服务员在清扫整理客房的过程中和工作结束后，对客房内的设备、用品、清洁卫生状况等进行检查。为了使这种检查真正落到实处，在客房清扫整理的操作程序中应加以规定和要求，每一个服务员都应该养成自我检查的良好习惯。服务员自查有利于加强员工的责任心和质量意识，提高客房清扫整理工作的合格率，减轻客房部管理人员查房的工作量，充实丰富员工的工作内容，增进工作环境的和谐。

2）领班检查。通常，客房楼层领班对其所负责的客房进行全面检查以确保质量。领班检查是服务员自查后的第一道检查关口，也可能是最后一道关口。因为饭店往往将客房是否合格、能否出租的决定权授予楼层领班。领班查房不仅可以起到监督、控制和拾遗补漏的作用，还可以作为一种有效的岗位培训，帮助服务员不断提高业务技能。

3）主管核查。通常，客房楼层主管所管辖的范围比较大，客房数量多，就其时间和精力而言，无法对所管的客房进行全面核查。因此，主管核查一般都是抽查，抽查的客房数量和类型可以有一定的量化规定。主管核查的目的一是了解基层服务员的工作情况，二是对领班的工作进行监督和考察。

4）经理抽查。客房部经理通常也要安排一定的时间对客房进行抽查，通过检查了解楼层的状况，加强与基层员工的联系与沟通，了解客人的意见和建议，这对改善管理和服务都是非常有益的。

（2）店级检查体系。店级检查的形式多样，主要有大堂副理检查、总经理检查、联合检查、邀请店外专家同行明察暗访。这种检查看问题比较客观，更容易跳出部门检查的固定工作框架，能发现一些客房部自身不易察觉的问题，可以帮助客房部改进工作。

1）大堂副理检查。大堂副理可以代表总经理对一些客房特别是对贵宾房进行检查，通过检查，可以保证客房的质量标准和接待服务规格。

2）总经理检查。饭店总经理也应经常亲自对客房进行检查。通过检查，可以了解客房的状况、客房楼层的工作状况、员工的思想状况、客人的意见及建议等，对于加强沟通、改善管理、提高质量、掌握决策依据都是一种很好的方法。

3）联合检查。饭店定期由总经理室召集有关部门，包括前厅部、工程部、营销部、安全部、大堂对客房进行检查，联合检查有利于促进客房的工作，保证客房及客房服务的质量，加强部门沟通与协调。

4）邀请店外专家、同行明察暗访。饭店管理专家、同行看问题较为客观，往往能发现饭店自己不能觉察的问题。不少饭店定期或不定期地邀请店外专家、同行到饭店进行明察和暗访，帮助饭店“找问题、挑毛病”，收效颇佳。

2. 检查的方式方法

为有效地控制客房清洁保养质量，饭店管理人员应采用多种方式方法对客房进行检查。

（1）检查方式。

1）自我检查。自我检查是控制客房清洁保养质量的第一道关口，由负责该客房清洁整理工作的服务员承担此项工作。

2）日常检查。日常检查的目的是使客房清洁保养工作达到饭店所规定的基本水准，客房楼层领班查房即为日常检查。

3）抽查。抽查可以起到以点带面，保证并提高客房清洁保养质量的作用，客房楼层主管一般采用抽查的方式控制客房清洁保养质量。

4）突击检查。这是一种事先不做布置的检查方式。饭店经理级管理人员往往采用突击检查的方式，对客房进行检查，以保证检查结果的真实性，及时了解掌握部门及基层员工的工作情况。

5）重点检查。饭店对贵宾房、计划大清洁房等客房通常都给予特别的关注，要有关人员将此类房间作为重点检查的对象，以确保清洁保养质量。

6）定期检查。这是一种公开性的检查方式，一般事先有明确的布置及要求。其目的是制造声势、营造氛围，防止发生差错，促进部门工作。通常由饭店总经理室召集相关部门管理人员进行此项工作。

7）暗查。就是不公开的检查，如邀请店外专家、同行，以普通客人的身份在饭店消费，聘请住店客人对饭店进行部分或全面的检查。用这种方式检查的结果往往最为真切，也最能发现问题，有利于饭店采取有效的针对性整改措施。

8）客人的最终检查。客人是客房产品质量的最终检查者，也是权威评判者。客房清洁保养质量的高低不是看饭店服务人员或管理人员感觉如何，而是要看客人是否满意。因此，饭店须重视客人对客房产品的评价。在日常工作中，应采取一系列让客人参与检查的措施，如发放宾客意见表、主动走访客人、征求意见等。为提高宾客意见书的反馈率，加强对意见书的管理，意见书设计应简单易填、统一编号。有些饭店将意见书装在印有饭店地址、邮编、收件人（通常是饭店总经理）的信封中，并贴足邮票，有针对性地发放给一些客人，以方便客人在任何时候寄发。一些高档饭店以鸡尾酒会或冷餐会等形式，定期举办住客信息交流会，邀请住客及饭店有关管理人员参加，听取客人的意见，收集信息，增进理解与沟通。

（2）检查方法。为提高客房检查的效率，保证客房检查的效果，饭店各级人员查房时，应通过看、摸、试、听、嗅等方法，对客房进行全方位的检查。

1）看。看是检查客房的主要方法。查房时，要查看客房是否清洁卫生，客房物品是否配备齐全并按规定摆放，客房设备是否处于正常完好状态，客房整体效果是否整洁美观。

2）摸。查房时，对客房有些不易查看或难以查看清楚的地方，如踢脚线、边角旮旯等，需用手擦拭、检查是否干净。

3）试。客房设施设备运转是否正常、良好，除查看外还需试用，如试用卫生间浴缸和洗脸盆，水龙头放水，使用电视机遥控器等。

4）听。客房室内噪音是否在允许范围内，日常检查主要靠听来判断，无法判断的再借助于相关仪器检测。另外，检查客房设施设备，在看、试的同时，还需用耳听是否有异常声响，如卫生间水龙头是否有滴、漏水声，空调噪音是否过大等。

5）嗅。客房内是否有异味、空气是否清新，需要靠嗅觉来判断。

3. 检查的程序内容和标准

查房的基本程序是：按顺时针或逆时针方向循序进行，依次检查，按一定的程序查房，可以避免疏漏，提高速度。客房检查的标准应根据客房清洁保养的质量标准规定等。如果发现员工的操作不符合标准，管理人员应立即指出、并采取针对性的整改措施，使员工养成自觉遵守操作规范的良好习惯。

实践活动

1. 在模拟客房中让学生在规定的时间内完成中式、西式铺床，并让学生完成清扫工作。

2. 根据客房基本设备和用品的配置及清扫要求，在模拟客房中制造十个差错，要求学生在规定的时间内找到差错并加以改正。

3. 在模拟客房中让学生检查布置好的走客房。

相关链接

洁房时应开着门还是关着门?

按惯例，饭店培训员工总要求他们洁房时将客房服务员小车尽可能靠近开着的房门。多年来业界持这样一种看法，认为洁房时开着房门既能提高客房服务员自身的安全度，也能保障宾客私人财物的安全。业界坚持认为，若开着房门，服务员受到攻击时的喊叫就能被人听到。业界私下里还说，洁房时让门开着，将减少员工偷窃客人个人财物的可能性。

与饭店业其他由来已久的传统一样，现在可能是对开门洁房的政策重新加以检讨的时候了。

一、对宾客个人财物的保护

实行开门洁房政策的饭店往往在培训计划中包括下列教育内容：

(1) 客房服务员洁房时应要求走进房间的任何人出示房间钥匙；

(2) 客房服务员应核实此钥匙为该房间的钥匙；

(3) 客房服务员还可以要求进入房间者报出姓名，以便与总服务台核实是否是该房的住客。

客房服务员应把这些要求付诸实践。遗憾的是有时候他们不这样做。饭店对员工进行宾客服务的培训中有一条，即要他们相信顾客永远是对的。这种教

育造成员工不敢大胆去核实进入房间者的身份，以避免冲撞客人。另外，有些饭店的员工对使用英语与客人交谈感到为难。这两种情况造成的结果都是客人能够说服服务员同意他们拿走房中的物品，或让服务员离开，等晚些时候再来清洁房间。

二、对客房服务员的保护

将小车拦住客房的入口并不能充分保护客房服务员。服务员可能在虚掩着门的浴室里擦洗浴缸，开着的水龙头哗哗响，或背对着门使用吸尘器在房中吸尘。有很多情况服务员都不会注意到有人推开小车进了房。实际上，闯入者可进入房间，关上门伤害服务员，而没有人对关着的门引起注意。

三、把门关上

为防止这种事件的发生和加强对客房服务员的安全保护，许多公司建议客房服务员洁房作业时把门关上。采取这一做法后，没有钥匙就无法进入客房，从而避免了服务员为核实身份向客人提问或进行验证的麻烦。由于门是关着的，这就切断了走廊上歹徒进屋作案的可能性，客房服务员有了更好的人身保护。

那么，关上门的做法有可能使客房服务员被企图伤害他（她）的人锁在房内吗？针对这一问题，实施关门洁房做法的饭店对员工教育说，如果客人在房内，洁房作业时应让门打开，或在洁房中客人进得房来，服务员就应让门开着继续作业。开着门，服务员不会因为房中有宾客在而感到不自在，这样做也避免了自己与客人处在关闭房内可能遭遇的危险。

改变积习与常规是困难的事。然而，要求客房服务员开门作业对饭店业是有利的，因为这样做使宾客及他们的个人财物及客房部的员工都得到了更好的保护。

知识拓展

检查中条形码技术的使用

在今后几年中，一项对零售业已发生重大影响的技术有可能使饭店业同样获得其简便的操作与效率高的好处。例如，条形码技术在无数结账处的运用，既给人们节约了时间又使结账结果正确无误，同样，它在饭店检查工作中也能起到相同的作用。几乎所有零售商品包装上都印有条形码。它是一组粗细不一、间隔距离不等的线条及数字。条形码用于扫描并读入计算机系统，作为识别其所指代物品的代码。对饭店来说，条形码储存的不是价格与库存品的信息，而是客房检查所获得的信息。检查员或维修人员将通过使用如信用卡般大小的专门装置，对条形码进行扫描，从而采集并记载客房的房况信息，而不必把信息登记在表格上。这一信息随后由计算机阅读并编制成各种报告，对客房部与维修人员的工作进行跟踪。

在使用条形码系统的饭店里，每一间客房都是靠固定装置的小条形码标签来识别的。该标签置于不显眼处，如门框上。检查员或维修人员配备了条形码阅读器及一套卡片，卡片上列有需检查、照料或维修的项目或情况。与客房本身一样，这些项目分别有自己相应的条形码。各饭店使用时可做修改，以适合自己饭店的需要。

检查员进入房间前，先用光扫描器扫描该房的条形码标签，它自动记下了房号、时间与日期。然后通过对检查卡片上相应的条形码或一组条形码的扫描，记下房中受检查项目的状况。例如，检查员若发现做床工作不合格，就对该项目旁的"召回返工"条形码进行扫描，表示该床的作业者需返工。该房的检查结束时，检查员重复扫描一次该客房条形码。

储存在扫描器上的信息可通过将检查卡插入连接计算机系统的专用阅读器检索出来。根据检查计划与饭店的不同需要，该信息可以制成概要或报告，向管理部门提供各个客房检查结果的概况。

条形码技术本身具有灵活性，可以用来满足与适应任何饭店的特殊要求与工作程序。有些饭店将条形码检查计划与维修和工程工作结合起来。其他饭店使条形码技术适合用于诸如设备跟踪及安全检查等目的。采集和编成的这种信息可简可繁，取决于饭店的需要。

复习思考题

1. 客房清扫前的准备工作有哪些？
2. 如何准备客房清扫工作车？
3. 清扫客房的基本程序是什么？
4. 西式做床的操作程序与标准是什么？
5. 如何检查清扫完的走客房？
6. 如何进行客房与客房用品的消毒？
7. 如何做好客房的计划卫生？
8. 清扫客房时，为什么工作车要堵门停放？

第5章　客房部对客服务

教学任务

重点讲述客房部对客服务的项目和模式及其发展演变趋势，使学生掌握当前星级饭店对客服务的项目及模式的基本特点；详细讲述客房部日常服务的基本程序与操作要求，使学生能够掌握客房服务的各项基本技能。

学习任务

能够完成客房部迎送客人的基本程序；能够正确处理客人的意见与投诉；能够恰当处理各种突发情况与意外事件；能够独立完成失物招领、服务投诉、客房保修、遗失钥匙赔偿等流程；能够完成贵宾、会客、洗衣、托婴、开夜床等服务项目。

5.1　对客服务的项目及模式

客房部提供哪些服务项目，采用什么样的对客服务模式，会在一定程度上影响顾客的满意度。由于各饭店的星级高低不一，目标客源市场需求不同，再加上其他的诸多因素，这就要求客房部要根据各自的具体情况，考虑多种因素，确定所要提供的服务项目，并选择恰当的服务模式。

一、客房部对客服务项目

（一）客房部对客服务项目

根据《旅游饭店星级的划分与评定》（GB/T14308—2003）的规定，星级饭店客房部的服务标准如下：

（1）一星：客房、卫生间每天全面整理1次，隔日更换床单及枕套；16小时供应冷热饮用水。

(2) 二星：客房、卫生间每天全面整理 1 次，每日更换床单与枕套；24 小时提供冷热饮水；一般洗衣服务；应客人要求提供送餐服务。

(3) 三星：客房、卫生间每天全面整理 1 次，每日更换床单及枕套，客用品和消耗品补充齐全；提供开夜床服务，放置晚安卡；24 小时供应冷热饮用水及冰块，并免费提供茶叶或咖啡；房内一般设微型酒吧（包括小冰箱），提供适量饮料，并在适当位置放置烈性酒，备有饮酒器具和酒单；客人在房间会客，可应要求提供加椅和茶水服务；提供叫醒服务和留言服务；提供衣装干洗、湿洗和熨烫服务；有送餐单和饮料单，18 小时中西式早餐或便餐送餐服务，有可挂置门外的送餐牌；提供擦鞋服务。

(4) 四星、五星：除了提供三星级的服务外，还应提供以下服务：应客人要求随时进房清扫整理，补充客用品和消耗品（夜床提供鲜花或赠品）；提供客衣修补服务，16 小时提供洗烫客衣加急服务，可在 24 小时内交还客人；对送餐服务提出了更高要求，即要 24 小时提供中西式早餐、正餐送餐服务，送餐菜式品种不少于 10 种，饮料品种不少于 8 种，甜食品种不少于 6 种。

此外，三星级以上饭店还有选择项目，饭店可根据经营实际来确定该设立哪些对客服务项目。

(二) 客房部对客服务项目的设立

客房部在设立对客服务项目时，要考虑诸多方面的因素。

1. 国家及行业标准

国家和行业标准是评定某一饭店是否符合其星级要求的主要标准，也是各饭店客房部在设立服务项目时考虑的最主要因素。

2. 国际惯例

参照国际惯例设立服务项目是与国际同行业接轨的具体体现，而且饭店的客人也期望能享受到国际标准的服务。例如，对于遗留物品的保管、物品的租借等服务，大多数星级饭店的客人都有此需求。

3. 本饭店客源市场的需求

满足客人的需求始终应是饭店努力的方向。饭店的类型不同，客源市场也会不同，不同的客源市场对客房服务有不同的要求。在一些以接待国内会议为主的饭店，客人普遍有午休的习惯，因此，早晨的客房清扫、下午的客房小整理就会受到客人的欢迎；而对于大多数境外商务客人来说，下午的小整理可能就没有意义。在一些以接待首长为主的宾馆，楼层的值台及“客到、茶到、毛巾到”的三到服务就显得非常重要，而对于大部分商务饭店来说，则可以省去这些服务。

4. 其他因素

其他一些因素也会对客房服务项目的设立及其具体的服务内容有一定的影响。这些因素有：饭店的类型、硬件条件、房价、成本费用及劳动力市场等。

饭店为客人提供尽可能全面的服务，不仅可以满足客人的需求，使其更觉舒适与方便，而且还可体现饭店的规格和档次，引导和刺激客人消费，最终达到名利双收的目的。

二、客房部对客服务模式

客房部不同的对客服务模式具有不同的特点，对软硬件有不同的要求，从效果上看各有利弊，重要的是我们是否在综合考虑各种因素的基础上进行选择。

（一）对客服务的模式

目前，国内饭店客房主要有楼层值台服务和客房中心服务两种模式。

1. 楼层值台服务模式

该模式即在客房楼层设立服务台，配备专职服务员。这种模式是我国客房服务中最基本、最传统、最普通的一种模式。

楼层值台服务的优点是有利于加强面对面的对客服务，突出人情味，还有利于对楼层的安全管理，尤其适合于车站等人流量大、治安较乱的地区。但这种模式也有不足的一面，就是花费的人力较多，不太适合现在饭店“开源节流”的趋势。

2. 客房中心服务模式

从20世纪80年代初期开始，随着国际饭店管理模式的引入，我国饭店业逐步出现了客房中心服务模式。这种模式具有减少人员编制、建立专业化对客服务组织及强化客房管理的特点。

由于对客服务沟通方式由客人找楼层服务员转变为打电话给客房中心联络员，原来在楼层值台的人员就可省去，每个楼层1天3个班次可省去3名员工，10个楼层就可省去30名，加上休息替班的人员就会超过这个数字。所用人员减少，费用就会大大降低，对客服务将会更专业，服务质量也更容易控制。

客房中心联络员以电话服务为主，由于人数不多，所以招聘、培训及管理工作相对来说要容易得多。除了提供电话服务以外，客房中心还承担着客房与其他部门、客房部内部的信息传递、工作协调、出勤控制、钥匙管理、遗留物品管理、资料汇集等工作，从而使得部门的管理更加规范化。目前，我国大部分中、高档饭店都采用这一服务模式。

除了以上两种模式外，有些饭店采用既设立客房中心、又设立楼层服务台的综合模式，以吸取前两种模式的优点而克服其部分缺点。白天，楼层服务台有专职服务员，因为白天楼层事务以及对客服务工作任务较多，楼层服务员的工作量较为饱和，而夜间大多数住客都已休息，对客服务的工作也较少，一般可不安排专人值台。如果客人需要服务，可由夜班服务员提供。夜班服务员一般在客房中心待命，上楼层服务时，将电话转移到总机，由其提供电话服务。

（二）对客服务模式的发展趋势

从国际上客房服务的发展趋势看，在对客服务模式方面将会出现以下趋势：

（1）客房中心服务模式将逐步取代楼层值台服务模式。

（2）提供商务楼层服务的饭店将逐步减少。

（3）夜班客房中心联络员与客房部夜班服务员的岗位合二为一。服务员在上楼层服务或巡视时，电话转移到总机或总台，由其接收客房电话。

（4）中、小型饭店客房中心的职能将由饭店总台取代，大型饭店的总台将取代客房中心的对客电话服务。

5.2　客房部对客服务的程序与要点

一、迎客服务程序与要点

（一）迎客准备工作

准备工作是第一个环节，又是为其他环节准备物质条件的基础环节。各项准备要充分、周密、准确，并在客人到达之前完成。

1. 了解客情

了解客情，是正确进行接待工作的依据，也是做好针对性服务的根据。楼层服务员在接到入住通知单或服务中心通知后，应尽可能详细地向有关单位或通过前台接待了解接待规格、标准，主要客人身份、国籍，代表团名称、人数、房间分配（数量及房号）、抵离店日期和时间、付款方式，客人姓名、性别、用餐地点、宗教信仰、风俗习惯、忌讳、喜好、健康状况、生活特点等，做到情况明、任务清。

2. 布置房间

根据已掌握的接待标准、接待要求及宾客的风俗习惯、生活特点，对客人下榻的客房进行布置整理，调整家具设备，检查房间是否配有所需的服务用品。如备好宾客饮用的热水、凉开水、冰块，并按接待标准、要求备好所需的水果、插花、酒水、饮料、小食品等。

三星级以上的饭店设有小酒吧，还应准备各种杯具。如啤酒杯、红酒杯、香槟杯、饮用各种外国酒的高脚杯及开启瓶盖的用具和调酒棒。小酒吧饮料价目表、账单的摆放位置和方法视饭店情况而定，没有统一规定。饭店对免费赠送给客人的鲜花、水果、饮料等物品，按照规格摆放名片；对宾客及有关接待单位委托的特殊要求，应尽量给予满足；对于宾客忌讳的物品及用品，禁止在房间摆放，避免发生误会，以示对客人的尊重。

3. 楼层迎客

在宾客到达前，应对房间的设备、用品进行全面检查，以保证宾客的人身、财产安全，尽量避免发生意外的可能性，并为有关部门及时维修提供可靠信息。在宾客到达前，客房应处于可出租状态。

检查项目包括如下几项：

(1) 房门。房门号牌是否短缺和有无光亮；房门开关是否有异常声响，门锁和安全链是否完好；窥视镜和安全示意是否正常。

(2) 壁柜。壁柜门是否门开灯亮、门关灯灭；里面的物品是否齐全。

(3) 穿衣镜。镜面是否光亮，无花印、无手印。

(4) 行李架。架体是否牢固、卫生，与墙距是否适宜。

(5) 窗帘。窗帘轨道是否灵便、挂钩是否短缺、帘子是否有损坏脱钩等。

(6) 窗户。窗户是否开关正常。

(7) 文具。文具架里的用品是否齐全、数量是否准确，有无缺损现象；其他用品是否齐全。

(8) 棉织品。床单、枕套、被套、沙发套、椅套、花垫、靠垫及卫生间的各种毛巾均应检查数量是否准确，是否符合卫生要求或有无损坏。

(9) 电器。各种灯具、电视机、空调开关、床头柜上的各种开关、电子钟是否失灵。

(10) 电话、服务信号按钮、“请勿打扰”信号按钮等是否失灵，查看是否有显示。

(11) 查看房间卫生状况和所摆放的各种用具、用品是否符合规格标准。

检查房间的要求如下：

(1) 主管、领班要亲自检查 VIP 房间。

(2) 领班检查普通房间。

(3) 检查各种设备、设施是否完好，室内温度是否适宜。如果宾客是晚上到达，服务员应按照晚间服务规程及标准进行晚间开床服务。一切准备就绪，服务员应按宾客到达的时间，提前到电梯口迎接。

(二) 宾客迎接工作

客房服务接待工作，是从宾客到达楼层及进入房间开始的。宾客到达楼层时，服务员要为客人提供主动、热情、礼貌、周到、耐心、高效、快捷的服务；清洁、舒适的房间及可靠的安全保障，满足客人的正常需求，从而得到更多潜在宾客的光临。

1. 引领服务规范

宾客到达时，服务员站立姿势端正，精神集中，保持良好的精神状态，微笑迎接宾客的到达，热情主动地问好，问清客人的房间号，主动接拿行李（不要强拿），对老、弱、病、残的宾客，要主动搀扶。为宾客引路时，服务员应走在客人的左前方，距客人2～3步远，行走的速度不宜过快；遇到转弯处要停住脚步，面向宾客，向所行方向伸手示意，待客人到达房间时，开门礼让。如果宾客是晚上到达的，服务员应先进门，打开照明灯，然后再请客人进入房间；进入房间后，视情况主动向客人介绍饭店的基本情况及客房设备、设施等情况；介绍要简明扼要，如果是饭店长客，就没有必要介绍；与客人讲话要注意语言技巧；退出房间时要面向宾客。

2. 做好宾客行李的分送工作

在国内、外的大饭店，宾客的行李都是由行李员负责。客人在总台确定房号后，行李员就帮助客人把行李送到房间。国内有些饭店是由客房服务员兼管，但当团队下榻饭店时，先由行李员将大批行李送到楼层，再由客房服务员进行分送。

分送行李应做到以下几方面：

（1）确认房号，及时分送，不要拖延，以免影响客人使用。

（2）散客一般是行李和客人同时到达。如有行李员带领，服务员可协助做好其他服务工作，在无行李员时，服务员要主动接过行李，送入房间，将行李放在行李架上或客人指定的位置。按照分送行李的服务规范，放置好行李。

二、日常服务程序与要点

宾客住店后的日常活动服务工作是大量而且琐碎的。这些服务工作涉及面广泛、耗费时间最长、工作量最大、客人最容易投诉，因此在这个服务环节中必须严格要求，严格按服务程序和操作规程认真做好各项工作。

（一）贵宾服务

1. 贵宾接待的重点

在贵宾接待中应特别注意以下问题：

（1）及时传递信息。保持信息传递的畅通和及时是做好服务工作的一个重要环节，这在贵宾接待中显得尤为重要。贵宾接待通知单是客房部接待贵宾的主要信息来源和依据，客房部管理人员应对此单认真研究，并将有关信息和需

要采取的措施传达到所有有关人员，以确保其根据此单的要求进行准备。

（2）注意细节，精益求精。饭店管理和服务水平的高低往往见于细节之中，因此，在接待贵宾过程中要特别注意细节、精益求精。通常，有经验的管理人员会给贵宾房选用新的印刷品、棉织品及其他用品；在使用两层床单的饭店增加一层床单，即护单，以提高其档次；对房间进行大清扫，完成所有的计划清洁项目，必要时，甚至要对地毯进行彻底地清洗；注意将电视的频道调到客人的母语频道；由于检查客房的人员较多，最好在贵宾抵达前进行地毯吸尘和家具设备除尘。确保员工尽可能地用姓氏或尊称称呼客人。通常，客房中心将贵宾通知单放在醒目的位置，贵宾的姓名和房号写在客房部、洗衣房办公室以及楼层工作间的告示白板上。客房部管理人员的任务是确保部门员工记住有关的信息，并在与客人的交往中加以使用。在硬件上，饭店应在客房中心、洗衣场客衣服务接线员处配置显示电话，最好在显示房号的同时还显示客人的姓名和性别，以便服务人员在接电话时能立刻以姓氏称呼客人。

（3）提供针对性的服务。客房部的管理人员应认真查看客史档案和贵宾接待通知单，并根据客人的具体情况提供针对性的服务。善于观察细节并提供相应的服务是高质量客房服务的体现，客房服务员在整理客房时往往能从某个细节了解到客人的需求。例如，早晨床上有床罩说明客人夜里嫌冷；床上有多余的枕头说明客人喜欢高枕头；开好的夜床没用而另用他床，说明客人喜欢另一张床的位置；所放的水果没用，说明客人可能喜欢其他品种的水果。如果服务员不注意研究客人的需求，那这些信号就不能引起他们的重视，客人的需求也将得不到很好的满足。训练有素的客房服务员绝不会放过这些细节，他们会将这些情况报告给上司，或在交班时转给中班服务员，由其对服务做出相应的调整，以争取最大限度地满足客人的需求。

（4）尽量不打扰客人。在接待贵宾中常出现的一个问题是因过多地关心客人而造成对客人的打扰，清扫客房的时间安排不当是其表现之一。由于是重要客人，楼层服务员往往会首先去清扫他们的房间，而饭店的重要客人一般晚上应酬较多，早晨起床可能会相对迟一些，这就造成了对客人的打扰。因此，除非确定客人已离开房间，一般不要过早地去敲门，清扫时间安排在早晨9：30以后比较合理。过多地检查是另一种打扰的表现。大多数饭店对贵宾房每天要清洁三次以上，即早晨的清洁、下午的小整理及晚上的做夜床，正常的检查要达三次，如果主管和经理再查的话，进房要达6～7次，加上服务员的三次进房及送报、换水、补充饮料等，进房的次数可高达十几次，这对于客人来说是无法接受的。因此，对客房清洁、检查的时间和次数一定要掌握好，既要保证客房的清洁，又要不打扰客人。

（5）服务适度。有些饭店的客房管理人员过分地重视贵宾，从而过多地提供了一些不必要的服务，反而引起了宾客的不满，除上述过多地打扰外，还存在着一次性消耗物品更换过于频繁等问题。对客人而言，他们大多认为自己所使用过的物品是干净物品，如牙刷、牙膏、梳子、香皂等，服务员完全没有必要把刚刚使用一次的用品给换掉，这反而给客人以浪费的感觉。高星级的饭店甚至就客人使用过的卫生间棉织品是否需要换洗，还要征求客人的意见。很多贵宾对房内茶水被频繁更换表示不满。客人在沏好茶后常会因某种原因而暂时离开房间，回房后还要继续用茶，并不希望在此期间茶被换掉。

(6) 协助前厅选好客房。接待贵宾中常见的另一个问题是客房服务员根据前厅的安排准备好了客房，而管理人员检查时却发现该房因某些问题而不能使用，其结果是浪费了宝贵的准备时间。从理论上讲，所有可供出租的客房都应处于百分之百的完好状况，而对于一个运转数年的国内饭店来说，要做到这一点却非常困难。因此，客房部管理人员应对饭店的客房完好状况非常了解，为前厅部的选房提供帮助。

2. 贵宾房间的会客服务程序

(1) 问明客人的姓名、身份、招待标准，到达饭店的时间、会见何人等情况；

(2) 接到会客通知后，要立即整理房间，准备所需的各种物品和用品；

(3) 客人到达前要检查楼层、房间的设备、设施，发现问题及时采取补救措施；

(4) 客人到达时要及时做好服务工作；

(5) 做好宾客的搀扶、保护和引见工作；

(6) 与警卫、秘书和司机等友善相处；

(7) 客人到达后要立即通知有关部门。

3. 贵宾会客服务注意事项

(1) 服务完毕，退出房间，轻轻关好房门；

(2) 服务员与宾客握手时，不要用力过大，宾客无握手之意，不要主动握手；

(3) 不要主动提出与宾客合影留念。

(二) 为客人送水服务

针对客人需求，服务员应按饭店要求做好“五到”(客到、微笑到、敬语到、茶水到、毛巾到) 服务。一般国内饭店对 VIP 客人都提供这项服务，为宾客提供送水服务一般分上午、下午、晚上三个时间段，特殊情况也可以随时为客人送水到房间。

1. 送水服务工作程序

(1) 早班服务员每天早上送开水进屋 (换水)。

(2) 客人需要茶水服务可电话要求，询问要几杯茶，是红茶、绿茶，还是花茶（一般饭店必备三种茶），并记清房间号。

(3) 在最短的时间内做好准备，泡茶的要求是：茶具干净、无破损，茶叶放置适量，开水冲泡；倒水七成满即可，盖上杯盖，将泡好茶的茶杯放在垫有小方巾的托盘内。

(4) 为客人送茶时，同时送上毛巾，放在同一托盘内，送毛巾时要用镊子夹住交给客人。毛巾温度约60℃。

(5) 敲门、通报、征得客人同意。

(6) 谢谢客人开门，并说：让您（们）久等了。

(7) 按先宾后主，先女宾后男宾的顺序依次进行，放在每位宾客面前，并同时说：请用茶。

(8) 茶水全部放下后，杯把朝客人右手方向摆放，询问客人还有无需要帮助的。

(9) 礼貌地向客人告退，离开房间时，先退一步，再转身走开，面向宾客，轻轻将门关上。

2. 上午送水的主要工作

(1) 更换客人使用的冷、热开水和用过的茶具、水果。

(2) 撤出客人在房间用餐使用过的餐具、酒具。

(3) 如有供应水果的房间，还要把不新鲜的水果和果皮撤出，更换新鲜水果。

3. 下午送水的主要工作

(1) 更换房间内的冷、热开水及客人用过的茶具、水具。

(2) 撤出客人用过的餐具、酒具。

(3) 简单整理房间的表面卫生。

(4) 整理客人午休后的床铺和沙发套、花垫。

(5) 整理和更换卫生间的布巾及其他用品。

(6) 更换、增补房间的服务用品、文具用品。

(7) 更换、检查、补充小酒吧里的酒水、饮料，并做好登记入账工作。

4. 房间服务注意事项

(1) 更换、拿取茶具时手指不要抓取茶具内侧。

(2) 茶碗、水杯不要摞起来拿取。

(3) 损坏的茶具、水具（破边、掉瓷）不要再给客人使用，以免伤害客人。

(4) 不要将他人用过的茶具误送到客人房间（最好做出标记）。

(5) 客人的剩余食品、酒水、饮料，不经客人同意不要私自撤出房间。

(6) 撤出的茶具、水具、酒具等不要放在通道内，以免损坏及影响环境整洁。

(7) 烟碟里的废物不要倒入卫生间的便桶内。

(8) 整理完毕的房间要将房门锁好。

(9) 客人不在房间，如钥匙插在门锁上或遗忘在房间里时，应交到服务台（指普通门锁的客房）。

5. 房间服务要求

(1) 更换茶具、水具时要使用小托盘。

(2) 不要用手抓取茶具、水具送入房间。

(3) 茶杯要拿杯把儿，茶碗、水杯要拿底部。

(4) 茶碗要扣放在茶碟上，水杯要套上“已消毒”的纸袋，摆放符合要求。

(5) 凉开水每天上午要彻底更换，水质要保持新鲜、无水碱。

(6) 客人离店后，所有茶具、水具都要彻底更换，不能续水。

(7) 认真填写“进出客房登记表”。

(三) 会客服务及注意事项

住在饭店的宾客，经常有客户来房间洽谈商务，也有些是亲属、同事或朋友来饭店看望和拜访，但也会有些社会不法分子混入饭店企图作案。为了保证住店宾客人身、财产安全，就要做好安全保卫工作。服务员做好来访会客的接待工作，是做好安全保卫工作的基础。

1. 接待会客服务程序

在日常接待服务中，会有各种来访会客的人，通常是双方约定好时间，主人在房间等候或是在电梯厅、饭店门口迎接。主人将来访者带入房间，服务员要及时做好服务工作，如送茶、送座位、送小香巾。如来访者没有主人迎接，服务员要做好以下工作：

(1) 要问清来访者的姓名、单位、查看证件，问清被访人的房号、姓名、性别、职务、单位，如与住客情况相符，可让来访者填写“会客登记单”。

(2) 征得被访人同意后，再引见给住客。

(3) 被访人不同意会见时，不要私自引见给住客。

(4) 不准让来访者私自到房间会见住客，以防发生意外事故。

(5) 如来访者与住客同时上楼，服务员不必再问明情况，只要将情况做记录即可。

(6) 如住客不在房间，又无吩咐时，不可让来访者到房间等候，可请其到大堂等候或留言。

(7) 服务员引见时见到双方相互问候、握手后，方可离开。

(8) 对来访者要及时做好各项服务工作。

2. 接待会客注意事项

(1) 服务员当着来访者的面与被访人联系时，要注意讲话的技巧，使用第三人称。

(2) 来访者所说情况与被采访者情况不符时，要劝其到总台查询。

(3) 来访者要查询某单位的住客时，不要直接将住客的情况转告他。

(4) 若住客不在房间，可劝来访者离开楼层，并注意观察可能发生的任何情况。

(5) 来访者离店时，要观察是否带有贵重物品，并做好记录。

(6) 发现有可疑人员会见住客，要以服务的面貌出现，问明情况，或向保安部门报告。

(7) 超过晚间会客时间，要礼貌提示来访者尽快离店。

(8) 来访者如提出在饭店住宿，请其到总台办理入住手续；未办理入住手续，服务人员不要擅自许诺。

（四）开夜床服务程序与规范要求

开夜床服务，即“夜床的整理”或“做夜床”，又称“晚间服务”，目的是为客人准备洁净、惬意而愉快的休息和睡眠环境。

1. 开夜床服务的意义

开夜床服务主要是包括做夜床、房间整理、卫生间整理三项任务，是一种高雅而亲切的对客服务形式。其意义主要有以下三点：

(1) 做夜床方便客人休息。

(2) 整理环境，使客人感到舒适、温馨。

(3) 表示对客人的欢迎和礼遇规格。

2. 开夜床服务的程序

开夜床的主要内容、注意事项及要求，除与上午、下午送水查房相同之外，还有以下几项工作：

(1) 用手轻轻敲门或按门铃，敲门要求有节奏，应是一轻两重并要适度；有礼貌地报明身份，并对客人说“house keeping”；待客人开门时，礼貌地问明客人现在是否可以开夜床，如果客人需要开夜床，应填写夜间开床报告，并做好记录。

(2) 夜床服务通常在晚上6点以后开始，可以利用客人到餐厅用晚餐的时间，或按服务台的要求进行。

(3) 打开门厅灯和房间照明灯，轻轻拉闭遮光窗帘。

(4) 清理桌面、烟缸和纸篓。

(5) 使用托盘更换茶具、水具和冷、热开水。

(6) 开床程序如下：

1) 将床罩从床头一边拿下，整理叠好，放在规定的位置；

2) 将靠近床头一边的毛毯连同衬单向外反折，过床单中线（有些饭店规定30°～45°）；

3）反折过的床单毛毯的边与对面床垫边平行，距床垫边20厘米；

4）拍松枕头，如有睡衣应叠好置于枕上；

5）枕头与床头距离是3厘米，两个枕头开口处上下一致，枕袋开口处朝床头柜相反方向；如是标准间，房间住的是夫妇，两床枕头袋相对；单间或套间的大床间住夫妇，枕袋口也应相对摆放；

（7）开好床后，应在枕边放上一枝鲜花和次日的早餐菜单（有些饭店是根据客人的喜好，如欧美客人喜欢晚间吃巧克力，认为巧克力里面有牛奶成分，可以催眠）、饭店小纪念品及次日的活动项目，一切令客人放心、满意；最后，放拖鞋、晚安巾，在床头柜上放上一张“祝君晚安”卡，同时关闭照明灯，打开门厅灯和床头柜下的地脚灯。

（8）准备卫生间，冲洗恭桶，然后看看卫生间的健身、美容用品是否齐全和需要更换、补充。

1）更换已经用过的玻璃杯、大浴巾、小浴巾、方巾、地巾等（有些饭店要整理各种毛巾）；

2）没有防滑螺纹的浴缸，要将防滑橡胶垫放置于浴缸内，放好地巾，便于出浴缸后使用；

3）检查卫生纸、纸巾、香皂、浴液、发液、牙具等物品是否齐全；

4）脸盆、浴缸、恭桶如有用过之污迹，应重新洗刷干净；

5）拉好浴帘，浴帘要求拉好2/3，留1/3位置供客人出入浴缸，浴帘下摆放入浴缸内，避免淋浴的水溅到地面上。

一切皆好，最后还要环视房间、卫生间，要确认后退出房间，锁门并填好晚间开夜床日报表。

3. 开夜床的要求

（1）房间住一位男宾，开外侧床，住一位女宾开内侧床（靠墙一侧的床）。

（2）住两位男宾或两位女宾开两个位置相同的床。

（3）住夫妇的房间两个床对开。

4. 开夜床注意事项

（1）房间如有会客者，待其离店后再开床。

（2）床上如有零碎物品，经客人同意将物品转移位置后方可开床，如客人不在房间，可暂时不开床。

（3）住一位客人的房间，每天要开固定的床位，不可同时开两张床，以免引起客人的误会。

（4）客人的睡衣要放在开好的床上。

（5）开床的时间不宜太早或太晚，应根据季节情况而定，大致应在晚6～7点为好。

(6) 开床时要注意床上是否有客人的微小物品。

(五) 洗衣服务程序与要求

客房服务员每天都要收取大量的客衣，而为客人洗涤的衣服又有水洗、干洗、烫熨之分。因此，洗衣服务是客房服务中极为重要又细致的工作，必须认真做好，否则，就会发生客衣丢失、损坏及差错事故。

1. 服务员收取客衣的几种方法

(1) 客人告知楼层服务员有要洗的衣服；

(2) 客人将要洗的衣服装入洗衣袋内，连同洗衣单一并交服务员；

(3) 客人将要洗的衣服装入洗衣袋内，放在房间的床上或较明显的地方，服务员查房或清扫房间时取出。

2. 收取客衣注意事项

(1) 凡是装入洗衣袋的衣服方可取出；

(2) 凡是放在床上、沙发上的衣服，没有客人吩咐，不要取出洗涤；

(3) 收取客衣时，要检查是否有客人填写的洗衣单，并检查单子上的项目是否齐全；

(4) 取出客衣时，要将洗衣单上客人填写的房号与房间门牌号进行核对，查看是否一致；

(5) 取出客衣后，要将洗衣袋口系紧；

(6) 取出客衣要及时送交服务台进行登记；

(7) 取出的客衣不要放在工作车上，以防止被他人取走，造成丢失；

(8) 客衣不要随意乱放，不要在服务台周围进行清点和登记；

(9) 注意不要将客衣弄上其他污渍，致使衣服损坏；

(10) 凡是熨烫的高级时装，要用衣架挂好。

3. 送洗客衣的程序

做好这项工作，服务员要做到六个认真：

(1) 认真核对。在登记客衣前，要按照客人填写的洗衣单上的各种衣物认真分类、清点、核实，做到衣服的名称、件数准确；如有误差，可在洗衣单上注明，并向客人讲清，征求客人意见。

(2) 认真检查。清点客衣时，要对客衣逐件进行检查，特别是西装、中山装，检查更要认真细致。

1) 检查衣服是否有损坏，纽扣有无松动或脱落，有无污渍、褪色或布质不易洗涤等问题，以免洗后与客人发生不必要的纠纷，尤其是女宾的高级时装更应注意。

发现以上问题，应当面向客人声明，征求客人意见。客人不在房间，属于一般的衣服可在洗衣单上注明情况，客人回房后再向客人讲明。如是高档的衣料，必须征求客人意见后再洗涤。

2）检查客衣口袋内是否有钱和物。客人有时把钱、护照、购物收据、机票、支票及信用卡等物遗忘在口袋内，特别是外衣的内口袋。检查出来的钱和物，要及时送交客人。客人不在房间，要交给领班，由专人负责保管，并写明钱、物数量、名称及房号。交还客人时，应向客人讲明情况，并请客人当面核对签收。

（3）认真登记。登记客衣时，要做到房号、件数、客人对洗涤的要求等填写清楚、准确。

1）房号准确。

- 登记时要看清客人洗衣单上的房号；
- 客人送出客衣时，要问明客人的房号，并及时与洗衣单上的房号核对；
- 填写洗衣单时，房号的数字要写清楚，不要连写和草写；
- 客人填写的洗衣单，如果房号不清，切勿猜测，可与洗衣袋上的房号核对。

2）件数准确。

- 如果透明度较差的厚布洗衣袋，客衣取出后，应检查袋内是否留有小件衣物；
- 房间如不备洗衣袋，收取客衣时应把客衣包好，以免把客衣丢失在通道或房间内；
- 登记、清点时要逐份进行，不要几份客衣同时交叉进行登记、清点，以免混乱；
- 登记时要注明“只”、“双”、“套”数量等单位；
- 客衣如附带其他小件用品（如腰带），要在洗衣单上注明颜色、形状、数量。

3）客人要求准确。现在各饭店均提供“当日洗回”的服务，一般是上午10点前收取的客衣，在当日下午17点钟左右即可送到客人手中。但是，客衣仍有“快件”、“慢件”之分。上午11点以后送洗的客衣，客人如要求在下午15点以前要，即是“快件”受理，“快件”加价50%，这时要在洗衣单上注明需用的时间。还有些客人要求某件衣服水洗涤时，水温不要过高或要求冷水洗涤等，诸如此类的要求，均要认真登记，切勿遗忘。

4）了解客人要求的洗涤方法。

- 客人送出客衣时向服务人员讲明要求；
- 客人将各种要求写在洗衣单上；
- 洗衣单分水洗、干洗、熨烫三种类型；
- VIP客人按接待单位的要求处理；
- 常住宾客按常规办理（特殊情况除外）。

5）登记客衣注意的问题。

● 由服务员填写的洗衣单要保留存根，通知单随客衣一起包好，送交洗衣部；

● 每份客衣要写明总件数、经手人的姓名；

● 登记客衣时不要将客衣放在地上；

● 洗衣部来收取或送交时，要在交货单上签名；

● 发现不成双配套、短缺的小件物品，服务员不要私自处理；

● 只烫不洗的客衣，要注意保持清洁。

(4) 认真做好客衣分送。

1）接收客衣。

● 洗衣部送交洗好的客衣时，要清点当日客衣的总份数、件数是否准确；

● 检查客衣账单上的房号是否是本楼层的；

● 服务员在签收时，要注意洗衣单上的数量与客衣总份数是否一致；

● 发现客衣短缺、损坏，当面向洗衣部人员提出，商定处理方案；

● 洗好的客衣包装不合要求，要向洗衣部人员提出，予以改装；

● 烫好的客衣要挂在衣架上，不要折叠摆放；

● 检查衣服的各种小配件是否齐全。

2）分送客衣。

● 看清、认准房号，必要时要进行核对；

● 客人在房间或是客人回到房间，要及时送交客人；

● 送交客衣时不要将挂件遗忘；

● 送交客衣时要向客人讲明件数、金额，并请客人当面点清，如有丢失或损坏，要如实向客人讲明，并将处理意见转告客人，通常赔偿金额最多不超过该件衣服洗涤费的10倍；

● 如客人不同意饭店提出的方案，应及时与洗衣部联系；

● 每送完一次客衣要及时做好底单的处理。

3）分送客衣应注意的问题。

● 房号不清的客衣不要随意送入房间；

● 客人不在房间时不要送入房间；

● 房间挂有“请勿打扰”牌，可暂时不送（有些饭店将特制的说明留言条从门隙处塞进房间，告诉客人送洗的衣服已在楼层服务台待取）；

● 客人外出保留房间，要将洗好的客衣妥善保管好，客人回来后及时转交；

● 不要将两份不同房间的客衣送入同房间；

● 挂件较长的客衣（女裙）不要拖拉地面。

4）认真做好洗衣费的回收工作。

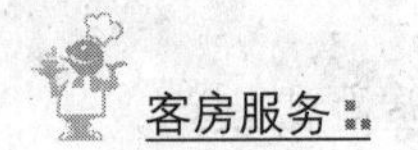

● 公费招待的客衣，账单交接应待单位签字后转财务处；

● 自费散客付现金的要当面点清；

● 自费散客签字客人也应在账单上签字后转财务处；

● 付现金的账单要在账单上加盖“现金收讫”印章，签字转账的账单勿盖此章；

● 签字账单应按房号、接待单位、代表团名称由服务台人员负责分开保管；

● 当日客衣的账单，要当天结算和转交。

5）出现差错认真查清。

客衣发生差错或损坏，要及时查明原因，并向客房部汇报，做到迅速妥善处理，不要隐瞒和相互推诿、纠缠责任，以致对客人产生不良影响。

（六）擦鞋服务的程序与要求

为方便客人，客房部为客人提供擦鞋服务。

1. 擦鞋程序

（1）房内均备有鞋篮，客人将要擦的鞋放在鞋篮内，或电话通知，或放在房内显眼处，服务员接到电话或在房内看到后都应及时收取。

（2）用纸条写好房间号放入鞋内。

（3）将鞋篮放到工作间待擦。

（4）在地上铺垫好报纸，用布或鞋刷擦去浮土。

（5）选择鞋油，确认无误后再打上鞋油。

（6）将鞋油用刷子擦均匀，鞋油不宜过多。

（7）过5分钟后，再用干净鞋刷擦亮，最后用干净擦鞋布擦一下。

（8）如擦皮凉鞋时，应在鞋的内侧垫上干净布以防鞋污染客人的袜子。

（9）一般半小时后将擦好的鞋送入房间，放在饭店规定的地方。

2. 擦鞋服务程序中的注意事项

（1）擦鞋后要避免将鞋送错房间。

（2）对没有相同色彩鞋油的待擦皮鞋，可用无色鞋油。

（3）对电话要求服务的客人，通常是急于用鞋，所以要尽快提供服务，并及时将鞋送回。

（七）托婴服务的程序与要求

为了方便带婴幼儿的客人不必因小孩的拖累而影响外出公务，豪华饭店客房部还为客人提供托婴服务，并根据婴儿托管的时间及托管的数量而收取相应的费用。托婴服务是一项责任重大的工作，绝不可掉以轻心。

（1）客人提出托婴服务申请时，首先应问明婴幼儿的数量及其年龄和照看的具体时间。一般情况下饭店要求客人提前预定保姆，并向客人说明有关托婴的具体要求、收费标准等。

(2) 保姆来源主要从客房部服务员中产生，有些饭店与店外服务中心签订合同，以保证饭店的托婴服务。

(3) 对保姆一定要严格挑选，要诚实、可靠、责任心强，并有一定的保育知识。

(4) 如果保姆从服务员中产生，尽量安排在服务员的业余时间，而不应利用工作时间。

(5) 照看小孩时，一定按客人提出的要求去做，不要随意给小孩食物吃，一般情况下未经客人同意，不可将小孩带出饭店，不可带小孩去游泳池等地方，要保证孩子的安全。不可委托他人代管孩子。当客人在规定的时间内未归时，保姆应继续留下照看孩子，直到客人归来。如果延长的时间过长，可以做一记录，待以后与饭店商议。

(八) 客房小酒吧 (mini-bar) 的服务

三星级以上（包括三星级在内）饭店一般都在客房内设有小酒吧，放有各种酒水、饮料，由客人自由取用，既方便了客人，又增加了饭店的收入。

1. 房间小酒吧常供酒水的种类

客房小酒吧常供的酒水和食物有：进口白葡萄酒、进口红葡萄酒、人头马Club、黑方、康巴利、人头马V.S.O.P、四玫瑰、12年威士忌、金酒、君度橙酒、燕京啤酒、进口啤酒、可口可乐、芬达、雪碧、苏打水、汤力水、进口矿泉水、鲜果原汁、巧克力及各式小吃。

2. 小酒吧管理程序

(1) 零散客人结账时由客房中心联络员通知到楼层。楼层服务员立即进房查核小酒吧（没有楼层服务台的饭店，应由离走客房最近的岗位服务员负责查核）。查核完毕后，用房内电话立即向客房中心反馈信息，并将该房客人饮用的酒水、饮料品种及数量通知前台收银处。

(2) 服务员在检查房间小酒吧饮用情况时，为防止小酒吧跑账、漏账，应特别留意瓶盖封口。

(3) 住店客人房内的小酒吧，由服务员每天上午换茶具、下午送水和晚间做夜床时逐一查核，如有饮用，立即补充，并将酒水、饮料的品种和数量记录在工作单上，开好账单。领班据此填写“酒水、饮料消耗表”，并按楼层分类，逐一订好。若回单与“消耗表”相符，则将此数据登记在“饮料消耗总账簿”上；若有疑问则另做登记，交由秘书核对，楼层主管负责查清原因。

秘书每天去前台收银处抄录小酒吧饮料跑账的房号、品种、数量，交由楼层主管调查。每月底分别由服务员对房内小酒吧、领班对楼层饮料柜内的饮料进行检查，如有接近保质期限的，立即与仓库调换。饭店客房部控制小酒吧的漏账率一般不应超过3%。

(九) 客人遗留物品的处理程序

客人住店期间或离店时，难免会遗留或丢失物品。饭店应有客人失物处理的规定和程序，以协助客人认领自己的物品。这会使客人感到饭店服务工作的尽善尽美。

1. 遗留物品的处理程序

(1) 发现客人的遗留物品，要及时送交客人，如客人已离开饭店，要与接待单位联系处理；

(2) 无接待单位，无法交还客人的物品，各饭店客房部规定不统一，一般是在详细填写宾客遗留物品登记表后，交服务中心统一保管；

(3) 凡是交还接待单位的遗留物品，要办理交还签字手续；

(4) 认真记录物品的名称、数量、客人的房号、国籍、姓名、离店时间、团队名称、接待单位、拣拾者的姓名；

(5) 凡是客人遗留物品，均应妥善保管，不准扔弃或损坏；

(6) 客人的遗留物品不准私分和留用，违者一经发现，严肃处理；

(7) 一般物品整理好后，放入收存遗留物品的专用口袋，将口封好，在袋上注明日期；

(8) 宾客委托他人代取遗留物品时，要与客宾留言相符，需验明代取者的证件，并由领取人在遗留物品登记本上写明工作单位并签名，核对物品、数量，确认无误后，再转交；

(9) 若客人的遗留物品经多方寻找仍无下落，应立即向经理汇报；

(10) 如客人的失物保存到饭店规定的期限（如三个月或半年）仍无人认领，饭店应按有关规定处理；

(11) 按照我国有关规定，遗留物品保管期限一般为三个月；按国际惯例，宾客的遗留物品保存期限为一年，贵重物品可延长半年。

2. 下列物品一般视为遗留物品

(1) 遗留在抽屉、枕下或衣柜内的衣物；

(2) 具有信件价值的信函和物件（收据、日记）；

(3) 所有有价值的东西（钱、珠宝、信用卡等）；

(4) 亲友送的礼品；

(5) 丢落在各角落不易被找到的物品；

(6) 未打开包装的食品等；

(7) 卫生间门后挂的衣物。

(十) 其他服务

1. 租借物品

(1) 租借物品的程序。

1）客人电话要求或向楼层服务员要求；

2）仔细询问客人租用物品的时间；

3）将物品准备好送到客人房间；

4）请客人在租借物品登记表上签名；

5）客人归还物品时做好详细记录。

（2）租借物品注意事项。

1）对一些电器用品，如电熨斗等，在客人租用时，提醒其注意使用安全；

2）早晚班服务员在交接班时，将客人租借物品的情况及手续移交下一班次，以便继续服务；

3）如果过了租借时间，客人仍未归还物品，特别是在客人离店前，可主动询问，询问时要注意方式。

2. 进行房修服务

工程部维修人员如需要进房修理设备时，无论房间有无客人，均需要服务员陪同维修人员同时进房。客人在房间时，要向客人说明情况，争得客人同意后方可进行维修。维修完毕，双方要在维修登记表上签字。

3. 代修物品服务

服务员在接受客人的代修物品时，要问清、记准物品的型号、商标、损坏部件的名称及程度；还要问清客人的各项要求及需用的时间，并逐项填写代办通知单后，送交服务组办理；物品修好后，核对准确，及时送交客人。

在客人即将离店前，物品尚未修好，可将物品及时取回交给客人。

代修物品要注意以下事项：

（1）客人的物品不准随意乱放，尤其是照相机、摄像机等贵重物品，更应特别注意保管；

（2）凡是修理的贵重物品，服务员不能私自拆卸代修，修好后更不能私自借用；

（3）需要更换的零部件，要问清型号、尺寸等，并在通知单上注明；

（4）修理的物品要办理交接手续；

（5）修好的物品交给客人时，当面向客人讲明修理的结果，并请客人检查核实；

（6）修好的物品交给客人后，要在通知单的存根上注明交给客人的时间。

二、送客服务

（一）宾客离开前的准备工作

（1）掌握客人离开店的准确时间，记住客人的房间号，了解客人有无结账。

（2）客人早上离店，要提示客人是否需要叫醒或在房间用餐。

（3）利用进房工作的机会，查看房间内的物品是否有损坏和丢失。

（4）检查代办事项，看是否还有未完成的工作。要注意检查账单，如洗衣单、酒水饮料单等，必须在客人结账或者离店前送到前台收银处，以保证及时收款。

（5）团队离店的客人，是否已将行李提前集中到指定地点（与行李员协作）。

（6）在移交团队客人行李时，要认真清点件数，并履行签字手续。

（7）客人离店前提出服务性要求，要尽量给予满足。

（8）征求即将离店客人的意见，并提醒客人检查自己的行李物品不要遗漏。

（二）宾客离店时的工作

（1）协助行李员搬运客人的行李。

（2）对于早上离店的客人，要适时提醒其离店时间，以免误车、误机。

（3）如有未计算房客的客人，视情况可陪同客人前往办理结账手续。

（4）服务员有时需要离开时，要向行李员讲明情况，并转告宾客。

（5）对老弱病残客人要有专人护送。

（6）主动热情地将客人送到电梯口，代为按下电梯按钮，以敬语向客人告别。例如："欢迎再次光临，祝您旅途愉快。"

（三）宾客离店后的工作

1. 检查房间

（1）迅速进房仔细检查。

（2）检查房间内的设备、设施、家具及物品有无损坏和丢失。如发现损坏和丢失现象，应及时上报主管；如发现客人有遗留物品，应立即派人追送，来不及送还的，交客房部登记处理。客人离开客房后，发现房内小酒吧饮料短缺，要及时通知总台。自费宾客可待查房后再办理退房手续。有些客人因有急事提前离房，委托服务员替他处理一些遗留事项，如来人、来访、来信、来电等，服务员要一丝不苟地、忠实地替客人办理好这些事情，以体现善始善终对客服务的良好态度和行动。

2. 检查房间的顺序及部位

（1）检查小酒吧及写字台底部、抽屉；

（2）检查沙发及坐垫下面和沙发的夹缝内；

（3）检查壁柜内侧及上下层；

（4）检查床下、枕下及床单、被褥、毛毯里面；

（5）打开床头柜，查看里面、后面；

（6）检查卫生间及后门；

（7）检查烟碟内是否有未熄灭的烟火；

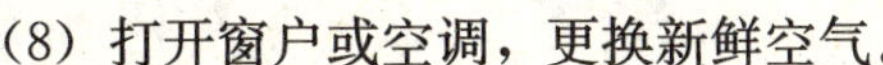

(8) 打开窗户或空调，更换新鲜空气。

3. 查房要求

服务员进房检查要及时，对各个部位进行细致、认真的检查；查房完毕要将情况做好记录、签名、存档，以备日后查询。

4. 房间卫生清扫

房间卫生清扫按走客后清扫房间的程序进行。清扫完毕后，要及时通知总台。有的饭店清扫房间时打开与总台相连的指示灯，事后关闭指示灯，总台即可知道房间已清扫完毕，待出租。

现在五星级饭店运用电脑可以查询到每房间的工作情况，对控制管理客房提供了更加迅速、可靠的信息。

5.3 对客服务的质量控制

客房部是饭店一个主要的对客服务部门，该部门对客服务质量的高低在很大程度上决定了饭店产品的品质。因此客房部管理人员必须把对客服务质量的控制当作一项最重要的工作去抓。

一、对客服务程序的制定

对客服务程序的制定是一项十分重要的工作。服务程序科学与否直接影响客房的服务质量，决定了客房服务水平的高低，因此制定服务程序是一项慎重而细致的工作。在制定对客服务程序时要考虑以下因素。

(一) 宾客的需求

服务是为宾客提供的，服务程序也要满足客人的需求，制定程序前必须对客人对客房服务的需求做详细的调查和分析。

(二) 本饭店的特点

服务程序要与本饭店的档次、风格、管理等特点协调一致，研究本饭店的特点时，要考虑饭店的接待对象、客房部的组织形式、服务模式、员工素质等各方面的情况。

(三) 国内外的先进水平

服务程序要有时代感，并具有一定的超前性，因而要了解国内外饭店业客房服务的先进水平，洞悉各种服务的合理和不合理之处，从而集各家之长为己所用。

（四）动作及作业研究

在编制程序前，要对每个作业进行过程分析和动作分析，把这些资料作为依据保存起来。

客房部管理人员是对客服务程序制定的参与者和组织者，在制定服务程序的过程中，要尽可能地让客房员工参与讨论，该过程本身就是对员工的一种培训。由员工参与制定的服务程序不仅更加符合实际、操作性强，而且在程序的落实过程中效果会更好。

二、对客服务标准的制定

客房部所追求的高质量的对客服务标准应是：准确——表达清楚而准确；简洁——短而说明问题；可衡量——可以看得到，可以被衡量；可操作——实用并能达到。

（一）在制定标准时应注意的问题

（1）标准的制定应让所有有关员工参与，并能为大家所接受；如果可能，最好也能有顾客参与并为他们所接受。

（2）标准对服务的要求应最大限度地接近完美。

（3）标准应用书面的形式完整、明确地描述出来。

（4）标准必须能满足顾客的需求。

（5）标准必须可行、易懂。

（6）标准必须得到上一管理层的支持（否则将不能生效）。

（7）标准一旦确定，在工作中就不允许出现偏差。

（8）对过时和不能发挥作用的标准应加以修改。

（9）应根据需要增加新的标准，任何新的标准必须为大多数员工所接受。

（10）标准必须反映组织目标。

（二）应制定的标准

（1）服务程序标准。是服务环节的时间顺序标准，即在服务操作上先做什么后做什么。该标准是保证服务全面、准确及流畅的前提条件。

（2）服务效率标准。是对客服务的时效标准。这项标准是保证客人能得到及时、快捷、有效服务的前提条件，也是客房服务质量的保证。不过对于这项标准的制定，要视各个饭店的具体情况进行，且要有专业管理人员的参与。

（3）服务设施、用品标准。是饭店为客人所提供的设施、用品的质量、数量标准。这项标准是控制硬件方面影响服务质量的有效方法。它是从质量、数量、状态三个方面去制定的标准。例如，在质量上四星级饭店所用的浴巾不得小于1 400mm×800mm，重量不得低于 600g；数量上要求每间客房备冰桶一

只，并配冰夹；状态上要求提供24小时的冷热水及空调服务。

(4) 服务状态标准。是对服务人员言行举止所规定的标准。如接待客人时要站立服务、面带微笑、使用敬语。

(5) 服务技能标准。是对客房服务人员应达到的服务操作水平所制定的标准，如各式铺床标准、浴室清洁标准、抹浮尘标准、做夜床标准等，只有熟练掌握服务技能，才能提供优质的服务。

(6) 服务规格标准。是针对不同类型宾客制定的不同规格标准。如在贵宾的房间放置鲜花、水果，根据贵宾的不同级别还需布置其他物品，根据长住客人的客史档案记录布置房间等。

(7) 服务质量检查和事故处理标准。是对上述各项标准贯彻执行情况的检查标准，也是衡量客房服务质量是否有效的尺度。此标准重点由两方面构成：一方面是对员工的奖惩标准，另一方面是对宾客补偿及挽回影响的具体措施。

三、对客服务工作的质量控制

客房部管理人员应把质量控制的重点放在事先控制、事中控制及事后控制三个环节。三个环节中无论哪个环节发生问题，都会破坏整个服务循环，使服务工作不能进行而产生不良影响，所造成的损失又常常难以弥补。

(一) 事先控制

在事先控制环节中，管理者们应注意以下要点。

1. 制定程序和标准

程序和标准的制定属管理中的基本建设，是管理的基础、质量控制的依据。管理者们不仅要重视程序和标准的制定，而且还要注意根据各种因素的变化，不断对其进行修改和完善。

2. 加强培训

加强对员工的培训是确保对客服务质量的重要手段。在对员工对客服务规范培训的基础上，着重进行个性化服务的培训，提高员工对客服务的灵活性，把正确处理宾客投诉作为重点中的重点。培训的形式要多样化，组织员工对典型问题进行讨论，不仅可以找到正确的服务方法，而且该过程本身就是一种极好的培训。

3. 预测问题并采取积极有效的防范措施

在管理上“防患于未然”比“亡羊补牢”要更经济、更有效。客房部管理人员最好能每月预测次月在对客服务中可能出现的问题。其方法是查阅前两年的资料，找出同期所发生的问题。此外，根据次月的客情预测及本饭店所要开展的活动，再结合其他各方面的情况，分析可能出现的问题。例如：在春节来临前，应估计到春节期间员工要过节，人手不够，班次难排将是可能出现的一个问题；另一个可能出现的问题是春节期间家庭旅游者较多，要求加床的客人将会增多；在夏季来临前，要预计到天气变热对客房服务的要求，如蚊虫的预防等。针对可能出现的问题，部门管理人员研究出对策，并采取具体的措施。一般来说，预测的问题不宜太多，以每月2～4个为宜。客房部管理人员如能始终坚持这种预测方法，必定能收到事半功倍的效果，部门的对客服务质量就会因此而不断提高。

4. 加强沟通和协调

要建立良好的信息沟通系统，疏通沟通渠道。客房部所设计的表格及工作程序要便于信息的传递和反馈，要完善会议及交班制度。通过以上方法，确保对客服务信息的畅通，使客人的需求得到满足。

5. 建立客房部内部检查体系

只有建立了检查体系，才能确保对客服务的正常进行。客房部内部实行逐级检查制，管理人员不仅要注意清洁工作的逐级检查制，更要重视对客服务方面的质量检查。

（二）事中控制

在事中控制环节中，客房部管理人员的走动式管理显得比其他部门更重要，因为客房部人员相对分散，要确保对客服务质量，管理人员就必须多走动，亲临现场，只有这样，才能及时发现问题并采取补救措施。客房管理人员还应重视搜集宾客反馈，以了解宾客需求、发现问题。《宾客意见书》是饭店常用的一种信息反馈文件，除此之外还可用《长住客人需求征询表》、《宾客维修意见卡》等。定期或不定期地拜访客人，邀请长住客人参加饭店专门为其组织的活动，也可获得宝贵的对客服务的第一手资料。对于宾客的意见和投诉，要尽可能在客人离店前将问题解决，使客人满意而去。如遇到超出客房部权限方面的问题，客房部经理应及时向上级汇报，以确保问题的妥善解决。

（三）事后控制

虽然从时间上说晚了些，但“亡羊补牢，犹未为晚”。客房部在对客服务方面的事后控制方法有以下几种。

1. 定期分析宾客意见

对宾客意见进行分类，排出宾客投诉的主要问题，分析原因，并采取相应措施。部门管理水平和对客服务质量就是要在不断解决主要矛盾的过程中得以提高。

2. 定期召开部门质量分析会

客房部的主要管理人员要负责此项工作，会前要有专人进行准备，参加者们也应有所准备。这类会议不仅能找到部门对客服务中存在的问题，研究出对

策，而且能增强部门全体员工的质量意识。

3. 及时进行整改

根据宾客需求的变化，对服务程序和标准进行修改，对服务用品进行调整。例如，某饭店在程序中规定服务员在客人进店时，要求客人查点小酒吧饮料，该做法受到了部分客人的投诉，经研究将程序做了修改，取消了该做法。又如，饭店从安全考虑一般不将熨斗、熨衣板作为借用物品，但近年来客人对其需求量增大，一些饭店开始配备出借，受到了宾客的好评。

4. 将宾客投诉的问题与工作表现评估挂钩

对于宾客投诉率高的问题，评估分将相对占较大的比重。例如，如果客人普遍投诉服务态度不好，那么在考察员工工作表现时，对服务态度一项的评估分将占较大的比重。采取这样的措施后，员工将特别注意改善对客服务态度，宾客对这方面的投诉势必减少。随着宾客对服务态度投诉的减少，对其他问题的投诉率就会相对增加，客房部可建议饭店根据新的情况制定新的评估评分标准，长此以往，宾客的投诉将大大减少。

5.4　客房部的安全保卫

客房部的业务工作涉及饭店的各个区域，做好安全保卫工作既是客房服务工作的一项重要内容，也是饭店管理工作的头等大事。饭店客房作为宾客的家外之"家"，必须是一个安全的场所。同时，同清洁、舒适、典雅诸因素一样，安全是构成客房优质服务的重要内容之一。饭店有义务和责任为宾客提供安全保护，以满足宾客对安全的需求。安全工作的内容包括防火、防盗、防自然事故的发生等。

一、防火工作

（一）防火要求

防火工作是饭店客房安全保卫工作的重要内容。饭店服务人员对消防基础知识都应具备"三懂"、"四会"。

1. 三懂

（1）懂得本岗位发生火灾的危险性。

（2）懂得怎样预防火灾以及预防措施。

（3）懂得灭火方法。

2. 四会

(1) 会报警。

(2) 会使用消防器材。

(3) 会扑救初起火灾。

(4) 会疏导宾客。

(二) 火灾发生的起因

(1) 乱扔仍未熄灭的烟头、火柴梗，引起地毯、沙发、衣服等可燃物起火。

(2) 客人酒后在房间吸烟。

(3) 客人睡觉前在床上吸烟。

(4) 长住客人在房间内增加超负荷的电器设备，如复印机、电传机、碎纸机、电饭锅等电器设备。

(5) 客人将易燃物带入房间。

(6) 服务员工作不慎，将未熄灭的烟头处理不当。

(7) 在库房内违反规定吸烟。

(8) 人为的火灾。

(9) 客人在阳台上放置易燃物品过多，节日放烟火，引燃阳台上的物品。

(10) 使用电器忘记拔插销，将物体引燃。

(11) 客房内电器设备安装不良，绝缘损坏、短路起火。

(12) 房间内电器设备开启后，使用时间过长，因元件发热损坏而起火。

(三) 发生火灾时的应急处理

1. 及时发现火源

(1) 当听到报警信号时，应立即停止手中的工作，迅速到场，查明火源，及时采取有效措施。

(2) 立即报告上级和保卫部门。

(3) 迅速扑救。

2. 及时报警

火灾发生，应急时报警，报警时要讲清起火地点、火情、燃烧的物质、单位及具体地址、报告人的姓名，讲话时注意语言要清楚。

3. 及时扑救

(1) 根据火情采取有效措施，用灭火器材、消火栓等，迅速将火扑灭。

(2) 控制火情，采取措施注意客人安全，抢救财产物品。

4. 疏导客人

(1) 迅速打开紧急出口的太平门、太平梯，有组织的疏导客人。

(2) 各层楼梯口、路口、门口都要有专人指挥把守，为客人指引疏散路线。

(3) 要有专人对房间逐一检查。

5. 保护现场

灭火后要有专人保护好现场，无关人员不能入内。

（四）客房灭火器材的使用

1. 泡沫灭火器

泡沫灭火器是通过装在筒内的酸性溶液与碱性溶液混合，发生化学反应，喷射出泡沫，覆盖在燃烧物的表面隔绝空气，起到灭火作用的工具。泡沫灭火器适用于扑救油脂类一般物质的初起火灾。它有MP型手提式、MPZ型手提舟车式、MPT型推车式三种。

(1) MP型手提式泡沫灭火器。使用方法：颠倒筒身，使两种药液混合而发生化学反应，产生泡沫，由喷嘴喷出。使用时，必须注意不要将筒盖、筒底对着人体，以防万一发生爆炸。MP型手提式泡沫灭火器又分为MP8型与MB10型两种。

(2) MPZ型手提舟车式泡沫灭火器。使用方法：先将瓶盖机构向上扳起，中轴即向上弹出，使瓶口开启，然后颠倒筒身，酸碱两种溶液混合，生成泡沫，从喷嘴喷出。使用注意事项与MP型相同。

(3) MPT型推车式泡沫灭火器。使用方法：一人取出施放皮管，双手握住喷枪对准燃烧物。另一人按逆时针方向转动手轮，开启胆塞，然后将筒身倒转，使拖杆触地，再将旋塞阀手柄扳直，使泡沫喷出。MPT型灭火器主要有MPT65型和MPT100型，它们的射程分别为15米～17米、16米～18米。

2. 酸碱灭火器

酸碱灭火器利用两种药液混合后喷出来的水扑灭火焰，适用于扑灭竹、木、棉、毛、草、纸等一些可染物质的初起火灾，目前只有MS型手提式一种。

MS型手提式灭火器的使用方法：颠倒筒身，上下摇晃几下，将液流射向燃烧最猛烈的地方。使用注意事项与MP型泡沫灭火器相同。MS型手提式灭火器最大射程为10米～12米。

3. 干粉灭火器

干粉灭火器是以高压二氧化碳气体为动力喷射干粉火剂的灭火工具。适用于扑救石油及其产品、可燃气体和电器设备的初起火灾。

干粉灭火器有MF型手提式、MET型推车式和MFB型背负式三种。

现介绍MF型手提式干粉灭火器的使用方法：打开保险销，将喷嘴对准火源，拉动拉环，干粉即喷出灭火。MF型手提式分为MF1、MF2、MF3、MF4、MF8型五种。

4. 二氧化碳灭火器

(1) MT型手轮式二氧化碳灭火器。使用方法：先将铅封去掉、手提提把、翘起喷筒，再将手轮按逆时针方向转动开启阀门，高压气体即自行喷出。注意切勿逆风作业。二氧化碳灭火器有 MT2、MT3 型两种，其射程分为 1.2 米～1.4 米、1.8 米～2 米。

(2) MTZ 型鸭嘴式二氧化碳灭火器。使用方法：使用时，应先拔去门棍（保险插销），一手持喷筒把手，并紧压把手，气体即自动喷出。不用时将手放松即自行关闭。其可分为 MT25、MT27 型，射程分为2米～2.2 米、2.2 米～2.5 米。

5. “1211”型灭火器

(1) MY 型手提式“1211”灭火器。使用方法：首先要拔掉安全销，然后握紧压把开关，压杆就使密封阀开启，于是“1211”灭火剂在氮气压力下，通过虹吸管由喷嘴喷出。当松开压把时，压杆在弹簧作用下，恢复原位，阀门开关关闭，便停止喷射。使用时，应垂直操作，不可放平或颠倒使用，喷嘴要对准火源根部，并向火源边缘左右扫射，快速向前推进，要防止复燃，如遇零星小火可点射灭火。其射程一般在 3 米～5 米。

(2) MYT 型推车式“1211”灭火器。使用方法：灭火时，取下喷枪，展开胶管，先打开钢瓶阀门，拉出伸缩喷杆，使喷嘴对准火源，握紧手握开关，将药剂喷向火源根部，并向前推进。将火扑灭后，只要关闭钢瓶阀门，则剩余药剂仍能继续使用。注意握紧压把时开关打开，松开即自行关闭。

二、防盗工作

(一) 盗窃事故的预防

(1) 制定具体、合理的宾客须知，明确告诉客人应尽的义务和注意事项。引领客人进房的行李员应向客人介绍安全装置的使用方法，并提醒客人阅读在桌上展示的有关安全的告示或须知。

(2) 提醒客人不要随意将自己的房号告诉其他客人和任何陌生人。饭店员工也不能将登记入住的客人情况向外人泄漏。如有不明身份的人来电话询问某位客人的房号，接线员可将电话接至该客人的房间，绝不可将房号告诉对方。

(3) 建立健全来访客人管理制度，明确规定接待来访客人的程序、手续以及来访客人的离店时间，严格控制无关人员进入楼层。总服务台人员在接待访客时，应遵循为住店客人保密的原则。

(4) 加强巡逻检查，发现可疑和异常情况要及时处理：

1) 在巡视中，注意在走道上徘徊的陌生人、可疑人及不应该进入客房楼层的饭店员工。

2) 注意观察客房的门是否关上及锁好，如发现房门虚掩，可敲门询问。客人如果不在房内，可直接进入客房检查有无异常情况；客人如果在房内，则提

醒其将房门关好。

3）发现醉酒、神志异常的宾客，要特别留意，避免其损坏房内东西或不良分子乘机窜入房间作案。

（5）客房清扫员在清扫客房时必须是把门打开，并注意不能将客房钥匙随意丢在清洁车上。在清扫工作中，还应检查客房里的各种安全装置如门锁、门链、警眼等。如有损坏，应及时报告安保部。

（6）客人离店后，客房服务员或领班要及时查房，若有客人遗失物品要登记上交；若发现物品丢失和损坏的应及时报告主管，并与有关部门取得联系。

（二）盗窃事故的处理

（1）客人报失，服务员要保持冷静，认真听取客人反映情况，不做任何结论性意见和说一些否定语言，以免给以后的处理带来麻烦。

（2）根据客人提供的线索，确认被盗属实并及时报告保安部及其他有关部门。

（3）对确属被盗案件，应详细问明丢失财物的经过、物品的名称等。

（4）尽量帮助失主回忆来店前后的情况，并在失主同意下帮助查找，切勿擅自到客人房间查找。

（5）征询失主是否要求向公安局报案，并认真记录。

（6）最后让客人签字或要求客人写一份详细的报失经过。

（7）对确实被盗案件，还应立即报告给值班总经理，经同意后向公安机关报告。

（8）被盗案件涉及某一服务人员的，在未掌握确凿事实之前，管理人员不可过早地下结论，也不可盲目相信客人的陈述，以免损伤服务人员的自尊心。

（9）做好盗窃案件的材料整理和存档工作。

三、防自然事故

（一）自然事故产生的原因

饭店客房自然事故产生的原因是多方面的，有些是属于设备维修和更新不及时，有些则是个别员工违反操作程序及工作不细致，一时疏忽造成的。自然事故产生的原因有以下三个方面。

1. 电器设备

（1）电冰箱失控，客人食品变质，引起客人投诉；

（2）电视元件突发故障，导致失火；

（3）电源线老化，导线外露，导致火灾及客人触电；

（4）吊灯、顶灯罩安装不牢，自然掉落砸伤客人；

（5）各种电线外露绊倒客人；

(6) 照明失灵；

(7) 突然停电，客人使用的电脑失调。

2. 家具设备

(1) 坐便器安装不稳，使用时断裂；

(2) 沙发、椅子腿和靠背折断；

(3) 地毯边卷起，绊倒客人；

(4) 浴缸内无防滑措施（防滑垫），摔伤客人；

(5) 卫生间热水温度应在 50℃～60℃，过高容易烫伤客人。

3. 其他方面

(1) 地板打蜡，无提示牌，滑倒摔伤客人；

(2) 员工高空作业（室外擦玻璃）不按操作规程操作，出现事故；

(3) 破损的餐具、茶具、酒具伤害客人；

(4) 卫生间跑水，浸泡损坏客人的物品；

(5) 电梯失控、失灵、夹伤客人；

(6) 客人自身发生伤害。

（二）自然事故的预防

(1) 教育。应加强对员工和客人的安全意识教育。

(2) 检查。日常应加强对各种设备的维修检查工作。

(3) 报告。发现各种不安全因素要及时报告。

(4) 验收。各种设备更新、改造、维修后，应及时验收，避免出现漏洞。

(5) 加强维修和保养。

发现楼道和走廊中地毯有凸起卷边，都要及时拉平。

清理房间时，发现各种电源线在明显易绊倒人的地方，要及时顺好，放在暗处，发现电源有磨损之处，要及时给予更新。

发现家具有开胶松动之处，要及时更换与维修。电器设备，应经常调试，为防意外，客房内照明灯一般不得超过 60 瓦。

各种电镀设备、水龙头等出现脱皮现象，要及时更换，防止扎手。

房间、走廊、大厅打蜡一定要安全第一，公共区域要有提示牌，住客房间不能打蜡，一是避免空气污染；二是防止摔伤客人。

（三）自然事故的应急处理

1. 宾客致伤

(1) 查原因：宾客由于某种自然事故致伤后，服务员应首先查清致伤的原因。

(2) 汇报：根据实际情况及时向上级主管部门汇报，听候领导的处理意见。

(3) 处理：征求宾客意见是否马上联系医院或联系接待单位。

(4) 重点服务：如果客人伤势不重，在饭店内疗养，服务员要热情关照，

尽量满足客人的要求。

(5) 领导看望：客人致伤后，无论是住进医院还是在饭店疗养，有关领导应给予特别关照。

2. 突发性疾病与处理

客人患突发性疾病，服务员要沉着冷静，在不懂急救常识、没有医务人员的情况下，不可擅自对病人施予治疗，而应立即报告上级。患病客人如有家属、陪同朋友等同住宾馆，饭店要及时与他们取得联系，以便使患者得到妥善料理。

如客人独身一人住在饭店，又没有任何接待单位，可及时请示饭店领导。如患者头脑清醒唤服务员为其购药，服务员应婉言拒绝，而应劝客人到医院或医务室治疗。

发现客人食物中毒，应立即报告上级主管，采取有效措施（尽快送医院，并将可疑食物带交医院化验，以便确定中毒原因，及时进行抢救）。

发现客人突发癫痫，口吐白沫、牙关紧咬时，服务员应在其口中塞入布巾，以免其自伤，并报告上级，采取措施。

发现客人心肌梗塞病发时，应让患者平卧，保持安静，不要随便搬动病人，并及时口服镇静剂，舌下含服硝酸甘油 0.6 毫克。

当客人心绞痛发作时，应让其安静休息，舌下含服硝酸甘油 0.3 毫克～0.6 毫克，任其溶解；或吸入亚硝酸异戊酯 2～5 滴制止发作；针灸内关、膻中、间使、心俞、足三里等穴位，也有助缓解疼痛。

关节活动超过正常限度时，韧带部位就很容易被撕裂，称为扭伤。当客人踝关节扭伤时，应让客人休息，早期局部冷敷，以减轻疼痛和肿胀。同时应用胶布固定踝关节；还可用 1%普鲁卡因 5～10 毫升，在疼痛部位注射止痛。

当客人腰部扭伤时，应要求扭伤腰的客人在硬板床上休息，局部热敷，服止痛药；针灸肾俞、委中、人中等穴位，每日一次，效果良好；在扭伤处局部拔火罐或推、拿、揉、按，也有明显的效果。

客人的四肢（如手腕、手指和小腿）发生骨折时，应立即就地取材，用木板或竹条临时固定和包扎骨折伤肢，以免引起深部组织的损害或严重感染，并立即转送医院处理。若骨折的同时大量出血，则必须在其上臂或大腿上方用带子扎紧，每 20 分钟放松 1～2 分钟，直至血止。

当客人局部烫伤（不超过体表面积的 10%）且烫伤程度不深（一度或浅二度）时急救办法如下：早期应立即用清洁凉水冲洗受伤部位，水少可以浸泡，最好用自来水不断冲洗 20～30 分钟，水温为 20℃左右为宜，以降低烫伤处的温度、减少液体渗出，并能减轻疼痛。若伤处呈红肿，但尚无水泡或有少数水泡时，可以每日涂烫伤油膏，如蓝油烃油膏或獾油 1～2 次，数日就可治愈。若伤处发生大的水泡时，宜用旅行剪刀或缝针经酒精或白酒消毒后，在水泡的底部穿一小孔，将水压出，再以干净纱布或手帕包扎，以减少渗出液体，并防止感染。若伤处的水泡已破，不必剪除泡皮，原位包扎即可；但如泡皮已移位，则应剪除，并涂抗菌素眼药膏后包扎。

发现客人患有传染病，通常首先应防传染；其次防病情加重，并向有关部门汇报。病人用过的物品、用具要分类消毒，并在客人离店后对房间、卫生间进行严格消毒，以防疾病传播。凡在本区域或本楼层接触过患者的服务人员，要在一定时间内进行体检，防止传染疾病的扩散。

客人酗酒现象在饭店时有发生，其处理方式因人而异。通常应根据醉酒客人的情绪，适时劝导，使其安静，并送回房间安置休息，同时注意房间动静。如客人醉酒较深，情绪激动，大吵大闹，服务人员应立即通知上级和保安部门，必要时可协助保安人员将其制服，以免打扰其他客人的活动或伤害自己。

客人在饭店内意外受伤，处理不当，会给饭店引来很大的麻烦，甚至影响饭店的声誉，造成不必要的经济损失。服务员发现客人在饭店内意外受伤，要做到以下几点：帮助客人，征询客人意见是否去医院，并立即通知经理。

如客人受伤较重，应由保安人员配合大堂经理、医务人员与家属、同事或朋友，一同护送客人到医院。如发现客人已在房间休克或死亡，要立即通知经理，尽快联系急救或附近医院，注意不要随意搬动客人，必要时及时保护现场。

实践活动

1. 在实训室里模拟情景，由学生扮演服务员与客人，完成失物招领、服务投诉、客房保修、遗失钥匙赔偿等流程。

2. 在模拟客房中让学生开夜床。

3. 在实训室里模拟情景，由学生扮演服务员与客人，完成服务投诉、托婴等服务。

4. 利用多媒体课件演示造成饭店安全隐患的因素，介绍解决方法并做好消防安全宣传。

相关链接

宾客投诉心理分析及对策

一、宾客投诉心理分析

宾客投诉是指宾客将他们认为是由于客房部工作上的差错而给他们造成了

麻烦和烦恼，或者损害了他们的利益等情况，向服务人员提出或向有关部门反映的行为。

宾客投诉是有原因的。投诉原因多种多样，可以从主、客观两个方面来进行分析。

（一）主观方面的原因

主观方面的原因主要表现为不尊重客人和工作不负责任两种情况。

1. 不尊重客人

不尊重客人是引起客人投诉的重要原因。宾客外出旅游，无论在车、船、飞机上，在宾馆里，还是在游览活动中，都需要服务人员的尊重。如果对客人不尊重，就会引起反感甚至发生冲突，导致客人投诉。对客人不尊重主要表现在以下几点：

（1）不主动、不热情。有的服务人员不主动称呼客人，或者以“喂”代替。在工作时间有的服务人员与同事聊天、忙私事、打私人电话等。当客人到来时，态度冷淡，爱理不理，或者客人多次招呼也没反应。有的接待外国人热情，接待华侨、港澳同胞冷淡。

（2）不注意语言修养，冲撞客人。有的服务员对客人态度生硬，言语冲撞客人。例如：有一位华侨与朋友到某宾馆餐厅，要了两杯咖啡，十分钟后服务员却端来啤酒，这位华侨便告诉服务员，这啤酒不是他要的，这位服务员不但不道歉，反而气鼓鼓地说：“不是你的是谁的?”

（3）挖苦、辱骂客人。有的服务员对客人品头论足，挖苦客人。例如：有一位香港客人到商场挑选玉器，因觉得不适合正要离去时，售货员挖苦道：“我看你这副寒酸样，早就知道你没钱买啦!”有的甚至用粗话辱骂港澳同胞是“穷胞”。

（4）未经客人同意闯入客人房间。有的客房服务员到房间搞卫生或打开水时，不经客人同意就闯进去。

（5）拿物品给客人不是“递”而是“扔”或“丢”给客人。如客房服务人员在给客人拿房间钥匙或其他物品时；商场服务人员给客人取商品时；餐厅服务员送菜牌给客人时，将物品“扔”到客人面前。

（6）不尊重客人的风俗习惯。信基督教的客人正在祈祷时，服务员闯入去搞卫生；信伊斯兰教的客人做月斋时，服务员打扰他们；在餐厅给不吃牛肉的泰国、印度客人用牛肉做菜品；给伊斯兰教徒送猪肉做的包子；在海员吃饭时将菜碟里的鱼翻身；给法国客人过生日送黄菊花；在日本客人度蜜月的客房中摆放荷花等。

（7）无根据地怀疑客人带走宾馆的物品，或者误认为他们没有付清账目就离开等。

(8) 在客人休息时大声喧哗、高声谈笑、打电话等，影响客人休息。

2. 工作不负责任

工作不负责任是指服务人员在工作时马虎了事、不细致、不认真、粗枝大叶等，主要表现在以下几个方面：

(1) 忘记或搞错了客人交办的事情。如洗衣服，客人交代干洗，服务员送去水洗；客人要求代定客房、飞机票、拍电报等，服务员忘记办理，误了客人的事情；在餐厅将客人的菜单写错，或者遗失客人的菜单，上菜太慢；应"叫早"的客人没有叫；应送餐的客人忘记送等，都容易使客人反感而投诉。

(2) 损坏、遗失客人的物品。行李员搬运行李时乱碰、乱丢，搞坏客人的皮箱，如扯断皮带、碰掉转轮等；洗坏客人的衣物，如烫破、掉纽扣，或客衣未洗干净等；在房间里客人的物品被盗，运送行李时遗失客人的行李；服务员搞卫生时，乱动客人的东西，损坏了客人的贵重物品；餐厅服务员上菜时不小心，菜汁、菜汤弄脏了客人的文件、衣物等。

(3) 清洁卫生工作马虎，食品、用具不洁。有的服务人员卫生习惯不好，仪表不整齐，工作服不扣纽扣，脏了也不洗，随地吐痰、丢烟头；有的工作时吃东西、抽烟。有的宾馆、客房使用的床具不干净，在客人离去后不换床单就接待新客。搞卫生间清洁工作时马虎了事；卫生间地板有积水，马桶有黄迹，挡水帘有肥皂、脏物痕迹，浴缸有头发丝，或者没洗干净而有污垢；宾馆环境卫生搞不好，到处脏乱，房间有蚊子、蟑螂、小虫、老鼠等。

(二) 客观方面的原因

引起客人投诉的客观原因主要是设备损坏，没有及时修好。如宾馆中的空调坏了，大热天没冷气；卫生间的抽水马桶坏了，水箱漏水发出"嘶嘶"的响声，晚上影响客人休息；客房中灯具、床具坏了没及时修理；餐厅中的座椅不牢固摔倒客人；电梯坏了将客人关在里面等。设备不完善也会引起客人的投诉，如在高温天气乘坐的客车没有空调，宾馆卫生间的洗脸盆旁边没有电源插座，当客人使用电器时不方便。

除以上所分析的原因以外，还有服务的收费不合理，在结账时发现应付的款项有出入、客人的误会、客人遗失了物品等也会引起投诉。

由于宾客的性格、气质不同，处理问题的方式各有差异，当出现以上种种情况时，有的人可能嘴里嘀咕几句，表示不满意也就算了；有些属于稳重型的客人，心中虽有怨气，但却不一定发出怨言，只在心里想着以后不再住这家宾馆就是了。但也有一些属于急躁型的客人，碰到以上的情况可能会大动肝火，叫嚷着要找经理投诉。

二、宾客投诉时的心理反应

（一）求尊重的心理

宾客在采取了投诉行动之后，都希望别人认为他的投诉是对的、有道理的。他们希望得到同情、尊重，希望有关人员、有关部门重视他们的意见，向他们表示歉意，并立即采取相应的行动。

（二）求发泄的心理

宾客在碰到令他们烦恼的事情之后，或者被讽刺挖苦甚至被辱骂之后，心中充满了怨气、怒火，要利用投诉的机会发泄出来，以维持他们的心理平衡。

（三）求补偿的心理

旅游者因受了一定的损失而向有关部门投诉时，希望他们的损失能够得到补偿，这是普遍的心理。如食物不洁希望换一碟；损坏了皮箱希望尽快修理好；弄脏了衣物希望能免费洗干净等。

三、对客人投诉的对策

对宾客投诉的处理，一般要经过耐心倾听、弄清真相、同情客人、诚恳道歉和征得同意、恰当处理等几个不同阶段，主要内容分而述之。

（一）对宾客的投诉要倾听、弄清真相、同情客人，绝对不要急于辩解或反驳

客人来投诉时，我们应当有礼貌地接待，有可能的话可以倒一杯茶给他，请他坐下，慢慢地讲。我们要耐心地听他们把话讲完，因为客人心中有怨愤，不通过发泄，他们的心里是不舒服的。我们的耐心有时可以使本来暴跳如雷的客人很自然地平静下来。我们耐心地听其投诉，也是为了弄清事情的真相，以便恰当处理。在听客人投诉时急于辩解和反驳是没有好处的，这样做的效果往往不好。因为客人的心理企求是我们接受他的意见，而不是来听我们的辩解或反驳。我们的解释在客人盛怒之时，可能会被认为是对他们的指责和不尊重，使客人越发受到刺激，问题反而不易解决，甚至有时会使客人带着郁积的不满愤然离去。听客人投诉时，应在适当的时候表现出对客人的同情，这样也容易使客人平静下来。

（二）以诚恳的态度向客人道歉

当客人向我们投诉时，我们切忌置之不理和与之发生争吵。有些人认为：客人投诉是他们“多事”或有意“找岔子”，有意和我们过不去，这是不应该的。如果我们处处能向宾客提供周到的服务，一般客人是不会来投诉的。因为我们的工作出现差错，或者客人有误会，他向我们投诉，是相信我们能处理好这件事，希望得到我们的帮助或希望我们改进工作。无论客人的投诉动机如何，客观效果上是有利于我们做好工作。如果一个人或一个单位不意识到自己的弱点，就很难改进工作。我们在接受客人投诉时，切不可认为只是对某个人的指责。我们的一些工作人员听不进投诉，往往认为客人是在指责自己。当客人前来投诉时，我们应当热情地以诚恳的态度，以自己是宾馆代表的身份去接待他们，欢迎他们的投诉、尊重他们的意见、向他们表达歉意。有时请职位高的经理或主管向客人道歉，也是一种有诚意的表示。这样做使客人觉得我们重视他们的投诉，满足了他们的自尊心，为完满处理他们的投诉铺平了道路。

（三）区别不同情况，在征得客人同意后做出恰当的处理

对一些看来明显是我们服务工作的过错，应马上道歉，在征得客人同意后做出补偿性处理。如客人投诉菜肴、饮料有脏东西，或上菜时菜已经凉了、冰淇淋端上桌已经化了，就要郑重地道歉，换上好的。征得客人的同意，是为了避免处理时不合客人意愿，反而使问题更加复杂化。如果上的菜不是客人订的，不要说是“听错了”或指责客人说错了，而应爽快地承认是自己的责任，马上去换。

对一些复杂的问题，在弄清真相之前，不应急于表态或处理，而应当有礼、有理，在客人同意的基础上做出处理。有“礼”，就是要在礼貌方面，不能对这类客人失礼；有“理”，就是清楚、明白地列出充分的理由说服客人，并在征得客人同意的基础上做出恰如其分的处理。例如，有位客人投诉说刚买的一台收录机是次品，要求退换。售货员在细心检查后发现是客人未能正确安放电池而造成收录机时响时不响，便耐心地向其解释，征得客人同意后才包装好商品送还客人。有的餐厅管理人员为了稳定吃完饭之后才抱怨菜品不好客人的情绪，免费向客人提供一杯饮料，以表歉意。

对待一时不能处理好的事，要注意让客人知道事情的进展。如客人一大早就投诉房间的空调坏了，我们不能不处理，要请修理部门解决。但由于没有配件，修理工不能马上修理好。遇到这种情况，我们就应当向客人讲清楚，让客人知道、明白他所提的意见已被我们重视，并已经安排处理了。这样可以避免客人误以为我们把他的投诉搁置一边。

知识拓展

茶的种类及饮用方法、习惯

我国是茶叶的故乡，以茶待客是我国的风俗习惯。涉外宾馆、饭店接待各国宾客，端茶送水是不可缺少的服务项目之一。然而，服务员不仅要把端茶送

水的服务工作做好，还应通晓茶叶的种类、产地、特点及不同国家与地区宾客所喜欢饮用的茶类、习惯和方法，使我们的服务工作能够达到尽善尽美。

一、茶的种类

茶分为五大类，即红茶、绿茶、花茶、乌龙茶、紧压茶（边销茶）等。

每一类茶中又包含着全国各地最著名的茶叶。

二、沏茶与泡茶的区别

沏茶就是把滚沸的开水倒入放好茶叶的杯（壶）里，然后盖好闷一下。

泡茶就是用落了开的水倒入茶杯（壶）里，然后盖好闷一会儿。

两种方法比较起来，泡茶较为合理。

因为茶叶内含的维生素C是怕高温的，它在50℃上就会遭受破坏，滚沸的开水一般都是在100℃，用这样的热水冲出的茶，维生素C将受到大量的破坏，所以，喝茶最好选用泡茶的方法。

三、饮茶习惯

红茶——云南、山东、安徽等地的人们一般爱喝红茶。红茶可以制成冰红茶饮用。美国和拉丁美洲人习惯饮用冰红茶。

绿茶——上海、浙江、江苏、江西等地的人，以及日本、朝鲜、摩洛哥、几内亚、尼日利亚等国的宾客一般喜欢饮用绿茶。

花茶——北京、天津、河南、四川、贵州等地的人及比利时、美国等宾客一般爱喝花茶。

乌龙茶——广东、福建等地的人特别喜好喝乌龙茶。以及中国港澳地区、东南亚地区的人们也偏爱喝。

砖茶——新疆、内蒙古、青海、甘肃、陕西等边远地区的人喜欢喝砖茶。

四、饮茶方法

(1) 清饮法，即不在茶水内添加其他调料的饮用方法。

(2) 保管好茶叶的首要问题是注意防潮。

(3) 最好放置在密封或避光的器皿内。

(4) 不得与异味物品一同存放。

复习思考题

1. 宾客到达前的准备工作包括什么内容?
2. 如何为客人提供开夜床服务?
3. 如何处理客人的遗留物品?
4. 代客修理物品应注意什么?
5. 贵宾服务应该注意哪些问题与细节?
6. 如何正确处理客人的投诉问题?
7. 客房部安全管理应该注意哪些方面的问题?
8. 客房部如何做到对服务质量的有效控制?

第 6 章　洗衣房服务

教学任务

重点讲述饭店洗衣房与布草房的基本布局、所用设备及管理方法；详细讲述洗衣房与布草房的基本操作流程及操作技巧。使学生能够独立完成洗衣房与布草房的基本操作。

学习任务

能够正确使用洗衣房各种洗涤设备并进行简单保养；能够运用适当的方法洗涤各种织物与客衣；能够规范地做好布草的分类、送洗、发放、盘点工作；能够掌握安全事故的预防和处理方法。

6.1　洗衣房服务

一、洗衣房的布局

洗衣房应最大限度地利用空间，节约能源，提高工作效率，减少噪音污染等负面影响。在选择洗衣房位置时，一定要充分考虑能源供应、噪音、排污及方便运行等问题。洗衣房的内部布局要根据其功能及洗涤流程设计，方便运行，提高效率。

洗衣房通常可分以下几个功能区：脏布草、脏衣物处理区，水洗区，干洗区，熨烫折叠区，内部办公区等。

(一) 脏布草、脏衣物处理区

脏布草、脏衣物与干净的布草、衣物，应从不同的出入口进出。送进洗衣房的脏布草需要分类，所以靠近进口处应留有分拣的地方，并配有打码机和称重器，以便衣物打码、编号、布草称重。

（二）水洗区

通常设在脏布草、脏衣物处理区的近旁。一般饭店配有容量不同的洗衣脱水机若干台。小型饭店如资金、房地有限，可配有两台小容量的洗衣机。洗衣机旁应放置烘干机。

（三）熨烫折叠区

应靠近干衣机，以便于对洗过、烘干的布草进行熨平、折叠处理。熨烫折叠区配有熨平机、折叠机等设备。

（四）干洗区

通常在洗衣房内单独划出，将所有与干洗有关的设备放置在一起，如干洗机、光面熨衣机、绒面熨衣机、人像熨衣机、抽湿机等。机器熨烫和人工熨烫部分相对集中在一起，最好靠近出口处。

（五）内部办公区

通常设在进出口处，办公区内设有洗涤用品储存室。

二、洗衣房的设备工具

饭店应根据自身规模、资金来源、洗涤业务等来配备洗衣房的设备工具，并合理使用设备工具，提高工作效率。

（一）机器设备

1. 湿洗机

主要用于洗涤床单、枕套、毛巾等布件，分全自动、半自动、机械操作三种，容量大小有50缸～140缸。洗衣房最好能同时配备大小容量不同的湿洗机，既保证大宗布件的洗涤效率，又能满足小件衣物的洗涤需要，节省能源。

2. 烘干机

经湿洗机洗净甩干后的布件及衣物仍含有较多水分，若直接整烫耗时、耗力，所以洗衣房应配置不同容量的烘干机。烘干机分电和蒸汽两种，饭店应根据能源供应情况进行选择。

3. 棉织品熨平机

专门用于熨烫床单、枕套、台布等面积较大的棉织品。其原理是通过蒸汽高温杠杆滚压，平整和干燥棉织品。新一代的熨平机只需人工将甩干后的棉织品平整送入熨平机传送带，机器便自动熨平、熨干、折叠，有些机器还能在折叠时辨别棉织品的洗净度和破损情况，不合要求会自动剔除。

4. 干洗机

干洗机用于洗涤不能水洗的衣物，工作原理同湿洗机，所不同的是除有主

洗机外，还增加了回收干洗液的装置。另外，现在普遍使用的干洗剂为有毒溶剂，所以还附有安全装置。

5. 人像熨衣机

人像熨衣机是根据熨烫的原理设计而成的，利用蒸汽和压力共同作用来达到平整、定型衣物的效果，由于外表酷似人型，所以称人像熨衣机。该机器用于一般的衣服的熨平，如西服、夹克、衬衣、运动衣等。机器的人型套袋肩膀可以根据衣物肩膀的大小进行手工调节，其胸部、腰、下摆也可以按需要调节，使用较为方便。

6. 绒面蒸汽熨衣机

绒面蒸汽熨衣机是根据熨烫原理而设计的，可以熨烫大部分的衣物，因而有万能熨衣机之称。该机器操作方便，熨烫质量好，省时省力。

7. 光面蒸汽熨衣机

光面蒸汽熨衣机是根据熨烫原理设计的，主要熨烫一些能耐一定温度和可直接加热的纤维织物，对纯棉、混纺或某些化纤类织物熨烫效果更好，具有省时、省力、效率高、熨烫质量好等优点。

8. 打码机

打码机专用于衣物的打码编号，是以加热的形式将不干胶打压到衣物上，打压的同时将编号印在不干胶片的正面，快速完成编号。打码机替代了将编号写在布条上，再缝在衣物上的繁琐工作。

9. 去渍台

去渍台用于布草衣物的去渍，在去渍台上能对织物各部位进行清楚地检查和去渍，与真空抽湿机配套使用。

（二）手工工具

1. 熨斗

几乎可以熨烫所有的衣物，特别适宜熨烫某些特殊的服装或衣物的某些部位，如肩、领等。洗衣房通常选用自动调温型蒸汽电熨斗。根据蒸汽的不同提供方式，这种电熨斗可分为两类：一是外接蒸汽式，由中央蒸汽系统提供蒸汽；二是内置蒸汽发生器，使用时不断补充水源即可。

2. 烫床

与熨斗配套使用，可以将整件衣物平铺在上面熨烫。

3. 烫台板

烫台板的面积只有普通烫床的1/3～1/4，熨烫西裤、裙子、衬衣等比较灵活方便。

4. 喷水壶

即普通市售喷雾式塑料喷水器，熨烫衣物时根据需要喷水。

5. 棉枕头

用棉花作枕心，外包软布缝制而成，作为垫子用在一些不规则形状的衣物部位，如某些衣物的肩部、胸部、裤腰等。棉枕头以长 15cm、宽 9cm、厚 5cm 为适宜。

6. 木手骨

用木板制成，木板以长 70cm、宽 12cm 为宜。上层木板垫有棉毯，用软白布包好并缝合，上下两板相隔 20cm 左右，熨烫衣物袖子等处时使用。

7. 去渍刷

用于刷除衣物上的污渍，有黑鬃刷和白鬃刷两种。黑鬃刷一般用于干性溶剂，白鬃刷用于湿性溶剂。

8. 刮板

是一种去渍的辅助工具，用来软化污渍，使去渍剂更易渗透到织物中。刮板可用骨头、金属或塑料制成。

9. 地磅秤

专用于称布草重量，根据布草重量投放洗涤剂用量以达到最佳清洗效果。

10. 桌子

洗衣房应配有若干张桌子，用于折叠布草、衣物。

（三）洗衣用品

1. 洗涤用品

（1）棉织品主洗剂。目前，通用的主洗剂均为有机合成类，除含碱外，还含有表面活性剂、过氧化氢、增白剂、泡沫稳定剂、酶制剂和香精等，pH 值等于 10。主洗剂有液体和粉状两种，液体主洗剂含有机成分多、易溶化；粉状除垢效果好（含碱量高），但不能完全溶化和均匀分布。全自动洗衣机最好使用液体主洗剂。

（2）化油剂。化油剂是专为洗涤餐巾和台布而配置的，与主洗剂同时使用。pH 值为 13～14。

（3）酸粉。一般为柠檬酸和醋酸，pH 值等于 3，有粉状和液体两种，用于中和碱。主洗剂的碱性在漂洗时不容易过清，因此，在棉织品洗涤最后一次过水时，加入适量的酸粉去中和碱，能使棉织品的 pH 值降至 6～6.7，以增加使用时的舒适度，延长棉织品的使用寿命。

（4）氧漂剂。过氧化氢漂白剂 pH 值等于 3～4。专用于彩色织物，主洗时适量加入，可避免碱对色彩的破坏作用，从而保持布件原有的光泽。

（5）氯漂剂。有次氯化钠和过硼酸两种，前者 pH 值等于 8～9，后者 pH 值等于 10，起漂白作用，主洗时适量加入。

（6）上浆粉。上浆粉主要针对台布、餐巾、某些制服等配置的，通过上浆，

能使被浆织物表面挺括，防止纤维起毛，有良好的观感，同时使被浆织物表面有一保护层面，可延长织物的使用寿命。洗衣房常用的有淀粉和聚乙烯醇两种浆料。淀粉价格低廉，在洗衣房使用广泛。聚乙烯醇的价格为淀粉的数倍，因其对合成纤维及纤维素纤维有良好的上浆性能，所以多用于小批量衣物的上浆，一般不用于台布、餐巾的上浆处理。

（7）柔软剂。洗衣房的织物水洗属于工业形式洗涤，通过洗涤，织物可达到良好的清洁，但有明显的粗糙手感，如床单、内衣，尤其是毛巾，使用时会使人的皮肤有不适之感，柔软剂是为解决这一问题而配置的。在洗涤的最后一次过水时加入适量的柔软剂，可使织物表面和内部平滑，增加其柔软感。

（8）干洗剂。四氯乙烯专用于干洗织物。目前饭店使用的四氯乙烯主要是进口的。国产四氯乙烯为工业用料，并非专门为织物洗涤而研制生产，所以杂质较多，对织物纽扣的腐蚀性较严重，不适于蒸馏织物。

（9）领洁净。用于清洗衣物污渍，可洗去油斑、色斑和其他脏迹，洗前使用不影响衣物色泽。

2. 服务用品

（1）衣架。洗衣房应备有一定数量的大衣架、衬衣架及裙裤架，以便挂衣。

（2）包装袋。主要用于包装客衣，分别有小包装袋（用于小件衣物）、衬衣包装袋（用于衬衣）、吊挂包装袋（用于外套）。

三、洗衣房洗涤服务

（一）棉织品洗涤要求

对饭店棉织品的洗涤是洗衣场最重要也是最主要的工作内容，洗涤效率的高低和洗涤效果的好坏直接影响着一线部门的服务。

在使用棉织品之前必须先下水洗涤，洗涤棉织品应按照棉织品的洗涤标准，定时、定量加放洗涤原料，洗涤餐厅、客房的棉织品不宜同其他纺织品一起洗。

棉织品的抗高温性能好，可用各种肥皂或洗涤剂洗涤，洗涤温度由植物的颜色而定，但水温不得超过85℃。深色布件不要在洗涤液内浸泡过久，以免颜色受到破坏。纯棉制品可用各种洗涤工具，但应根据织物组织的特点进行操作；棉花织品不宜用硬刷强力刷洗，以免布面起毛或撕破。

饭店常用的棉织品分为两大类：一是客房用棉制品，有床单、枕套、毛巾、床罩等；二是餐厅用棉制品，有台布、口布、餐巾等。

客房用棉织品的洗涤要经过预洗、主洗、漂洗、过水、脱水、整熨、折叠等过程。毛巾与床单、枕套不同的是，毛巾分为白色和彩色，白色需加漂白粉，彩色需加过氧化氢漂白剂，以保证色彩的新鲜；另外，在最后一次过水时加入酸粉，同时，加入柔软剂，烘干时只能放入相当于机器容量的30%的布巾量。棉织品烘干后应立即取出叠好，放在货架上搁置一段时间，以利其散热透气，应避免时间过长而对织物造成损害，洗涤后的床单要清洁、平整、洁白，毛巾清洁、柔软、手感舒适。

餐厅用棉织品的洗涤。餐巾和台布的洗涤要求较高，除要求洁净无破损、无污点外，还要求平整和挺括，洗涤难度较大。餐巾和桌布的洗涤要经过主洗前浸泡、预洗，在主洗时应适量加入化油剂以彻底去污。其他方法同客房棉织品的洗涤，在第三次过水时应适量加入上浆，以保证经过熨烫后的硬度。

（二）客衣洗涤注意事项

在承接客衣洗涤时，应注意以下几个方面的问题：

（1）满足客人对洗涤的时间要求和对洗涤的质量要求。

（2）收送客衣时要认真分类、检查、清点和整理，核对编号、包装等。

（3）检查客衣内是否有遗忘在口袋内的物品，如有钱财要及时登记，归还给客人。

（4）洗涤前检查客衣件数是否与洗衣单填写的件数相符，如发现有问题要及时与客人取得联系。

（5）尽可能避免因洗涤造成的客衣损坏或丢失现象。

（6）客衣洗涤前，要在衣物的显眼处打号，同一份衣物号码要一致，避免将客衣送错房间。

（7）洗涤时要注意辨认面料，熨烫洗衣物要达到不起皱的标准，温洗后的客衣要做到干净完好、不染色。

（8）对客人提出的特别要求应尽量给予满足。

（9）纠正客人提出的错误洗涤方法和要求。

（三）常用的去污方法

（1）机械油：可先将污物浸在汽油内用手轻轻揉搓，取出后用毛巾在污渍处悄悄用力擦拭；还可用米糠擦洗，效果也不错，取米糠50克，用水淋湿，涂到沾有油污的地方用力揉搓，然后用清水洗净即可去除油渍。

（2）食用油：可选用较优质的汽油，面积大的油渍要放入汽油内揉搓，然后用温洗涤液洗净；面积小的油渍可用软毛刷或干净的布蘸少量汽油轻轻擦拭，如有汽油圈痕，可用喷壶扩大面积喷少量汽油，再用干毛巾或布稍用力擦拭，圈痕即除。

（3）油漆：沥青、柏油污渍用苯或汽油洗涤。污腻陈旧时，可将脏的地方浸在醚与松节油的混合溶液中（混合比例为1∶1），污渍泡软后揉搓几下，再用苯或汽油洗除，最后用温洗涤液洗除残痕。

（4）鞋油：用挥发油擦拭，然后用洗涤液洗去残痕。白色棉织品用汽油湿

润揉搓后，再用10%氨水或含氨的浓皂液搓洗，最后用温净水投洗干净。

(5) 铁锈：用1%～2%的温草酸液洗，清水漂净。白色棉织品与棉交织的白色织品沾上铁锈，可在污渍处放上一小粒草酸，滴上些温水，不停地来回拨动，待污渍去掉后即用清水漂洗干净。

(6) 水果、瓜汁渍：新沾上的水果、瓜汁渍可马上浸入食盐水内搓洗。如有痕迹，再用冲淡20倍的氨水洗，最后用洗涤剂洗。白色棉织品还可用次氯酸钠漂白，然后投洗干净。

(7) 汗渍：有效的去除方法很多，一般是把衣服上有汗渍的地方浸入较浓的食盐水中约3小时，然后用洗涤液洗去，用5%的醋酸溶液和5%的氨水轮流擦拭汗渍处，然后冷水投洗干净，用生姜汁或冬瓜汁擦洗。

(8) 咖啡、茶渍：先用冷水浸泡半小时左右，再用温洗涤液洗除，如还有残痕，可用水、几滴氨水和甘油制成的混合液洗除。丝、毛和丝毛混纺织物不用氨水，用10%的甘油溶液洗除。

(9) 血渍：血渍中的主要成分是蛋白质，遇上热就凝固，所以去除时要在冷水内进行，先浸泡，再擦些肥皂反复揉搓即除。

(10) 墨渍：新渍先用温洗涤液洗，再用米饭粒涂于污处轻轻揉搓即除；也可浸在冷水内用枣肉或芯草洗除陈渍。也是先用温洗涤液洗一遍，再把1份酒精、2份肥皂和2份牙膏制成的糊状物涂在污处，双手反复揉搓亦能除去。

(11) 圆珠笔油渍：将污渍用冷水浸湿，用苯或氯化碳擦洗；也可先用冷水浸湿，涂上些牙膏加少量肥皂轻轻揉搓，如有残痕再用酒精洗除。

(12) 碘酒：浸入酒精或热水中使碘溶解，然后洗涤。也可将小苏打或淀粉调成糊状，薄薄地涂在污处，呈蓝色后，用肥皂或清水洗去。

四、洗涤设备的安全操作及保养

洗衣设备是饭店的重要组成部分，在资金投入上占有较大比重；另一方面，设备能否正常运转，直接关系到客房和前台能否正常服务。对机器设备进行正确的安全操作和保养，不仅可以减少维修次数，确保操作人员的安全，延长机器的使用寿命，降低成本，而且对确保客房和前台的服务工作正常运行具有重要意义。因此，对洗衣机器设备的使用，应遵循洗涤安全操作规程，注意洗涤设备的保养。

(一) 电熨斗安全操作规程

(1) 上班后检查电熨斗总开关，合闸；

(2) 检查电熨斗是否放在烫台的右侧；

(3) 查看电熨斗下是否有隔热板；

(4) 检查电熨斗插销接口是否有漏电的隐患；
(5) 查看脚下是否有绝缘毯；
(6) 根据衣料所需温度将电熨斗插销插入电熨斗；
(7) 检查要烫的衣服有无破损，有无怕烫部位，有无杂物；
(8) 工作中注意力集中，不得聊天，防止烫伤；
(9) 熨衣过程中不脱岗，有事请假，并及时拔电熨斗插销；
(10) 运道停电时要及时拔下电插销，防止意外；
(11) 熨衣时如发生漏电现象，应及时报告；
(12) 熨衣工要维护好自己的熨衣设施，注意保养、维修；
(13) 非熨衣员工不得随意使用车间的电熨斗。

(二) 汽熨斗、汽熨台安全操作规程

(1) 上班后检查电源开关，打开汽闸，检查汽管是否漏气；
(2) 查看汽熨斗的抽风设备是否正常；
(3) 查看机器是否有异常情况；
(4) 工作时先排水蒸气；
(5) 操作时注意观察气压表，防止气压过大；
(6) 检查汽熨斗的开关是否有漏气现象；
(7) 检查汽管与汽熨斗的连接处是否有漏气现象；
(8) 使用时注意观察汽管有无老化现象；
(9) 发现不安全隐患马上关闭汽阀门；
(10) 使用后的汽熨斗要放入托盘内；
(11) 无关人员不得随意使用汽熨斗和熨台；
(12) 先断气，后断电，并检查有无隐患；
(13) 所有使用汽熨斗和汽熨台的员工，要注意警告牌的提示。

(三) 汽熨斗安全操作规程

(1) 班前打开人像汽熨斗的总电闸；
(2) 检查压力表是否正常；
(3) 试操作人像汽熨斗的给汽、回风是否正常；
(4) 检查给气、回风开关是否失灵；
(5) 工作时严格按操作规程进行；
(6) 吹烫衣物时，给气、回风要配合好；
(7) 工作时要专心，防止烫伤；
(8) 水烫衣物时要注意保持人与人像汽熨机的距离；
(9) 发现漏水、漏气、生锈的管道，要及时报修；
(10) 非专业人员严禁使用人像汽熨机；

(11) 保持地面干爽，防止滑跌；

(12) 开关门窗时要注意脚下的热气管道。

(四) 干洗机安全操作规程

(1) 上班前检查干洗机，打开电源，打开凉水开关；

(2) 检查蒸气阀门是否正常；

(3) 检查干洗机内有无遗留物；

(4) 按干洗机的负荷量装车，不能超载运行；

(5) 开关门时要注意不能夹住衣物；

(6) 机器停稳，自然冷却后方可打开机门取出衣物；

(7) 非专业人员不得私自拆卸、操作干洗机；

(8) 投放各种原料严禁遗漏；

(9) 保持地面干爽无水，防止滑跌；

(10) 干洗机要有专人负责，机器开动后操作人员不得脱岗；

(11) 干洗车间内不允许堆放易燃物品。

(五) 烘干机安全操作规程

(1) 班前打开电源，查看顶部情况，查看有无异物；

(2) 检查机内是否有遗留物；

(3) 试运行一分钟，观察有无异常情况；

(4) 按规定的重量装车，太湿的布草不能装车；

(5) 开关机器门时不得夹住布草；

(6) 机器运转时不得用手查看布草的干湿情况；

(7) 无关人员禁止接近烘干机左右，以防烫伤；

(8) 按规定掌握烘干温度；

(9) 待机器停稳，布草自然降温后方可大批卸布草；

(10) 夏季卸车人员需穿长袖衫，防止烫伤；

(11) 有易燃气味的物品，严禁使用烘干机；

(12) 供汽管道要有专业人员负责检查；

(13) 烘干机的顶部严禁放各种物品；

(14) 待机器自然降温后，拉闸断电，方可离去。

(六) 拍平机安全操作规程

(1) 上班前打开拍平机总电闸；

(2) 检查机器管道接口处有无漏气现象；

(3) 检查压力表是否正常；

(4) 试操作拍平机，检查是否有异常；

(5) 工作时严格按操作程序进行；

(6) 拍烫衣服时，给气、回风要配合好；
(7) 工作时要专心，不得聊天、谈笑，防止烫伤；
(8) 操作时地面要干爽，以防摔倒烫伤；
(9) 开关门窗时要注意脚下的热气管道；
(10) 非专业人员禁止使用拍平机，不得串车间；
(11) 发现有漏气、漏水现象，要及时汇报。

(七) 甩干机安全操作规程

(1) 班前打开电源，检查设备；
(2) 检查机器内是否有遗留物品；
(3) 试运行甩干机一分钟，查看有无异常；
(4) 查看刹车手闸是否正常；
(5) 按规定装车，并将棉织品码放均匀；
(6) 按动开关时应保持手部干爽；
(7) 机器运转时发现异常情况及时停车；
(8) 机器启动时需盖好防护盖；
(9) 机器运转时人同机器应保持一定的距离；
(10) 卸车时待机器停稳后方可用手取棉织品；
(11) 取出衣物后，检查机内是否有遗留物品。

(八) 水洗机安全操作规程

(1) 班前打开电源，检查蒸汽、压力、水是否正常，并打开开关；
(2) 检查机内是否有遗留物；
(3) 检查机器设备是否正常，并试运行三分钟；
(4) 操作时保持地面干爽无水，防止滑跌；
(5) 洗水工工作时着工装，穿雨鞋；
(6) 按规定装车，不允许出现超载现象；
(7) 开关门时要注意不能夹住棉织品；
(8) 开关水时，要注意热气、热水以防烫伤；
(9) 机器停转后方可打开机门；
(10) 发现异常情况应立即停机，查明原因；
(11) 非专业人员不得私自拆卸机器；
(12) 洗衣机的机器盖要放在指定地点；
(13) 投放各种原料严禁遗漏；
(14) 机器要有专人负责，机器开动后，操作员不得离开岗位。

(九) 压平机、折叠机安全操作规程

(1) 上班前检查电源开头，打开电闸，气压开关；

(2) 检查机器阀门、汽管及开头是否漏气，查看气压是否正常；

(3) 升瓦开车运转，试运行三分钟方可使用；

(4) 操作时按程序进行，不同的布草采用不同的速度；

(5) 入活时专心，不生拉硬扯已进入机内的布草；

(6) 女员工头发不可过肩；

(7) 接活时禁止用手出没折叠机的回轮处；

(8) 发现问题应立即停车，及时上报；

(9) 掉入压平机内的布草，取出时必须停车；

(10) 地面保持干爽无水，防止跌滑；

(11) 供汽阀门、管道要有专人负责检查；

(12) 机器运转时无关人员不可靠近机器。

(十) 做好洗涤设备的保养

(1) 不可使机器在超载情况下运行，机器超载运转是最致命的损害；

(2) 每台机子有专人负责，专人使用；

(3) 定期对机器进行检修，防患于未然；

(4) 配备专职检修工对机器进行维修保养，每日开机前检查机器是否运转正常，不让机器带病运转，每天停机后对机器进行擦拭，清除布灰和线头等，转动部位加油，同时切断电源和气源；

(5) 定期检查水质；

(6) 备有常用的零配件，定期给机器检修。

五、洗衣房的质量控制与设备管理

饭店洗衣房每天都要洗涤大量的布草、员工制服及客衣，任务繁重，要达到良好的工作效率和质量，必须加强对洗衣房的控制与管理。

(一) 质量控制

洗衣房洗涤质量主要包括两个方面的内容：一是出品质量，即洗烫、包装的质量；二是服务质量，指对顾客的服务质量。

1. 出品质量

(1) 明确各类出品的质量标准。洗过的布草衣物如何才算是符合质量要求，不少饭店没有明确的标准。由于洗衣设备欠佳、洗涤技术不过关、员工培训不到位等原因，洗过的布草发灰泛黄、衣物洗不干净是洗衣房常见的问题。因此，要保证出品质量，首先应明确质量标准。衣物洗涤的出品质量应无异味、无串色现象，无明显可洗脱的污渍，无变形、缩水、脱线，无熨烫的双重折痕和不平整现象，无灰尘污染。

(2) 制定质量保证计划和制度。这是为落实洗衣房出品质量要求而制定的可靠的技术和组织措施。主要包括：资金投入计划、洗衣设备维护保养制度、员工培训计划、洗衣房运行流程设计、员工培训计划、安全生产制度、质量管理计划等。

(3) 加强工序、步骤的质量控制。洗衣房内部分工比较明确，每一出品的洗烫工作都有一整套工序（程序），每一道工序里又可分为多个步骤。如床单的洗涤，需经过收取、点数、运送、洗涤、熨烫、整理送回等多道工序，而整理工序中又包括检查、折叠等小步骤。要确保出品质量，必须道道把关、步步控制，明确每一道工序的质量标准，加强对每一道工序、每一个步骤的质量控制。

(4) 建立完善的质量保证体系。完善的质量保证体系，是洗衣房质量管理高水平的重要标志，其根本任务是通过对洗衣房产品质量的检验，保证出品的质量。

部门建立个人自我检查、互相检查、管理人员抽查、质检员全面检查制度。

1) 自检。各工序完成某一工作时，应做自我检查，发现问题及时处理，为下一道工序提供良好的出品质量。

2) 互检。是下一道工序对上一道工序出品的再检查，以弥补上一道工序的某些遗漏与失误，与自检形成双重质量控制。

3) 抽检。是洗衣房管理人员对各工序的出品或成品做随机性检查，以及时找出问题，加以改进。

4) 全面检查。大型饭店洗衣房通常设有质检员，负责全面检查各类布草、衣物出品的质量；定期或不定期地举行质量分析会，由洗衣房各工种人员及饭店其他相关部门人员参加；管理人员必须在出现出品质量问题后，及时查找原因，并提出整改措施，限期改进。造成事故的当事人，必须填写《事故登记表》并存入部门档案。

2. 服务质量

洗衣房服务质量的优劣，关系到客人的满意程度、饭店的形象、声誉及日常运转效率。客房部管理人员对此应予以足够的重视。

洗衣房的服务对象包括外部顾客（客人）和内部顾客（饭店其他部门及员工），洗衣房作为二线部门，每天要洗涤大量的床单、枕套、毛巾、口布、台布、员工制服及客衣等，没有良好的服务意识及态度就不可能提供优质服务。

(1) 制定服务质量标准。为保证服务质量，洗衣房应制定有关服务质量标准，以此考核培训员工。

(2) 强化“顾客第一”观念。不论是对外部顾客还是饭店内部顾客，洗衣房员工都要树立“顾客第一”、“下一道工序是顾客”的观念，生产顾客满意的产品，提供顾客满意的服务。管理人员应通过多种途径、采用多种方式强化员

工的服务意识。

(3) 讲信誉、创品牌。从经营的角度，洗衣房尤其是对社会营业的洗衣房在服务质量控制上应讲究信誉、创出品牌，为饭店争得更多的效益。

(二) 设备管理

加强对设备的管理，既可以减少维修次数、延长设备的使用寿命、降低成本，又能保证前台工作的正常运转。在大多数饭店，洗衣房设备的管理一般由工程部负责，但洗衣房管理人员及员工也应懂得设备管理，在日常工作中与工程部密切合作，确保设备的正常运行。

1. 做好固定资产管理

洗衣房设备属于饭店的固定资产，建立设备账卡档案，是做好设备管理的基础工作。

2. 加强设备使用前的培训工作

洗衣房设备操作技术性较强，在使用前应做好员工的培训工作，使员工掌握设备的性能、操作技术和相关的维护知识。员工经培训合格后才能上岗操作。此项培训工作最好由设备供应商承担，也可由饭店专业人员负责。

3. 制定设备操作规程

为了确保设备的正常运行，操作设备必须按照一定的规程进行。

4. 建立设备维护保养制度

不同的洗烫设备应根据其保养要求，建立相应的维护保养制度，对设备进行有计划的保养，以保证并延长设备的预期寿命。

以下是××饭店洗衣房设备维护保养制度：

(1) 设备维护保养方法。所有设备均由专人负责并报办公室备案（人员可定期轮换)，并签订责任状。

(2) 设备清洁保养标准。

- 设备周围地面清洁整齐。
- 设备内外凡是可以清洁到的部位，要求无灰尘、无油污、无杂物。
- 清洁设备的顶部。
- 电器部位只清洁表面，不得随意清洁内部，以免发生危险。
- 需要更换的附件，如衬垫、人像机罩等，应及时报告上级，进行更换。
- 合理安排设备负荷。

洗衣房设备都有一定的运转负荷，做好设备管理，应合理安排设备的负荷，既不能使设备长期闲置，造成损耗浪费，又不能使设备超负荷运转，影响设备的使用效果和使用寿命，严重的还会引起安全事故。

(3) 设备清洁保养项目及要求（见表6—1)。

表 6—1　　设备清洁保养项目及要求

设备名称	清洁保养项目	要求
水洗机	投料器 机器表面	每天清洁 每天清洁
烘干机	接尘器尘毛	每天清除
干洗机	机器表面 接尘器 主轴 风扇电机	每天清洁 每天加油 每天加油 每天加油
工衣夹机	机器表面 衬垫	每天清洁 损坏或用脏后及时更换
空气压缩机	排水、放气	每天进行
人像熨衣机	人像机罩 机器表面	用脏或破损后及时更换 每天清洁
熨平机	机器表面 传动部位	每天清洁 每天或每周加油一次
各类熨衣机	机器表面 衬垫	每天清洁 用坏或用脏后更换
打码机	机器表面	每天清洁
吸湿机	机器表面 排放冷却水	每天清洁 每班后排放
电熨斗	底座及表面	每天清洁

(4) 建立检查监督制度。设备清洁保养由专人完成，领班督促检查，主管及部门经理不定期地进行抽查。

(5) 建立奖惩制度。凡清洁保养不符合质量要求的员工，第一次给予口头警告，第二次给予书面警告并存档，第三次填写过失单。成绩显著者，由部门给予表扬并酌情奖励。

(三) 安全管理

部门安全管理是洗衣房管理的一个重要方面，洗衣房必须在确保员工安全、设备和饭店财产安全的基础上进行高效生产。

1. 建立安全生产管理责任制

为加强员工责任心，确保安全生产，洗衣房应建立岗位安全生产责任制，将安全管理落实到每个岗位上去，做到人人重视安全、保证安全生产。

以下是××饭店洗衣房消防队岗位责任制：

(1) 洗衣房消防队员组织编制。

队长：洗衣房经理×××

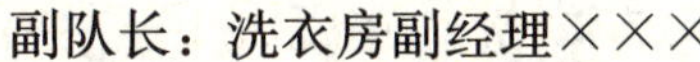

副队长：洗衣房副经理×××

队员：××× ×××

(2) 消防队消防工作方针：预防为主，防消结合，加强宣传，组织落实，措施落实，定期培训。

(3) 消防队员消防工作原则：谁在岗谁负责，谁主管谁负责。

(4) 消防队消防岗位责任制：消防队队长、副队长每天必须检查、巡视洗衣房，一天两次，上下午各一次，发现问题及时处理。

(5) 考核上岗。

每天下午 17：00 至次日 8：00 由值班人员自行代理队长职责，做巡视检查。

2. 制定安全管理制度

制度是确保安全管理的一项重要措施，洗衣房安全管理制度包括安全生产守则、安全生产检查制度、消防安全制度、安全操作制度等。有了相应的制度，客房部还要运用行政和经济手段确保安全制度的实施。

3. 加强员工的安全教育

管理人员应定期对洗衣房员工进行安全教育，使每个员工都明白安全生产的重要性、熟悉各自岗位的安全生产管理制度、掌握对不安全问题的应对措施。新员工上岗前，首先应接受整体的安全生产教育，再进行岗位安全培训教育，考核合格后才能上岗。为了强化员工的安全生产意识，洗衣房可不定期地举办安全管理讲座、安全知识竞赛、安全防火实地演习等活动。

4. 制定劳动卫生措施

为消除洗衣房生产中潜在的危及员工身体健康的不卫生因素，预防职业病，保证员工身体健康，管理人员应制定相关的劳动卫生措施，并加以落实。

5. 现房防护

采取治理措施，改善作业现房条件，尽量避免有毒、有害物质危及员工健康。如通风系统性能良好，保持空气流畅；操作者严格遵守操作规程；尽可能选择无毒性或毒性小的洗涤剂；做好设备管理。

6. 个体防护

洗衣房应给相关岗位的员工配备个人防护用品，如防毒面具、手套等，防止有毒、有害物质进入人体。

相关链接

表 6—2 为洗衣房常见问题及解决方法。

表 6—2　　洗衣房常见问题及解决方法

问题	原因	解决方法
色泽昏暗	1. 洗涤剂量太小。 2. 洗涤周期中温度设置太低。 3. 分拣马虎，发生污秽物互染。 4. 渗色。	1. 增加洗涤剂，加入漂白剂。 2. 提高水温。 3. 增加洗涤剂重新洗涤，水温设置最高限。使用合适织物的漂白剂。实行适当的分拣程序。 4. 别做脱水处理。使用洗涤剂与漂白剂重新洗涤。更仔细分拣不同的织物。新用的织物最初几次单独洗涤。
色泽发黄	1. 洗涤剂量不足。 2. 洗涤周期中水温太低。 3. 洗涤羊毛、丝绸或氨纶制品时使用了含氯漂白剂。	1. 增加洗涤剂量或使用酶制剂或漂白剂。 2. 提高水温。 3. 发黄的物品无法复原。今后避免使用含氯漂白剂洗涤此类物品。
锈斑	供水、管道或水加热器中含铁和（或）锰。	使用除锈产品重新洗涤，不要使用含氯漂白剂。为防止今后此种污染的发生，在水源中使用水软化剂，以中和水中的铁和锰。若管道发生铁锈，用热水冲洗管道几分钟。间或排出加热器的水，清除锈垢。
蓝色污迹	洗涤剂或织物柔软剂中的蓝色色素未完全散去。	对洗涤剂造成的污迹，可将织物置于塑制水槽或容器中用 1 份白醋加 4 份水的溶液浸泡 1 小时。对柔软剂造成的污迹，用肥皂擦揉织物，再用水洗净。为防止锈迹，可在衣物放入洗衣机前先放入洗涤剂，然后启动洗衣机，以确保洗涤剂与水更充分地混合。织物柔软剂使用前先稀释。
去除污迹的效果差	1. 洗涤剂量太小。 2. 水温太低。 3. 超洗衣机载荷装载。	1. 增加洗涤剂量。 2. 提高水温。 3. 每次减少一点装载量，恰当分拣织物，使用适量洗涤剂，设置合适水温。
油污斑斑	1. 洗涤剂量太小。 2. 水温太低。 3. 未经稀释的织物柔软剂与织物发生接触。 4. 加催干剂的柔软剂。	1. 用洗涤前使用的污迹去除剂或洗涤液加以处理；增加洗涤剂量。 2. 提高水温。 3. 用皂块擦揉织物后用水洗净。织物柔软剂经稀释后再放入洗衣机使用。 4. 用皂块擦揉织物后用水洗净。避免洗衣机一次装载量太小，避免不恰当调节干衣机设置及干衣机温度过高。
粉状残留物（在暗色或亮式织物上特别明显）	1. 洗涤剂未溶解。 2. 无磷颗粒状洗涤剂与水中矿物质结合生成残留物。	1. 放入衣物前先加入洗涤剂，然后启动洗衣机。 2. 用 1 杯白醋加 1 加仑温水的混合液去除污迹。将织物放入塑制容器或水槽中漂洗。为防止产生残留物，改用洗涤液。
织物发硬、褪色或受磨损	无磷颗粒状洗涤剂与水中矿物质结合生成残留物。	用 1 杯白醋加 1 加仑温水的混合液去除污迹。将织物放入塑制容器或水槽中漂洗。为防止产生残留物，改用洗涤液。

续前表

问题	原因	解决方法
棉绒	1. 分拣不恰当（将起绒的织物与其他织物混合在一起）。 2. 围裙或工作服口袋里的手巾纸。 3. 超载荷装载洗衣机与干洗机。 4. 洗涤剂不足。 5. 洗衣机绒毛滤器或干洗机绒毛筛网阻塞。 6. 织物过干产生静电吸附棉绒。	1. 使用遮蔽胶带或透明胶带，使织物干燥并轻轻拍打织物，重新洗涤，最后漂洗时使用柔软剂。分拣更仔细，以防止此类问题的发生。 2. 洗涤前检查口袋。 3. 减少洗衣机与干洗机的一次性装载量。 4. 增加洗涤剂。 5. 清洁滤器与筛网，重新洗涤织物。 6. 用柔软剂重新洗涤织物。在织物未干透前将它们从干衣机中取出。
出现孔、洞或撕裂	1. 含氯漂白剂使用不当。 2. 未拉上拉链、未扣上钩状扣或皮带搭扣。 3. 洗衣机内有毛口。 4. 洗衣机过量装载。	1. 始终使用漂白剂分洒器，并用4份水将漂白剂稀释。绝不能将漂白剂直接倒在织物上。 2. 拉上拉链，扣好钩眼与皮带搭扣后再进行洗涤。 3. 每周对洗衣机做一次检查并做必要的修理。 4. 避免超负荷装入洗涤物品。
褪色	1. 织物染色不稳定。 2. 水温太高。 3. 漂白剂使用不当。 4. 未稀释的漂白剂直接倒在织物上。	1. 洗涤前测试织物褪色的程度。新用织物单独洗涤。 2. 使用较凉的水。 3. 测试织物褪色的程度。使用含氧漂白剂。 4. 稀释漂白剂。
起皱	1. 未使用正确的洗涤周期。 2. 超载荷装载洗衣机与干衣机。 3. 干衣过度。	1. 使用耐久压烫周期洗涤，设定较凉水温，及时将织物从干衣机中取出，并马上进行折叠。 2. 不要超载。 3. 将织物放回干衣机，设定耐久压烫周期后运转15～20分钟。高热与冷却时间将消除折皱。及时将所有织物从干衣机中取出。
缩小	1. 织物过干。 2. 织物缩水率。 3. 对羊毛制品的搅动。	1. 减少干衣时间，并在织物微湿时取出。在微湿时将折皱拉平（尤其是棉制品）使其恢复原状，干后平整。 2. 购买织物时将缩水率考虑进去。 3. 在洗涤与漂洗周期中设定较低的搅动力度，常规的旋转不会造成织物的缩小。
起球粒	合成纤维织物经磨损自然起球粒。	使用织物柔软剂防止不必要的磨损，并喷洒淀粉浆或织物抛光剂。

6.2 布草房的运行与管理

布草是旅游饭店业对棉织品的一种专称。在饭店经营活动中，无论有无店属洗衣房，布草房都是必须设立的，其主要功能是负责饭店所有布草、制服洗涤后的交换业务，保证饭店布草、制服的及时供应。布草房的管理水平和服务质量直接影响到饭店经营活动的开展。因此，饭店应加强布草房的管理工作，力求减少费用、降低成本，为饭店提供良好的后勤服务。

一、布草房的布局

布草房通常分为棉织品房和制服房。为利于布草的运送，棉织品房一般设在洗衣房附近；制服房则设在邻近员工更衣室、员工浴室之处，以方便员工交换制服。

布草房主要包括收发区、贮存区、加工区和内部办公区。饭店要根据不同区域的功能，合理地进行内部布局，以方便运转，提高效率。

(1) 收发区应设在邻近布草房门口的地方，有些饭店设有开放式的收发台，且收发台设计成可活动式的，以便于布草的交换。收发区应备有布草分拣筐。

(2) 贮存区是布草房的主要功能区，配有棉织品架及制服架，设在收发区的内侧。

(3) 加工区一般设在布草房的里侧，靠近窗户、自然采光比较好的地方，或室内灯光比较明亮之处。加工区配有缝纫机和工作台。

(4) 内部办公区通常设在收发区附近，以便控制管理。

二、布草房的设备用品

(一) 棉织品架

棉织品架用于存放床单、枕套、毛巾等棉织品，应设计成开放式的，以利棉织品通风散热。棉织品架上需贴有标签，注上分类号，以方便查找。

(二) 挂衣架

制服房需配有若干高低不同的挂衣架，衣架杆上最好有固定挂钩并标有工号或姓名，以利制服对号上架。工号或姓名可按数序或姓名拼音字母顺序排列，以方便存取，提高效率。

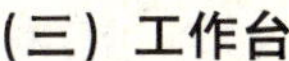

（三）工作台

棉织品房及制服房应配有若干工作台，用于收发、登记、临时放置布草。

（四）缝纫机

布草房配有若干台缝纫机、锁边机等缝纫设备，以供缝补加工布草、制服之用。

（五）布草分拣筐

用于分拣棉织品及制服，一般是塑料制品，也可用竹制的或柳编制品。

（六）叉衣杆

制服房应配有叉衣杆若干个，长短可灵活调节，用于挂取制服。

（七）包装袋

制服房应备有大小不同的包装袋，用于存放制服。

（八）表格

布草房的各类表格用于记录布草房的运行情况。

三、布草房的运行与管理

（一）布草房的运行流程

布草房每天需收发大量的布草、制服，工作任务比较重，为保证运行效率必须科学合理地设计布草房各项工作的运行流程。

1. 布草的收发

（1）客房布草的收发。

1）楼层提出申请。每天由楼层客房服务员根据出租率提出“每天楼层布草需求单”，并交领班核准签名。

2）配货。布草收发员根据需求单上的需求品种和数量准备干净布草待运。

3）运送。用布草车将配好的干净布草送到楼层。

4）签收。布草收发员将送到楼层的干净布草与需求单一起带到楼层，让该楼服务员核对，并在需求单上签收。

（2）餐厅布草的发放。

1）接收。布草收发员逐一点收餐厅脏布草的品种、数量并做好记录。

2）发放。收发员按记录本上的数量逐一清点，发放干净布草。餐厅布草一般采用“以一换一”的发放方法，即以脏布草换回同等数量的干净布草。

3）签收。餐厅服务员在领取干净布草后，要在表单上签字。

2. 制服的领换

（1）制服的领发。

1）申领。由申领部门填写“制服申领单”，注明员工的部门、工种，部门经理审批。

2）发放。制服房根据员工身材准备制服，可能需要加工或改动制服的肥瘦、长短。员工试穿合适后，将号码标记在制服上，并将配套的其他物件按规定统一发给员工。一套制服交员工自己保管，另一套由制服房保存。

3）记录。将发放制服情况登记在“员工制服登记卡”。

（2）制服的换洗。

1）收取脏制服。制服房服务员将员工送洗的脏制服清点准确。

2）分类。将脏制服分类并放入不同的布草分拣筐内。

3）发放干净制服。取出相应的干净制服（干净制服与脏制服号码须一致），员工领用时，再次核对，并送交员工手中。

4）换洗制服应按规定时间进行。

（3）布草的修补加工。

1）检查。从洗衣房返回的所有布草和制服，都要彻底检查是否有破损。

2）修补。能够修补的布草、制服，都要交缝纫工做必要的缝补。

3）鉴定。所有低于标准的布草，都要经客房部经理鉴定后，才能决定是否继续使用或作报废处理。

4）加工。将可再利用的报废布草进行加工，改制成婴儿床单、枕套、洗衣袋等。

3. 布草的盘点

（1）客房布草的盘点。

1）通知。预先通知有关部门及人员做好准备。

2）清点。对所有布草进行清点，包括贮存在楼层工作间、工作车和洗衣房、布草房的布草。根据不同的规格，在同一时间段内对所有项目进行清点。清点时，需停止布草的流动，防止漏盘和重盘。

3）记录。将全部盘点结果填写在盘点表上。

（2）餐厅布草的盘点。

1）通知。预先通知餐饮部和洗衣房、布草房做好准备。

2）清点。检查餐饮部存放的脏布草和干净布草。根据不同的规格、颜色，在同一时间内对所有项目进行清点，盘点时要停止布草的流动，防止漏盘和重盘。

3）记录。将全部盘点结果填写在盘点表上。

4. 布草的报废与再利用

（1）提出申请。因下列情况布草可以申请报废：

1）布草破损或有无法清除的污迹。

2）使用年限已到。

3）统一调换新品种、新规格等。

通常由布草房主管核对需报废的布草，并填写报废单。

(2) 审批。布草的报废由洗衣房经理或客房部经理审批。

(3) 报废布草的处理。报废布草应洗净、做上标记，捆扎好集中存放。

(4) 报废布草的再利用。报废的布草如果可以再利用，可由布草房缝纫工加工，改制成其他用品。

5. 布草的添补与更新

(1) 申领。根据布草的报废情况，确定需申领的种类和数量。

(2) 填写申领单。将布草申领单上各栏目填写清楚，如数量、规格、颜色等。申领单交客房部经理审批。

(3) 领取与核实。凭申领单到总库房领取所需补充的布草，提取布草时，应仔细检查布草数量、种类、规格等是否与领用单相符，质量是否合乎标准要求。

(4) 洗熨。领回的布草需全部拆封，送洗衣房洗熨后再使用。

(二) 布草房的管理

布草房主要是做好设备、安全管理及日常工作的安排。

1. 布草房的设备管理

(1) 专人负责。布草房所有设备均须指定专人负责，并报客房部办公室备案。

(2) 做好日常清洁工作。布草房必须保持整洁，设备周围地面清洁，每天擦拭设备，设备内外凡是可以清洁到的部位，要求无灰尘、无杂物、无油污。

(3) 制定维护保养方法。布草房每一种设备都应有规定的维护保养方法，并培训员工，使其掌握设备日常保养的基本内容。其主要包括以下几点：

1）除尘。每次机器使用完毕，即进行除尘工作，保持机器干净、运转正常。

2）上油。每周一、周四给机器除尘并上油保养，要求无遗漏。

3）检查。上油后检查机器使用是否正常，有无污染布料等异常情况。

(4) 建立定期检修制度。有关人员应定期检查布草房设备，以便及时发现问题进行处理，保证设备处于正常完好的状态。

2. 布草房的安全管理

(1) 员工的安全。培训员工正确使用布草房设备，制定安全操作规范，如搬运重物操作规范，给员工灌输安全生产意识，避免一切不安全事故的发生。

(2) 设备的安全。布草房的设备较多，有关人员必须重视设备的安全管理，要正确使用和保养各种设备，尽量减少设备损坏，以保证布草房工作的正常运行。

(3) 防盗。布草房为饭店棉织品及员工制服的集中存放处，日常工作中应落实防盗措施，如布草房门窗的防盗。制定有关制度，如交接班制度、定期盘点制度等，加强对内部员工的管理，防止偷盗事件的发生。

(4) 防火。布草房物品大多是易燃物品，客房部必须采取有效措施，防止火灾事故的发生。要加强对员工防火意识的教育，普及灭火知识与技能的教育与训练，提高火灾发生时的自救能力；制定防火措施；配置防火及灭火设施，并定期检查。

3. 布草房的工作安排

(1) 加强计划安排。

1) 一日工作的安排。布草房工作有一定的规律性及阶段性。管理人员应合理安排一天的工作，做到忙时不慌乱、闲时有事做。

2) 员工制服更换的安排。布草房应主动与洗衣房取得联系，对不同部门、不同岗位员工制服的换洗频率、换洗时间做出统一安排。

3) 布草盘点、大批更换的控制。布草盘点、大批更换工作的工作量大、涉及的部门岗位多，布草房在进行这两项工作前，一定要考虑周全、合理安排、制定计划、预先通知，尽可能不影响相关部门工作的正常运行。

(2) 做好人员安排。布草房的工作通常分为两个班次，日常工作量受饭店经营活动的影响，不易控制。因此，管理人员应合理安排各岗位员工的工作量，避免出现忙闲不均的现象。另外，必须重视布草房不同岗位员工之间的交叉培训工作，把员工培训成为“多面手”，以利于内部人员的调配。

(3) 制定规章制度。没有规矩，不成方圆。必要的规章制度是布草房管理的重要组成部分。布草房规章制度主要有：员工劳动纪律；交接班制度；清洁卫生规定；布草存放规定；安全管理制度。

实践活动

1. 带领学生实地参观饭店洗衣房和布草房，介绍各类设备的使用与保养方法以及各类布草的收发规定。

2. 利用多媒体课件演示安全事故的预防和处理方法。

知识拓展

洗衣房织物用品处理的诀窍

一、耐久压烫织物的烘干不要过度

避免旋转式脱水周期与干衣时间过长是处理免烫织物的诀窍。如果织物还

处于微湿又暖热状态时就被取出干衣机，并马上将其折叠好搁置在架上过夜，干燥过程就会继续下去（织物自动变得平整）。

让耐久压烫织物在使用前有一段间歇时间。

与织物从干衣机中取出后立即投入客房使用相比有24小时间歇时间，其使用寿命更长。

二、不要使毛圈织物过于干燥

如果干衣过程中长时间压烫织物，会使织物材料中保持雪白的氯元素被高温激活，造成材料过干，导致棉纤维毁坏，缩短毛织物使用寿命。

三、制定织物回收方案

不论是在洗衣房（被洗衣工人发现）还是营业区域的受污织品都应立即取走做处理。客房服务员应在破损或弄脏的织物一角打个结，或将其放入单独的枕套内，以提请有关人员注意。餐饮部工人应设置专门的盒子或桶放置这些织物。拣出不合格的织物用品，不让它重新使用，避免丢弃前再次花时间与精力去分拣、洗涤与烘干。这可节约所有区域的劳务开支。

四、始终提供充足的抹布

让所有员工都有可用的抹布，以免好好的织物用品因不当使用而受损。

五、平均分派织物用品

让客房服务员均衡获得织物用品，确保全体人员都有完成任务所需的物品。这一点很容易做到，只要根据某区客床的种类，在储物壁橱中储放最大标准量或最小标准量的织物就行。壁橱或小车上过量存放织物用品会造成织物混杂不清，织物被乱扔，结果需重新洗涤后才能使用。

六、分析、研究工人的操作动作

观察洗衣房里的活动，对工人再培训，使其操作更有效。向他们提一个问题："在处理这一枕套的过程中，至少需触摸它几次？"重新安排桌子与小车的位置，使员工操作获得最大的空间。

七、去除织物折叠中的多余动作

例如，取一条毛巾，将它摊开，用一个动作折起毛巾的一个部分，不必多余地用手将这一折起的部分再压平整，而是径直再做一次折叠就行。折叠中动作简洁将节约时间，提高效率。

八、简单折叠毛圈织物

客房中的毛圈织物通常以特殊的折叠形式出现，因此洗衣工不必讲究将每条毛巾折叠得十分妥帖，只需简单折叠适合放入小车就行，让客房服务员最后折叠成需要的形状。

九、一揽子床上织品组合包

可考虑将两条床单折叠在一起，加放枕套后成一组合包，客房服务员可将组合包从小车上拿下供做床用，每床一个包，十分便捷。服务员可同时摊开两张床单铺床，无须一张一张分开做。对无熨烫工或折叠工的饭店来说，这样做可减少一半的折叠时间。

复习思考题

1. 洗衣房一般都有哪些功能区域?
2. 洗衣房一般配备哪些洗烫设备和用品？简述这些设备用品的主要性能与用途。
3. 简述饭店客衣洗涤的注意事项。
4. 简述布草房的功能与运行程序。

第 7 章　公共区域环境保洁

教学任务

讲述酒店公共区域（public area，PA）的范围及其环境保洁的基本特点，让学生了解相关基础知识；重点讲解酒店公共区域环境保洁的工作任务与要求，使学生对各种保洁工具的操作技巧能熟练运用；详细讲解公共区域环境保洁的工作程序及服务标准，举一反三，使学生牢记该部分内容并且能熟练运用；认真讲解公共区域环境保洁中对客服务的处理，使学生在面对相关情况时能有效地应对和处理。

学习任务

牢记自己的岗位职责；会使用酒店公共区域环境保洁的设施设备，并进行正确的维护和保养；按要求做好清洁卫生及保养；按程序接待客人，提供规范服务；主动有效地维护清扫公共区域环境项目；维护工作范围内的次序，应对和处理服务中出现的突发状况。

7.1　公共区域环境保洁的主要任务与要求

一、公共区域的范围及清洁保养特点

（一）酒店公共区域的范围

酒店公共区域是指酒店公众共有、共享的区域和场所。通常可划分为室内公共区域与室外公共区域。室内公共区域又可划成前台区域和后台区域两部分。室外公共区域是指酒店外围区域，它包括酒店外墙、广场、停车场、花园、前后大门等。室内公共区域的前台部分通常指专供宾客活动的场所，如大厅、休息室、康乐中心、餐厅（不包括厨房）、舞厅、公共洗手间等。室内公共区域后

台部分通常指为酒店员工设计的生活区域，如员工休息室、员工更衣室、员工餐厅、员工娱乐室、员工公寓等。

（二）酒店公共区域环境保洁的特点

1. 涉及面广，工作量大

如上所述，酒店公共区域是酒店的门面，几乎涉及酒店运营的所有领域。公共区域的环境保洁工作主要负责酒店内外的环境卫生，具体来说主要包括：

（1）酒店内部公共区域的清洁卫生，包括前厅、通道、走廊和客用洗手间卫生等。

（2）酒店外部公共区域的清洁卫生，包括广场、停车场、绿化带、屋顶、外墙、车道、前后大门等。

（3）整个酒店的卫生防疫工作及喷杀“六害”的工作。

（4）酒店所有下水道、给排水等管道系统工作，疏通污水工作。

（5）酒店绿化布置，各厅房的盆头插花、绿化设计布置和花场管理，苗木的保养和繁殖工作。

（6）维护保养清洁机械和绿化机械工具。

2. 工作琐碎，重复性强

根据星级酒店的管理要求，公共区域的环境卫生应做到随处整洁，并时刻保持清洁。由于公共区域是宾客流动性很大的地方，会给清扫工作带来诸多不便，工作人员需要不断地、重复地清扫，才能时刻保持公共区域的整洁。这就要求公共区域服务人员在日常工作中必须具有强烈的责任心，积极主动，才能适时把工作做好。同时，管理人员的巡视和督促也是做好公共区域的环境保洁工作的必要环节。

3. 技术性强，条件艰苦

公共区域清洁往往需要一定的技术含量。比如，酒店外墙的清洁必须是有经验的人员进行高空作业；特别肮脏的地毯清洗必须要地毯清洁员专门清洗，同时，酒店公共区域不管室内室外，不管刮风下雨，都需要时刻保持清洁，因此是相当艰苦的工作。

二、大堂保洁工作及要求

大堂清扫工作的一般原则是：以夜间为基础，彻底对其进行清洁，白天进行维护和保持。

（一）大堂地面的清洁

每天晚上应对大堂地面进行彻底清扫或抛光，并按计划定期打蜡。打蜡时应注意分区进行，操作时，打蜡区域应有标示牌，以防客人滑倒。白天用油拖

把进行循环迂回拖擦，维护地面清洁，保持光亮。拖擦地面时应按一定的路线进行，不得遗漏。每到一个方向的尽头时，应将附着在拖把上的灰尘抖干净再继续拖擦。

操作过程中应根据实际情况，适当避开客人或客人聚集区，待客人散开后再进行补拖。遇到客人要主动问好。

客人进出频繁的门口、梯口等容易脏污的地面要重点拖，并适时地增加拖擦次数，确保整个地面的清洁。

遇有雨天气，要在大堂入口处放置脚踏垫，树立防滑告示牌，并注意增加拖擦次数，以防客人滑倒和影响酒店形象。应视情况更换脚踏垫。

如在拖擦过程中遇有纸屑杂物，应将其堆在角落集中，然后用清扫工具将其收集起来妥当处理。

（二）酒店门庭的清洁

夜间对酒店大门口庭院进行清扫冲洗，遇有雨雪天气，应适时增加冲洗次数。

夜间对停车场或地下停车场进行彻底清扫，对油迹、污渍应及时清洁，并注意定期重新划清停车线及检查路标的清洁状况。

夜间对门口之标牌、墙面、门窗及台阶进行全面清洁、擦洗，始终以光洁明亮的面貌迎接客人。

白天对玻璃门窗的浮灰、指印和污渍进行抹擦，尤其是大门玻璃的清洁应经常进行。

（三）大堂扶梯、电梯的清洁

夜间对大堂内扶梯和电梯进行彻底清洁。如有观景电梯则应特别注意其玻璃梯厢的清洁，确保光亮，无指印、污迹。

夜间应注意更换电梯内的星期地毯，并对地毯或梯内地面进行彻底清洁。

擦亮扶梯扶手、挡杆玻璃护挡，使其无尘、无手指印，如不是自动扶梯，还应对楼梯台阶上的地毯铜条进行擦抹，并使用铜油将其擦亮。

夜间对电梯进行清洁和保养，白天则对其进行清洁维护，保持干净整洁。

（四）大堂家具的清洁

夜间对大堂内所有家具、台面、烟具、灯具、标牌等进行清洁打扫，使之无尘、无污渍、保持光亮，并对公用电话进行消毒、擦净，使之无异味。

白天对家具等进行循环擦抹，确保干净无灰尘。

及时倾倒并擦净立式烟筒，烟缸内的烟蒂不得超过三个，如更换客用茶几上的烟缸时，应先将干净的烟缸盖在脏的上面一起撤下，然后换上干净烟缸。

随时注意茶几、地面上的纸屑杂物，一经发现，应及时清理。

三、公共卫生间保洁工作及要求

客人对于星级酒店公共卫生间的清洁卫生要求一向很高。如果有异味或不洁将会带来很坏的影响，以至最后失去客人。公共卫生间的保洁工作主要包括：

（1）按顺序擦净面盆、水龙头、台面、镜面，并擦亮所有金属镀件。

（2）用清洁剂清洁恭桶及便池。

（3）擦坐厕内的门、窗、隔档及瓷砖墙面。

（4）拖净地面，保持无水渍、无脏印。

（5）喷洒适量的空气清新剂，保持室内空气清新，无异味。

（6）洗手台上摆放鲜花。

（7）按要求配备好卷筒纸、卫生袋、香皂、擦手纸、衣刷等用品。

（8）检查皂液器、自动烘手器等设备是否完好。

四、餐厅、酒吧保洁工作及要求

餐厅、酒吧是客人的饮食场所，其清洁保养工作尤为重要，客房部和餐饮部要很好地分工协作，将此项工作做好。客房部在计划安排餐厅、酒吧清洁保养工作时，必须与餐饮部协商，并充分考虑各餐厅、酒吧的营业时间、活动安排等具体情况。餐饮部在清洁保养工作中必须大力协助和配合，餐厅、酒吧服务员要有清洁保养意识和责任心，在工作中尽量采取必要措施，防止或减轻污染，发现问题及时处理或通知客房部。清洁保养餐厅、酒吧时，必须注意尽量不影响客人的活动或给客人留下不好的印象，尽可能安排在营业结束后或非营业高峰时间进行，所使用的工具要清洁美观，化学清洁剂无刺激性气味等。

餐厅、酒吧的清洁保养工作主要有下列内容：

（1）清除餐桌、工作台等处的食物、酒水饮料等的残留物和污迹。

（2）沙发、坐椅的除尘、除迹。

（3）地面的除尘、除迹，定期清洗、打蜡。

（4）墙面的除尘、除迹。

（5）灯具及装饰物体的除尘、除迹。

（6）金属器件的除锈上光。

（7）门、窗、风口处的除尘、除迹。

（8）木质家具及装饰物的打蜡保养。

（9）植物花草的清洁与养护。

（10）除虫灭害。

五、多功能厅保洁工作及要求

多功能厅是举行大型宴会及其他大型活动的场所，使用频率通常没有餐厅、酒吧高，一般无须每天进行清洁保养，而是根据活动来安排清洁保养工作。活动前，客房部要对多功能厅进行全面的清洁保养，并协助有关部门进行场地布置；活动中，客房部要合理调配人力，保持场地的清洁；活动后，客房部要及时协助有关部门清理场地，并做必要的清洁保养工作。此外，客房部还要做好计划，定期对多功能厅进行全面彻底的清洁保养，如清洗地毯、清洁天花板及吊灯、墙面的除尘除迹等。

六、康乐场所保洁工作及要求

酒店的康乐场所较多，各个康乐场所的营业时间、设施、设备配置及活动内容各有不同，因此，安排康乐场所清洁保养工作时必须考虑具体情况，并与相关部门协调配合，既要保证康乐场所清洁保养的质量，又不能影响其正常的经营活动。

七、后台区域保洁工作及要求

各家酒店都有后台区域，即员工活动的区域，包括员工走道、电梯、更衣室、员工卫生间、员工食堂、办公室、倒班宿舍等。后台区域使用频率高，区域范围广，清洁保养难度大。酒店后台清洁保养工作做得好坏，能直接反映酒店的管理水平并影响员工的工作环境质量和士气。布置后台区域清洁保养工作时，应根据各场所的功能用途、使用频率等具体情况进行合理安排。

（一）走道

员工走道通常都是水泥或砖石地面，日常清洁保养主要是清除地面的垃圾、杂物及污迹，但要注意防滑。定期清洁保养主要是洗刷地面、清除墙面污迹。

（二）员工电梯

员工电梯清洁保养工作与客用电梯清洁保养工作基本相同。

（三）员工更衣室

员工更衣室通常安排专人照看，清洁保养工作的内容和要求有：保持地面清洁，清除垃圾、杂物，收拾衣架并送布件房，整理长条凳，清洁浴室卫生间，补充卫生用品，家具设备的除尘、除迹等。

（四）办公室

办公室清洁保养工作一般在下班前或下班后进行，中间方便的时候整理一次，清倒垃圾。清洁保养办公室时要特别小心，防止文件丢失。有些办公室由于保密和安全的原因，清洁保养应做特别的安排，通常要与有关人员或部门协调安排。

八、吊灯保洁工作及要求

酒店大厅、多功能厅等处一般都装有大型吊灯。吊灯的清洁保养工作是一项比较复杂细致的工作，必须周密计划、合理安排，主要注意以下几点：

(1) 清洁保养公共区域的吊灯应选择适当的时间，以不影响这些场所的使用为原则。

(2) 清洁保养吊灯的工作必须由有经验、责任心强、工作细致认真的服务员承担，因为酒店使用的吊灯大多价格昂贵、易损坏，甚至有些配件还不易采购。在作业过程中，领班或主管要加强现场监督，并要求工程部配合协助。

(3) 大型吊灯一般都有很多灯泡，有些酒店要求在每次清洁保养时将全部灯泡换掉，已烧坏的要丢弃，尚能使用的用到别处。

(4) 配齐设备、工具、用品。

(5) 清洁保养吊灯时，必须注意安全，防止发生工伤事故、损坏灯具。

九、除虫灭害工作及要求

除虫灭害是酒店一项不容忽视的重要任务，因为虫害几乎是无孔不入，不仅会对酒店设施、设备及物品造成直接的损坏，而且还可污染环境、传播疾病，酿成事故甚至灾难。酒店要根据虫害的诱因及类别采取相应的预防措施，定期喷洒杀虫剂、杀虫药，消灭虫害。

十、酒店垃圾的处理工作及要求

酒店每天都会产生大量的垃圾，因此要重视和做好垃圾的处理工作。

(1) 酒店所有垃圾必须集中到垃圾房，统一处理。

(2) 要注意垃圾中有无物品，对从垃圾中发现的有用物品进行登记，并移交有关部门，有严重问题的要调查处理，追究责任。

(3) 对经过清理的垃圾喷洒药物，然后装进垃圾桶并加盖，以杀灭虫害和细菌。

(4) 定时将垃圾运往垃圾工厂或垃圾处理场，如果酒店配有垃圾处理设施，可先将垃圾处理后（焚烧、粉碎等）再运往垃圾场。

(5) 垃圾不能“隔夜”，当天的垃圾要当天处理。

(6) 保持垃圾箱、垃圾房的清洁卫生，不能散发异味。

(7) 无关人员不得进入垃圾房拣拾物品。

(8) 防止有人利用搬运垃圾偷盗财物。

十一、绿化布置及清扫要求

(一) 绿化布置程序

(1) 按照规划对客人进出场所的绿化花草进行布置和安排摆放的位置。

(2) 根据规定的调换时间，定期调换各种花卉盆景，给客人一种时看时新的感觉。

(3) 重大任务前，如接待贵宾或举行圣诞晚会，则要根据酒店的通知进行重点绿化布置。

(4) 接到贵宾入住通知单，应根据客人等级和布置要求，准备好摆放鲜花，按房号送至楼面交服务员，切记客人所忌讳的花卉。

(二) 绿化清洁养护程序

(1) 每天从指定的地点开始按顺序检查、清洁、养护全部花卉盆景。

(2) 拣去花盆内的烟蒂杂物，擦净叶面枝杆上的浮灰，保持叶色翠绿、花卉鲜艳。

(3) 对喷水池内的假山、花草进行清洁养护，对池内水中的杂物要及时清除并定期换水。

(4) 发现花草有枯萎现象，应及时剪除、调换，并修理整齐。

(5) 定时给花卉盆景浇水，操作时溅出的水滴及弄脏的地面应用随身携带的抹布擦干净。

(6) 对庭院内的树木花草，应定期进行修剪整理和喷药打虫，花卉盆景应按时调换。

(7) 养护和清洁绿化区时，应注意不影响客人的正常活动。遇到客人要礼貌问好。

7.2　不同材质设施的清洁与保养

一、准备工作

（一）着工作服

（1）按规定穿好工作服，铭牌戴在左胸上方，易于宾客辨认。

（2）女士穿好规定的长统丝袜，不得有破洞或跳丝。

（3）按规定穿好布鞋、皮鞋，保持清洁。

（4）穿好工作服，佩戴丝巾、领带或帽子。

（二）整理仪容

（1）检查个人卫生，保持面部干净，口腔清洁。

（2）女士保持清雅淡妆，适当施抹粉底、胭脂、眼影等，口红应选用适宜的颜色。

（3）女士头发应按规定塞入发网，不得将长发披在肩。

（4）指甲剪短，不得涂指甲油。

（三）佩戴饰物

（1）工作时间不得佩戴饰物，如戒指、手镯、耳环等。

（2）若戴发卡、头花，一律选用黑色，头花不得超过10厘米宽。

（四）检查自己的微笑

（1）着装检查完毕后，在走出更衣室之前，面对穿衣镜检查自己的微笑。

（2）上班要有一个良好的精神面貌，面带微笑是最重要的。

特别提示：

调整自己的情绪准备上岗，微笑从走向工作岗位之前开始。

（五）提前到岗

（1）提前5分钟到岗并签到。

（2）接受领班或主管分配工作。

二、地面构造常识及其清洁保养方法

（一）地板构造成分及其清洁保养

1. 树脂地板（resilient floor）

（1）成分。一般来说，所有胶地板均由纤维（石棉）、矿物颜料、填充物及黏合物所构成。如沥青地板（混合填塞物是沥青）、亚麻仁板（亚麻仁油）等。深色的土沥青板的黏合物是沥青，而浅色的则为树脂（没有沥青的土沥青板），所有材料混合后会被压成大的薄块，然后切成小块。

（2）树脂地板在清洁保养工作中应注意以下各点：

1）避免用油类及有溶解力的溶剂来清洗，因为润滑油、矿物油、植物油、机油、电油、柴油、松节油、挥发油及溶剂等会溶解沥青或树脂面，令地板褪色或损坏（软化）。

2）避免用过量的水（尤其是热水）来清洁，因为热水过多会使水分渗入。

3）过强碱性的清洁剂会令地板易褪色或硬化破裂，应避免使用。

4）此类地板不适用于温度太高或温度太低的液体，因为土沥青板在高温下会发生软化（熔化），而在温度太低的环境下又会硬化、易碎。

5）太重物体的压迫或太大压力的作用会令地板收缩或凹下，而永难复原。故当每平方寸压力太大时，要使用保护物分散压力。

（3）保护物。液体或膏状保护物。

（4）保养指南。

1）基本处理、彻底清洁，用洗地机及适当起渍起蜡水洗擦、过水，然后用吸水机吸干地面。

处理办法 A：在已干透清洁的地板上，用蜡拖落两层封蜡，然后再加两层面蜡。

处理办法 B：在已干透清洁的地板上，用蜡拖落两层封蜡，然后再用喷磨方法加两层面蜡。

2）平常保养。

保养方法 A：用定期起蜡及落蜡的方法。

保养方法 B：用定期喷磨的方法。

2. 非树脂地板（non—resilient floor）

（1）成分。非树脂地板种类较多，结构各有不同，但大部分非树脂地板可以用封蜡封盖表面而令其易于保养。在众多非树脂地板中，以混凝土、云石、瓷砖地板、木板地在酒店中应用最为普遍。

（2）注意点。

1）避免使用无抑制酸性清洁液或碱性过高的清洁剂。

2）避免使粗糙的物体或清洁剂摩擦表面。

3）避免起尘砂。混凝土及人造云石年久会起砂粉，应及早用封蜡封于表面，以避免砂尘的形成。

4）避免使用粉状清洁剂。通常粉状清洁剂效能较低，且在干透后会形成晶体而造成地面被迫爆裂。

（二）不同材质地面的清洁保养

1. 混凝土地（concrete floor）

（1）注意点。

1）所有混凝土地面均为碱性，故在任何清洁处理之前，应先使其中和。

2）混凝土地面一段时间后都会现出粉状物，为使地面坚固不泛尘，地面应以封蜡处理（应小心选择，因为市场上有多种不同的封蜡）。

3）避免使用无抑制酸性清洁剂，此类清洁剂会令地面粗糙，使地面失去应有的韧性及起裂缝，甚至令地面变黑。

（2）保护物。三合土封蜡、氯化橡胶或聚酯类保护物、液体或膏状蜡。

（3）清洁方法。用洗地机及适当分量的碱性清洁剂洗刷地面，过清水，然后用吸水机吸干水分。

处理方法 A：定期使用洗地机及适当清洁剂洗刷地面，过清水，然后用吸水机吸干水分。

处理方法 B：在已清洁干爽的地面上，用蜡拖落两层三合土封蜡，再在上面加两层面蜡。

（4）日常保养。每天扫地及拖地两次。

2. 木板、水松木（wood floor、cork floor）

（1）成分。工业上应用的木板地通常用软性或硬性的不同厚度与阔度的木板所砌成。水松木板则多采用已压成块状的、方块的木板。直接以灰泥将之砌在三合土地台上，湿度的过分转变会使地面歪曲。

（2）注意点。

1）避免湿水。未封或堆砌不好的地台，遇水会发生变形或松脱的现象。

2）避免翻刨。因为这样会使木板变薄而不合建筑规格。

（3）保护物。木板封蜡、膏状物、蜡水（只适用于已封蜡地面）。

（4）清洁方法。用擦地机及溶剂清洁剂清洗地面，风干。

处理方法 A：在已清洁干爽的地面上，用打蜡机落一层膏状蜡，再加一层液体蜡。

处理方法 B：若地面曾经使用封蜡，则要将封蜡清除，另加上新的封蜡，再在上面加两层液体蜡。

（5）日常保养。采用定期喷磨方法。

3. 云石（大理石）（marble floor）

（1）成分。云石又称大理石，其实是碳酸钙的晶体，用来造碑的云石亦含有碳酸镁。云石漂亮的光亮色泽由石内的杂质所造成。不同的云石，其密度及韧性亦有很大分别，但因其主要成分相同，故保养方法均一样。

(2) 注意点。

1) 避免使用任何酸性清洁剂，因其会与碳酸钙发生化学反应而使云石失去韧性并腐蚀云石表层。

2) 避免使用粗糙的东西摩擦，因为这样会造成云石表面永久性磨损。

3) 避免使用砂粉或粉状清洁剂，因为此类清洁剂干后会形成晶体存留在云石表层的空洞内，易造成云石表面被迫爆裂。

(3) 保护物。封蜡、树脂液体蜡或氯化树胶封于表面。

(4) 一般瓦、砖地板清洁方法。用洗地机及适当清洁剂洗擦地面，过清水，然后用吸水机吸干水分。

处理方法A：在已清洁的地面上用蜡拖落两层封蜡，然后再加两层面蜡。

处理方法B：在已清洁的地面上用蜡拖落两层封蜡，然后用喷磨方法再加两层面蜡。

(5) 平常保养。

1) 用定期起蜡落蜡方法。

2) 用定期喷磨方法。

(三) 地板清洁程序及技巧

一般清洁地板的程序是：扫地→推尘＋湿拖→喷磨→除尘→上蜡。

1. 扫地

(1) 器具。扫把、垃圾铲或机械扫地机（适用于大面积的地方）。

(2) 操作方法。

1) 用平排方式将扫把向前推。

2) 用垃圾铲将垃圾铲起。

3) 如果用手推扫地机或机械扫地机，则以来回运行操作作为原则。

2. 推尘

(1) 材料及器具。静电（吸尘）剂，尘拖。

(2) 操作方法。

1) 将尘拖放在地上，以直线方向呈横“8”字形推尘，尘拖不可离地。

2) 当尘拖沾满灰尘时，应用刷子在垃圾桶上将尘拖刷干净，再用以继续推尘，直至地面清洁。

3) 若尘拖失去粘尘能力，需用静电剂处理过后再用。

4) 尘拖久用必脏，需及时送到洗衣房去清洗干净。

3. 湿拖（水湿）

(1) 材料及器具。地拖压干机及水桶、油灰铲、适当清洁剂（碱性）、细钢丝球或百洁布。

(2) 操作方法。

1）将要湿拖的地方先扫干净（用扫把及尘拖）。

2）依照指示将清洁剂适量配入水桶中。

3）将地拖浸入水桶中，然后用横“8”字形拖地。

4）将湿拖把置于压干机内压干水分。

5）用干拖把（压干水分）将地面多余水分拖干。

6）用细钢丝球或百洁布洗擦难去除的顽劣污渍。

7）重复将地拖浸于水桶中，然后再拖地，直至将全部所需面积清洁干净。

8）用干净地拖及清水依上述方法过一次水。

9）用油灰铲除掉口香糖、油漆等剩余之顽渍。

（3）注意点。

1）不要让太多的水分滞留地面，更不要让清洁剂留在地面上时间太久。

2）过清水的地拖及落清洁剂的地拖要分开使用。

3）注意更换清水。

4）注意清理干净残留在墙角的清洁液。

4. 湿拖

（1）材料及器具。适当清洁剂（碱性）、地拖压干机及水桶。

（2）操作方法。

1）将要湿拖的地方先扫干净（用扫把及尘拖）。

2）依照指示将清洁剂适量配入水桶中。

3）将地拖浸入水桶中，然后放入地拖压干机内压除多余水分，以拖把拿出不滴水为合适。

4）用横“8”字形方法拖地，每次拖擦面积约为 1.2m×4.6m，然后将地拖浸湿、压干。

5）重复上述步骤，直至地面全部清洁。

6）注意更换水桶内的清洁剂，因为拖洗一段时间后，清洁剂会变污及失去应有之清洁效力。

5. 机械起渍或起蜡

（1）材料及器具。

1）自动洗地机（大面积地方，如车场、机场、大堂等）。

2）吸水机。

3）油灰铲。

4）带水箱的洗地机。

5）洗地擦（刷）或尼龙垫（黑色或咖啡色）。

6）地拖、压干机、水桶（如有需要）。

7）适当的清洁剂。

（2）操作方法。

1）用尘拖拖尘。

2）依照说明指示将适当分量的起蜡水倒进水桶内与清水混合（通常比例为1∶4）。

3）将桶内除蜡混合液注入擦地机水箱中。

4）开动洗地机，同时将水箱内的除蜡水注于地面上，洗擦整个地面。

5）3～5分钟后，再用擦地机重新洗刷一次。这一次不用再放蜡水。

6）用吸水机吸干地面上的水分。

7）用擦地机及清水再洗刷一次地面。

8）再次用吸水机吸干地面水分。

9）风干地面。

6. 上蜡的一般程序

（1）材料及器具。

1）聚酯类蜡水或液体蜡。

2）清洁地拖（适用于小面积场地）。

3）清洁蜡拖（适用于大面积场地）。

4）清洁地拖、压干机及水桶。

5）尘推。

（2）操作方法。

1）用尘拖拖地。

2）在大面积场地，将蜡水注入蜡拖内，压一压多余部分的蜡液，然后用直线方法将蜡落于地面。

3）在小面积场地，将蜡水注入清洁的水桶内，将清洁地拖浸入蜡水内，放到压干器上压至地拖不滴水为合适。

4）用横“8”字形方法将蜡落于地面上。

5）待蜡面完全干后（约30分钟），再重复上述方法。

（3）注意点。

1）蜡水落下之前，一定要确保地面是清洁的。

2）要待第一层蜡完全干后方可落第二层蜡。

3）若用不同的蜡水，则要分别使用蜡拖。

7. 喷磨方法

（1）材料及器具。

1）高速打蜡机（适用于胶地板及滑面非树脂地板）。

2）打蜡机（适用于木板或水松木地板）。

3）尼龙垫（红色、白色或蓝色）。

4）喷壶。

5）蜡水。

6）尘推。

(2) 操作方法。

1）将要喷磨的地方用尘拖拖干净。

2）将蜡水注入喷壶内。

3）将蜡水均匀地喷于地面。

4）用打蜡机打磨（要在蜡水未干前打磨）。

5）继续打磨直至地面光亮。

6）打磨若干面积后，尼龙垫会变脏，影响效果，此时需要更换新的尼龙垫。

7）使用变脏的尼龙垫，应用清水浸洗干净，并风干保存好，留待下次再继续使用。

(3) 注意点。喷磨时，一次面积不宜过大，而宜将大面积的地方分为多个小面积的地段，逐个逐个地将之打磨好。

8. 落膏状蜡方法

(1) 材料及器具。

1）打蜡机。

2）钢丝垫（2号或3号）。

3）垫阻。

4）膏状蜡。

5）尘推。

6）1×12木枝。

(2) 操作方法。

1）用尘拖拖尘，将地面清理干净。

2）将3号钢丝垫放在垫阻上，再驳接于打蜡机上。

3）用木枝将蜡膏涂在钢丝面垫上。

4）用圆形旋转动作开动、操纵打蜡机。

5）当钢丝垫集聚污蜡时，需换上新的钢丝面垫。

6）重复上述过程，直至全部面积清洁。

7）换上2号钢丝垫，然后打磨地面。

8）在地面打磨光亮后，用尘推将地面拖干净。

(四) 地板保养方法

(1) 定期起蜡落蜡方法（适用于胶地板及大部分滑面非树脂地面）见表7—1。

表 7—1

序	项　目	次　数	每年次数
1	拖尘	每日一次	296
2	湿拖	每周一次	48
3	区域喷磨	每周两次	100
4	湿拖	每月一次	12
5	起蜡	每年一次	
6	区域落蜡	每月一次	
7	起底蜡	每年一次	
8	落蜡	每年两次	

注：表中工作次数视地方工作日而定。

（2）定期喷磨方法（适用于胶地板及大部分滑面非树脂地面）见表 7—2。

表 7—2

序	项　目	次　数	每年次数
1	拖尘	每天一次	296
2	喷磨：区域喷磨	每周一次	48
	全面喷磨	每年两次	
3	起蜡落蜡	视情况需要	2

（3）传统落膏状蜡方法（适用于未封的木地板、水松木地板）见表 7—3。

表 7—3

序	项　目	次　数	每年次数
1	拖尘	每天一次	296
2	起蜡	每年四次	4
3	落蜡	每年四次	4

（4）喷磨落液体喷蜡方法（适用于已封或未封的木地板、水松木地板）见表 7—4。

表 7—4

序	项　目	次　数	每年次数
1	拖尘	每天一次	296
2	喷磨：区域喷磨	每周两次	100
	全面喷磨	每年两次	2

（5）定期性洗刷方法（适用于大部分粗面非树脂地面及天然石地面）见表 7—5。

表 7—5

序	项　目	次　数	每年次数
1	扫尘或吸尘	每天一次	296
2	洗刷地面	视需要	

注：工作次数视地方工作日而定。

（五）维护一般地面所遇到的问题

地面的维护过程中会遇到许多问题，如：

（1）脏而失去光泽的地面，是由于灰尘形成黏性油膜所至，它是由油拖布、扫帚或清洁过程中的混合物造成的。

（2）条纹——主要是使用脏拖布拖地造成的。

（3）弹性地板如果不打蜡会损坏。

（4）如果不进行适当的保养，地面色彩会逐渐失去并且地面会形成许多微孔。

（5）如发现有松动或脱落的贴面要立即修复，以防将行人绊倒、摔伤。

（6）弹性地面防止家具压碰及带有铁掌的鞋的踏压。

上述提及的一般问题如果能遵循各种类型地面的特殊维护方法，虽不能全面杜绝，但可以降低到最低的程度。

三、地毯的清洁与保养

（一）地毯的组成

地毯通常用下列三种纤维组成：

（1）动物纤维，如丝及羊毛。

（2）植物纤维，如棉及麻。

（3）人造纤维，如尼龙。

若使用适当清洁剂及清洁方法，大部分地毯都可以清洁。

（二）地毯的结构

地毯基本上是由三层（种）材料构成，即面层纤维或称线层、第一支持层、第二支持层。

1. 面层纤维

这一层的纤维有不剪的环层、已剪的断层及两者混合层。

（1）环层结构。该类地毯适用于工业区或交通频密的地方，因为纤维密度较高，而砂石对这类地毯的渗透力弱，易于吸尘。环层结构地毯亦较耐用。

（2）断层结构。是将环层的尾部剪去，形成每条纤维独立在支持层上，适

用于一般住所或交通较疏的地方，耐用程度视纤维密度而定，对砂石的抗拒力较弱，但感觉上较柔软。

(3) 混合层结构。混合层结构结合了断层结构的柔软性及环层结构的耐用性。若纤维的密度高，亦可用于住所的走廊等交通频密的地方。

以上的面层结构是由剪机所造成，剪去的纤维部分被吸尘机吸去，部分则留于地毯上，所以新铺的地毯通常会出现大量的毛头，这种现象在使用适当吸尘机吸去毛头后便不会出现。继续脱毛的现象只有在使用不适当的吸尘机或不正确的保养方法之下才会出现。

2. 支持层

织或钩的地毯的支持层是与面层纤维一起织或钩成的。支持层的纤维可以是麻、棉、聚酯纤维、丙二胺纤维等，织或钩的地毯不需要第二支持层。

地毯制造商目前用于制造地毯的物质，几乎全部是人造纤维，除了有限的高级地毯仍然是用羊毛以外。

下面为几种常用的地毯纤维及其特性：

(1) 丙烯酸。1975 年始用于地毯，质似羊毛而价钱适中，对摩擦及潮湿的抗拒力较弱，难于清理，湿水后极难干，油类会在表面留下永久痕迹，但对酸性溶剂及水的沉迹的抗拒力相当好，会燃烧。

(2) 尼龙。尼龙是 1938 年由杜邦化工所发明，数年后应用于地毯上，其纤维被广泛采用，质硬，对摩擦、昆虫、水渍均有较佳的抗拒力，对酸性及溶剂亦有相当的抗拒力，油渍若不即刻清除会留下永久痕迹。难点燃，但会燃烧熔化。

(3) 聚酯。聚酯纤维在 1967 年被介绍给地毯制造商，其被接纳是因性质似羊毛，有多种色泽，对砂石、摩擦等抗拒力甚好，易清理，具有尼龙的部分特性。

(4) 聚丙烯。聚丙烯是长链状物质，含 95% 的丙烯，价低，有极佳的防酸、防尘及湿性，几乎完全不吸收外界物质，非常容易清理。

(5) 羊毛。羊毛始是一种高价的动物纤维，耐用，但因为是天然纤维，固有吸湿的倾向，一般污渍较难清除，阿摩尼亚、漂水、氯水、碱或较强的清洁剂均会对其造成伤害，但其仍代表高雅名贵，故被采用。近期已生产出不带静电的羊毛。

(三) 地毯的维护保养

1. 地毯的维护

地毯比其他种类的地面更容易聚集灰尘和细菌。行人的鞋底将灰尘和沙子带到地毯上堆积起来，砂石的锐利棱角会磨坏地毯的织线，地毯很快会被磨损。

(1) 地毯维护的注意事项。

1）定期检查地毯的状况决定是否需要清理。

2）检查过程中需考虑下列情况：

• 污迹。

• 地毯的线头、地毯高出的部分应用剪刀剪去，绝不能抽拉线头。

• 小块脱落的地毯毛簇，主要是手刷地毯造成的，这是危险的迹象，这种凸起的毛簇会因不正确的地毯清洗而变得脆弱或因灰尘堆积而溃散。

• 修理凸起的毛簇——在凸起的毛簇上覆上一块湿布用熨斗起熨，用软刷刷熨过的毛簇，移开家具，防止长期压迫使地毯变形。

• 角落地毯卷曲——这种情况可用一块湿布铺在地毯上，并在下面也铺一块湿布，用电熨斗压在湿布上产生热蒸气熨平。

• 皱纹——检查地毯上的胶垫，胶垫可防治起皱。

• 烟痕和小洞——剪下一块备用地毯，将污点洗净并晾平，用毛线将剪下的地毯缝在损坏的地方。

（2）清洁。地毯的脏物可用扫帚清扫，使用地毯清洁器清洁，用手敲打和摇抖，用吸尘器吸尘，干洗和水洗。

1）扫帚清扫——用稻草或高粱扫帚的头轻轻地扫去纸片等物，不可用力压着地毯。

2）地毯清洁器——推动把手使清洁器在地毯表面滚动，不可向后拉推清洁器。

3）用手敲打或者将地毯从地面提起来摇抖，如果需要用手敲打，可将地毯放在宽广的地方翻过来铺平，敲打或摇抖地毯，使地毯内的灰尘出来，然后用吸尘器吸净正反两面。

4）吸尘器清洁——每周至少吸尘一次，以便将地毯内的灰尘和害虫等吸出，以防虫蚀和其他害虫损坏地毯，使地毯的毛簇矗立。餐厅和公共场所的地毯每天要吸几次尘。

5）干洗地毯只需1～2小时，不用封闭房间，不用使地毯全湿即可清洁地毯表面。首先先吸尘一遍，用粗而软的布或者用报废的浴巾蘸上干洗剂擦洗地毯表面，要将擦布经常在干洗剂中洗几遍，不可将地毯用干洗剂浸透。

（3）地毯清洁中易遇到的问题。

1）在准备去掉污点之前，应分析和检测污点属于何种污迹，错误的处理方法会使污点永难除掉。

2）应知道地毯的织物属于何种成分，以便选择无伤害性的去污剂，保存织物纤维的说明书或者标签，以备日后需要。

3）在准备去掉地毯污迹前用去污剂或药水先在不明显的角落试一点，看地毯是否变色或褪色。

4）应用冷水或温水——绝不可用热水或稀释的合成洗涤剂。

5）清洗圈绒地毯时，用干洗剂比用水要好，并应当勤擦地毯。

2. 地毯上特殊污迹的清洁

普通污迹可用焦点起渍剂：

（1）用牙刷蘸一点苏打水刷茶迹、咖啡迹、红茶迹，然后用一块干净的抹布吸干。

（2）蜡烛渍：把干布罩上，上面喷一些水，用熨斗一熨，蜡烛渍就会溶于布上。

（3）圆珠笔渍：用小刷子蘸点酒精轻轻刷，再用块干净白布把其擦干。

（4）口唇膏渍：清洁同上。

（5）香口胶：使用香口胶除渍剂。如遇到大块香口胶，可把干冰放上去，使之硬化而失去黏力，然后用油灰铲把它铲去，剩下的污迹用酒精清除。

（6）红酒渍：先用一块干布把酒水吸干，然后撒些食盐在污渍上，两小时以后用吸尘器吸干。

（7）烟渍：把它剪去再补上一块。

3. 保养地毯的一般守则

（1）吸尘是保养地毯的首要程序，应选用适当的滚筒吸尘机，切记吸尘的工作做得越好，要清洗地毯的次数就越少，吸尘次数越多，对地毯的保养就越好。

（2）在使用任何清洁剂时，要先试一下清洁剂对地毯的影响，以免地毯变色，切忌假设清洁剂对地毯无损。

（3）避免使用过热或过冷的水清洗地毯（洗化纤地毯可水温高）。

（4）避免使用过高的酸性或碱性清洁剂。

（5）不要将太多的清洁剂置于地毯上。

（6）不要试图一次将很脏的地方洗净，应待地毯干后再重复清洗，直至干净。

4. 保养方法简介

无论地毯是何种材料或何种结构，地毯上的污渍大致可分为五种：干砂石、尘埃；表面垃圾、纸片；藏于地毯地垫的沙砾；水溶污渍；油溶污渍。

若要延长地毯的寿命，必先要建立一套适当的清洗计划表，在保养地毯过程中，吸尘是最重要的部分，而且占用大部分的清洁时间，起渍是视需要而做，通常是在吸尘后进行。任何污渍应尽快清除，日久后便会很难清除。一般来说，吸尘是根据以下条件而定：交通非常频密的地方要每天吸尘一次；交通频密地方要每周吸尘三次；普通地方要每周吸尘一次至两次。

5. 保养程序

（1）干粉清洗法。

1）材料及仪器。

- 粉状清洁剂。
- 长柄刷或压粉机。
- 吸尘机（滚筒式）。

2）操作方法。

- 用吸尘机彻底吸尘。
- 将清洁剂均匀撒于地毯上。
- 用长柄刷将清洁粉末压入地毯内。
- 让清洁剂留在地毯内40至50分钟。
- 用吸尘机彻底吸尘。

3）注意事项。

- 此法适用于小面积地方，属轻便清洁方法，不能用于彻底清洗地毯。
- 在操作过程中，无须停止交通，有不阻碍交通的优点。
- 不会令地毯过湿，无缩水的现象。

（2）罐装干泡洗法。

1）材料及仪器。

- 罐装干泡清洁剂。
- 长柄擦或海绵擦。
- 吸尘机（滚筒式）。

2）操作程序。

- 彻底吸尘。
- 将清洁剂在距离地毯面积2尺处喷于4×4米面积的地毯上。
- 将长柄擦或长柄海绵擦湿水，然后去水，以不滴水为适合。
- 用擦将清洁剂擦入地毯内。
- 待地毯完全风干后，用吸尘机彻底吸尘。

3）注意事项。

- 适用于小面积地方，属轻便清洗法，不能用以彻底清洗地毯。
- 需要封闭工作区，最少40分钟。

（3）手泵喷洗法。

1）材料及仪器。

- 地毯清洁剂。
- 手提压力泵。
- 洗地机（即打蜡机）。
- 棉垫。
- 吸尘机。

2）操作程序。

- 彻底吸尘。
- 将清洁剂依指示注于泵内。
- 将海绵垫装于洗地机上，开动洗地机，将清洁剂擦入地毯中。
- 注意更换棉垫。
- 待地毯完全风干后，彻底吸尘。

3）注意事项。

- 此法适用于一般脏度的地毯，不能彻底清洗地毯。
- 要控制喷洒清洁剂的分量，以免地毯过湿造成缩水或起水渍的现象。
- 洗地机的走向可以是圆形互叠或方形互叠。
- 用此法洗地毯，会使地毯较湿，且需局部封闭工作区域。

（4）干泡清洗法。

1）材料及仪器。

- 丸干泡清洁剂。
- 干泡机（滚筒式）。
- 吸尘机。
- 保护胶垫及水桶。

2）操作程序。

- 彻底吸尘。
- 将清洁剂依指示混合于水桶中，再注入干泡机内。
- 用干泡机将清洁泡沫擦入地毯中。
- 干泡剂的走向是方形互叠法。
- 待地毯完全风干，然后再彻底吸尘。

3）注意事项。

- 适用于任何脏度的地毯上。
- 封闭工作区的时间比较短，不会使地毯过湿。
- 当停下干泡机时，应立即将机器移开地毯或用保护胶垫垫于机底以保护地毯。

（5）盘形干泡清洗法。

1）材料及仪器。

- 干泡清洁剂。
- 干泡机。
- 洗地机。
- 软尼龙擦。
- 吸尘机。

- 胶质保护垫及水桶。

2）操作程序。

- 彻底吸尘。
- 将清洁剂依指示混合于水桶内，然后注入干泡机内。
- 将干泡机置于洗地机上。
- 用干泡机将干泡清洁剂均匀擦入地毯中。
- 机器的走向是由左上角开始向右作圆形互叠，同时放下清洁剂至10尺左右，停止清洁，将机推回左面，向下推一行，再以圆形互叠法向右推。上行与下行间应互叠约5寸。
- 待地毯完全风干后，彻底吸尘。

3）注意事项。

- 适用于任何脏度的地毯。
- 需要技术人员操作，以避免留痕或过湿。
- 洗地机不能太大或太细。
- 机洗过于频密会使地毯毛发硬或松散，必要时应以长柄刷梳理。
- 当停下机器时，应立即移离毯面或放下保护垫。
- 需较长工作时间。

（6）盘形湿洗法。

1）材料及仪器。

- 洗地机。
- 软尼龙刷。
- 吸尘机。
- 保护胶垫及水桶。

2）操作程序（与盘形干泡清洗法同）。

3）注意事项（与盘形干泡清洗法同）。

（7）冻水冲洗法。

1）材料及仪器。

- 冻水抽洗机。
- 地毯清洁剂。
- 吸尘机及水桶。

2）操作程序。

- 用冷水依指示混合清洁剂于水桶中。
- 彻底吸尘。
- 开着机器，直线拖动至适当长度。关闭喷水器，在原线上拖动以吸去多余水分。

- 移至另一行，重复上述动作。
- 待地毯完全干透，彻底洗尘。

3）注意事项。

- 需技术人员操作，以免地毯过湿。
- 适用于任何脏度的地毯上。
- 每年不宜用此法超过两次。

（8）热水抽洗法。

此法与上述方法完全相同，唯其使用热水，故若使用不当，危害甚于冻水。

四、墙面的清洁与保养

与地面材料一样，墙面的装潢也是日新月异，装饰材料品种日益繁多。因为墙可能首先进入人的视线，它的好坏直接影响客人对酒店的印象和评价，因此，酒店投入大量资金用于墙面的装饰，以使酒店更具特色和吸引力。

（一）硬质墙面的保养

硬质墙面与硬质地面有许多近似的性能。常用的有瓷砖墙面和大理石墙面。作为墙饰面的瓷砖都施釉，且花形图案多样。一般大理石多做大厅饰面材料，瓷砖多为厨房、客房、卫生间的饰面材料，主要是因为瓷砖有防水、防污、防火及一定的装饰性能。

硬质墙面与硬质地面的保养有所不同。因为墙饰面摩擦少，主要是灰尘、水珠等浅垢，如在大厅，则主要是灰尘。清洁保养方法是每天掸去表面浮灰；定期用喷雾蜡水清洁保养。该蜡水既具有清洁功效，又会在面层形成透明保护膜，更方便了日常清洁。如是卫生间的墙面，则应定期使用碱性清洁剂清洁，洗后一定要用清水洗净，否则时间一久，会使表面失去光泽。

（二）贴墙纸墙面的保养

贴墙纸是目前应用最广的墙面饰材，主要被用于客房、会议室和一些餐厅。

所有贴墙纸墙面的正常保养是定期对墙面进行吸尘清洁，将吸尘器换上专用吸头即可。日常发现特殊脏迹要及时擦除。方法是：对耐水墙纸可用中、弱碱性清洁剂和毛巾或牙刷擦洗，洗后用干毛巾吸干即可；对于不耐水墙面可用干擦法，如可用橡皮等擦拭，或用毛巾蘸些清洁剂拧干后轻擦，总之要及时清除污垢，否则时间一长即会留下永久斑迹。

（三）软面墙面的保养

软面墙面是用锦缎等浮挂墙面，内衬海绵等，故称软面墙面。该墙面的装饰效果、织物所具有的独特质感和触感，以及其别致的色贴方法，是其他任何墙饰面所无法比拟的。它具有温暖感，格调高雅、华贵，立体感强，吸音效果好等特点，是高档客房的理想饰料。

软面墙面的保养主要是吸尘，可定期进行。如能保持房间相对湿度，则不会有太大的清洁保养难度。因为软饰面被衬海绵等填充物，水擦后不易干透，甚至会留下较明显的水斑，故不能经常用清洁剂洗擦脏斑，因此，宜在一米以下处用木板墙贴面，一米以上处用软墙饰。这样既能增强装饰效果，又方便了清洁保养。

（四）木质墙面的清洁保养

木质墙面有微薄木贴面板和木纹人造板两种，常被用于大厅、会议室、餐厅、客房的装饰。木质墙面平时可用拧干的抹布除尘除垢。定期上家具蜡可减轻清洁强度。对于破损处则需维修人员修复上漆。

（五）涂料墙面的保养

涂料可分为溶剂型涂料、水溶性涂料和乳胶漆涂料三种。溶剂型涂料生成的涂膜细而坚韧，有一定的耐水性，缺点是有机溶剂较贵、易燃，挥发后有损于人体健康。水溶性涂料是以水溶性合成树脂为主要成膜物质，会脱粉。乳胶漆涂料是将合成树脂以极细微粒分散于水中构成乳液（加适量乳化剂）。作为主要成膜物质，其效果介于前两种涂料之间，其色泽千变万化，价格较低，不易燃，无毒，无怪味，也有一定的透气性。缺点是天气过分潮湿时会发霉。这种墙料因施工简单，色彩变化大，客房仍可使用，若每年粉刷一次，会有意想不到的效果。

涂料墙面的日常清洁是掸尘。墙面一出现霉点即用干毛巾擦拭。橡皮是较好的除斑用具，但需掌握技巧，否则同样会留下擦痕。

五、不锈钢与铜制品的保洁

（一）擦拭不锈钢制品

准备好不锈钢蜡和两块柔软的干抹布。先用一块抹布擦去不锈钢表面的浮尘，将不锈钢蜡均匀地喷在不锈钢制品上，用干抹布在金属表面反复擦拭，擦拭时要用力均匀，从边角擦起，按顺序向另一边擦拭。然后再用另一块干净的抹布把蘸在不锈钢表面的不锈钢蜡擦净并反复摩擦，以起到抛光作用。擦拭后的不锈钢制品要光亮、无花迹、无脏迹、无手印、无浮尘。

（二）擦拭铜花缸

1. 准备工作

备好干净的抹布（质地要柔软）、百洁擦、擦铜油、刮刀。

2. 除尘除迹

（1）用干净的抹布将花缸各部位的灰尘擦去。

（2）对于黏附在花缸上的污迹用百洁擦去除（可用少量碱性清洁剂擦拭），对于如口香糖等污物，可用刮刀去除。

特别提示：

（1）花缸上无灰尘、无黏附性斑迹。

（2）平日在清洁铜花缸上的浮灰时，忌用湿抹布清洁，因为这样会使铜加速氧化，应用干抹布掸去灰尘即可。

（3）擦拭铜花缸的程序如下：

1）将抹布叠成四折；

2）将铜油均匀涂抹在叠好的抹布上；

3）用带有擦铜油的抹布用力反复擦拭铜花缸表面，擦拭时应从左向右、自上而下依序进行，防止遗漏，直至铜油呈现黑糊状；

4）擦铜花缸边角要用手掌心压在擦油布上，用力擦拭，效果更佳；

5）待铜油干透后，用抹布快速反复用力擦拭铜花缸，直至光亮，对边角处更要注意不残留铜油；

6）检查、清洁后的花缸是否干净，必要时应重复上述工作。

（三）清洁铜条

1. 准备工具

备好干净的抹布、板刷、百洁布、吸尘器、擦铜油。

2. 清洁铜条

（1）用吸尘器将铜条沟缝内的灰尘吸除；

（2）黏附在铜条上的污物用湿抹布去除（可用弱碱性的清洁剂），并用干抹布擦干水分；

（3）将适量铜油倒在铜条沟缝中，用板刷用力擦拭；

（4）对凸突的铜条用百洁布蘸上擦铜油擦拭，直至铜油成黑糊状；

（5）待擦铜油干透后，对沟缝中的铜条仍用板刷擦拭，使干透的铜油成粉末状，凸突铜条上的铜油用抹布擦去。

特别提示：

（1）无污迹、锈迹，光亮清洁。

（2）在清洁地毯和铜条相接处时，注意不要将铜油沾染在地毯上，以防掉色。

（3）铜器抛光。

1）准备好专用抹布和专用抛光剂等。

2）将需要抛光的铜器首先擦拭干净。

3）喷抛光剂。

- 将抛光剂摇匀，均匀地涂在抹布上；

● 用抹布均匀地涂抹铜器表面。

4）擦拭铜器。

● 两分钟后用干净抹布擦抹表面；

● 将所有的抛光剂都擦拭干净以防形成铜绿；

5）抛光铜器。

特别提示：用柔软抹布迅速反复擦拭铜器表面，直至使其光亮为止。

六、窗户与玻璃的保洁

窗户最能吸引宾客的视线，因此也是酒店公共区域保洁中的一项重要工作。

（一）窗户保洁的溶剂

窗户清洁的溶剂一般选用温和的清洁溶剂。一般来说，酒精的除垢效果比较好的，尤其在楼层较低的情况下，能够有效地去除冻结在玻璃上的污垢。

（二）清洁窗户的工具

清洁窗户的工具最好是不会掉丝的软材料，如海绵、亚麻布等。其他工具包括刮把、提桶、安全梯、遮布灰及刀片等。

（三）窗户的清洁标准

在清洁窗户之前，应该先把所有的装饰物和窗帘拆下来，如果有纱窗的，也要拆走。用海绵蘸上清洁溶剂从上到下、从左到右进行擦拭或清洗，再从上到下、从右到左进行第二遍擦拭和清洗。窗台班机窗框应内外彻底除尘洗刷，不留污痕。金属框架应特殊处理，以免生锈。木质框架应避免使用过多的水或清洁剂，以免日久腐烂。

按照正确的清洁操作方法用干布把窗户擦干。

7.3 公共区域环境保洁中的对客服务

一、合理应对不满意客人的投诉

（一）倾听宾客的意见

（1）听取宾客的投诉，注意细节，让宾客充分地说出他们的感受和要求。

（2）倾听时要保持镇定，不要有生气的表现，更不能与宾客争辩。

特别提示：让宾客把自己的不满发泄出来，就是一种释放。

（二）向宾客致歉

（1）理解宾客的感受，并为所出现的问题致歉，不管是谁的错。

（2）重复宾客的投诉确保我们清楚所有的过程，并让宾客知道我们用心倾听了。

（三）采取措施

（1）向宾客解释我们会如何解决这些问题。

（2）向宾客表示歉意并告知我们将何时回来。

（3）立即叫来主管与宾客交谈，让主管知道我们为了解决这个问题都做了哪些工作。

（四）向宾客致谢

（1）在等待主管过来的这段时间里，对宾客提出这个问题引起我们的注意表示感谢。

（2）切勿对这些抱怨与宾客争辩或者批评、否认或回避。

特别提示：宾客的投诉有利于酒店，给我们提供解决问题的机会。不满而不投诉的宾客再也不会回头了。

二、为客人提供衣帽寄存服务

饭店为参加宴会、会议及一些较大型活动的客人寄存随身携带的物品和衣物，叫做衣帽寄存服务。从事寄存服务的人员要对衣帽间经常清理，保持整洁。

（1）寄存衣物时，行李员要当着客人的面检查衣袋里有无其他东西，并提醒客人将易丢失、易损坏的小件物品拿出，如果是一般物品，登记时要加以说明；如果属贵重物品，请客人按照贵重物品寄存。

（2）要特别留意头巾、围巾和手套等容易遗落的物品，请客人将这些物品放进自己的衣袋或挎包内。

（3）将客人寄存的衣服挂到衣架上，然后再挂到衣柜里或大的衣帽架上，大衣要顺着同一方向挂，要随时检查是否有物品掉到地上。

（4）填写衣帽寄存号码牌，号码牌为有针孔线的上下一式两半，将下端撕下交给客人。交给客人之前，应再次核对是否与衣帽上的号码牌一样，确认后再交给客人。

（5）衣帽等物品交还客人时，必须同时收回存物号码牌，核对存物号码和衣物无误后，才能将物品交还给客人，并向客人道别。

（6）如果客人的存物号码牌遗失，应立即向主管报告，与主管一起核对客人身份，向客人询问有关寄存物品的详情，如客人叙述与寄存物品相同，则可以归还给客人。但是要请客人填写取物记录，留下客人的姓名、住址、电话、所取物品的名称及数量。在处理时，要注意措辞与态度，既要做到维护饭店的规定和客人的利益，又要得到客人的理解。

(7) 服务过程中工作人员应该做到主动问候客人，礼貌用语正确规范；表情亲切自然；站立规范，精神饱满；拿递衣服时规范操作；道别时礼貌送客。整体过程应该得体、规范、大方、自然。

三、为客人提供公共卫生间服务

公共卫生间服务员的主要职责是负责洗手间的清洁卫生，并为宾客提供必要的服务。服务员在服务中应做到：

(1) 客人走进洗手间，主动热情问候："先生（或女士），您好!"要面带微笑，躬身15°。

(2) 用自然的眼光注意客人的动态，及时提供诸如接挂衣帽、物品等服务，以方便客人。

(3) 待客人方便完毕，要立即打开冷、热水龙头，快速调节适中的水温，请客人洗手，并及时拧开洗手液的开关，供客人使用。

(4) 客人净手后，适时递上干净的小方毛巾或纸巾，让客人擦干手，如客人要使用干手器，应示意请便。

(5) 根据不同客人的要求，可适时递上木梳、指甲钳等，供客人自便。还可用毛刷子为客人刷去衣裤上的灰尘，礼貌周到地开展小服务。

(6) 客人离去时，主动拉门，热情道别，"先生，请慢走"或"请走好"。

(7) 在洗手间使用敬语时，注意不能使用"欢迎光临"、"欢迎再来"之类的语言。

四、公共区域保洁员的安全服务意识

(1) 熟悉责任范围内的卫生工作，时刻注意防火防盗，及时清理废弃物和可燃物，确保安全无事故。

(2) 结合本职工作，经常检查所属范围的电器设备的安全情况，发现隐患及时汇报、清除。

(3) 在工作中注意发现可疑情况，如发现有违禁品带入饭店，要及时向有关部门汇报。

(4) 建立领班交接制度，详细记录本班次工作内容及未尽事宜，做到事事有人管、班班有交代，防止问题的出现。

(5) 加强各类公共区域钥匙的管理，严格执行管理规定，做到有专人管理、

有交接记录，对住客做到心中有数。

(6) 严格执行各种安全操作的规定，确保员工自身安全。

(7) 熟悉掌握消防知识，知道消防器材的位置、性能和使用方法，一旦发生火灾，会报警、会扑救、会疏散、会使用消防器材。

实践活动

1. 在实训室中分小组学习正确使用吸尘器与地板打蜡机对不同材质进行地面的保洁工作。

2. 在实训室中模拟情景完成衣帽寄存服务。要求严肃认真，严格按照程序和标准操作，礼貌待客，周到服务。每次演示结束后，同学间展开讨论，交流心得。

相关链接

循环清洁表的制定

鉴于公共区域人员流动的频繁性，如果想确保饭店的公共区域始终保持清洁，比较有效的办法是制定循环清洁表。

在这张表上，把所有要做的工作列在一张容易查找的图表上。要建立这样一张表，首先由员工带上一个有纸夹的笔记板和笔到饭店的大堂去做摸底工作。公共区域的清洁员和经理一起列出所有需要清洁的项目清单。

在列出大堂所有需要清洁的项目清单后，再到其他区域去，如餐厅、洗手间、办公室、走廊等。待列出了所有区域的清洁项目清单后，大家坐下来讨论每一个清洁项目需要多长时间清洁一次才能始终保持清洁。凡是每小时、每天或在每周内需要频繁清洁的项目，都将包含在公共区域清洁员的常规清洁任务范围内。而那些需要每周、每月或每年清洁几次的项目都列在循环清洁表中。比如，家具抹尘每天一次，应该属于常规清洁任务。用划痕修补剂擦拭木质家具只需要一年做两次，应列在循环清洁表中。

当决定了所有的清洁时间后，循环清洁表也就建立好了。这就像是完成了一幅复杂的拼图。拼的时候，要考虑到清洁项目的特点、饭店住宿率的一般规律及可提供的工时。可以在电脑中建立图表，也可以采用会计的大张分析表。

有些饭店设有负责特别项目的人员，专门负责完成循环清洁表中的任务；有些饭店则把循环清洁表的任务分配给每位公共区域清洁员，每人每天承担一到两小时工作，作为他们当日工作的一部分。员工比较喜欢第二种方式，因为这样每个人能对自己职责范围内的区域负全责。

循环清洁表制定好以后，把它贴在墙上，压在丙烯酸透明纸下。当清洁员完成了一天的清洁任务后，在这张表中把相应的项目划掉。如果当天有特殊情况未能完成某项任务，则安排到另外一个时间完成。这些记号都做在丙烯酸透明纸上，以便保护循环清洁表可以经年累月地使用。根据逐渐成熟地对清洁频率的预测，我们需要不断修改循环清洁表。这种前置性的安排使工作变得有条不紊。清洁员事先明确他们将从事什么清洁工作，从而饭店始终把最整洁的面目呈现给宾客。

复习思考题

1. 公共区域的清洁保养有哪些特点?
2. 公共区域的日常清洁包括哪些内容?
3. 不同的墙面材料在清洁保养中应注意哪些问题?
4. 公共区域清洁卫生质量的控制方法有哪些?
5. 如何为客人提供衣帽寄存服务?
6. 如何擦拭铜制品?

附录　客房服务必备的英语知识

一、常用词汇

初级词汇

1. DND（do not disturb）　请勿打扰
2. OCC（occupied）　住客房
3. CO（check-out）　走客房
4. OOO（out of order）　待修房
5. LSG（long staying guest）　长住房
6. SO（sleep out）　住客未归
7. V（vacant）　空房
8. standard room　标准间
9. suite　套间
10. business suite　商务套间
11. twin-bed room　双床间
12. double-bed room　大床间
13. deluxe suite　豪华套间
14. presidential suite　总统套间
15. junior suite　普通套间
16. holy wood twin room　两间单人床中间无床头柜的房间
17. baby sitting service　托婴服务
18. laundry service　洗衣服务
19. morning call service　叫早服务
20. shoe shining service　擦鞋服务
21. room service　客房送餐服务
22. mini-bar　客房小酒吧
23. envelope　信封
24. writing paper　信纸
25. service directory　服务指南
26. menu　菜单
27. laundry bag　洗衣袋
28. sheet　床单
29. pillowcase　枕袋
30. towel　毛巾
31. bath towel　浴巾
32. napkin　餐巾
33. glass　玻璃杯
34. tea cup　茶杯
35. ice bucket　冰桶
36. match　火柴
37. toothbrush　牙刷
38. tooth paste　牙膏
39. slippers　拖鞋
40. toilet paper　卫生纸
41. bath foam　洗浴
42. shampoo　洗发液
43. transformer　变压器
44. babycot　儿童床
45. wheelchair　轮椅
46. socket　插座
47. hair dryer　电吹风
48. bedside lamp　床头灯
49. floor lamp　落地灯
50. telephone　电话
51. refrigerator　冰箱
52. sofa　沙发
53. luggage rack　行李架

54. tea table 茶几
55. mirror 镜子
56. dressing table 梳妆台
57. closet 衣橱
58. safety deposite box 保险箱
59. bath tub 浴缸
60. television 电视

中级词汇

1. laundry service 洗衣服务
2. turn-down service 开夜床服务
3. shoe polishing 擦鞋服务
4. house keeping 客房服务
5. wake-up call service（morning call service）叫早服务
6. lost&found 失物认领
7. mini-bar 房间小酒吧
8. sofa 沙发
9. double bed 双人床
10. dressing table 梳妆台
11. air-conditioner 空调器
12. luggage rack 行李架
13. water closet 抽水马桶
14. ashtray 烟灰缸
15. single bed 单人床
16. water tap 水龙头
17. closed-circuit TV 闭路电视
18. TV set 电视机
19. refrigerator 电冰箱
20. bath tub 浴缸
21. safety deposit box 保险箱
22. socket 插座
23. shower nozzle 淋浴喷头
24. sheet 床单
25. blanket 毛毯
26. shopping bag 购物袋
27. bath towel 浴巾
28. tooth brush 牙刷
29. toilet paper 卫生纸
30. luggage 衣架
31. shampoo 洗发液
32. bath foam 洗浴液
33. pillowcase 枕袋
34. towel 毛巾
35. laundry bag 洗衣袋
36. shower cap 浴帽
37. tooth paste 牙膏
38. slipper 拖鞋
39. bath salt 浴盐
40. front dest 前台
41. check in 入住
42. check out 结账离开
43. reception 接待
44. information 问讯
45. reservation 预定
46. confirmation 确定
47. money exchange 外币兑换
48. cashier 收银员
49. bell service 行李寄存

二、常用外国名酒名称

1. 果汁酿酒

sherry 雪利酒

dessert wine 甜食酒

red wine　红葡萄酒
vermouth　味美思酒
sparkling wine　起泡葡萄酒
white wine　白葡萄酒

2. 麦芽酿酒

beer　啤酒
porter　黑啤酒
ale　艾尔啤酒
bucker beer　布克啤酒

3. 蒸馏烈酒

whisky　威士忌酒
brandy　白兰地酒
liqueurs　金久酒
gin　金酒
rum　朗姆酒
vodka　伏特加

4. 名酒译名

ginger ale　干姜啤酒
hennessy　轩尼诗
martell　马爹利
breher　意大利来赫
munich beer　慕尼黑啤酒
shampagne　香槟酒
bisquit　百事吉
remy martin　人头马
pale ale　英国淡麦啤酒
lowenbrau　德国卢云堡
cognac　法国干邑

三、日常问候语

1. Good morning (afternoon /evening)!
早上（下午、晚上）好！
2. How are you?
您好吗？
3. Welcome to our hotel!

欢迎您来到我们饭店!

4. Did you have a good time?

您玩得高兴吗?

5. Good night!

晚安!

6. Have a good dream!

睡个好觉!

7. Glad to meet you!

见到您很高兴!

8. We hope you have enjoyed your stay here.

我们希望您在这里住的愉快。(住过之后)

常用客房用语

1. What can I do for you? (Can I help you?)

您有什么事吗?

2. Could I know your name, please?

请问您贵姓?

3. What is your room number, please?

您的房间号码是多少?

4. Could you show me your room card?

请出示您的住房卡好吗?

5. May I clean your room now?

我现在打扫房间好吗?

6. May I come in?

我可以进来吗?

7. Right away, sir.

先生，马上就到。

8. Sorry to have kept you waiting.

对不起，让您久等了。

9. Is there anything I can do for you before you leave?

您离开之前有什么事需要我做吗?

10. Do you have any laundry?

您有要洗的衣服吗?

11. May I show you to your room?

我可以领您到房间吗?

12. Could I do turn-down service for you now?
现在为您做晚床可以吗？

13. Do you accept traveler's cheques?
你们接受旅行支票吗？

14. Have a good journey!
祝您旅途愉快！

15. Would you please bring me envelopes and writing paper?
请给我拿些信封和信纸好吗？

16. I need one more blanket.
我还需要一条毯子。

17. There is something wrong with the shower nozzle.
淋浴喷头坏了。

18. The water closet is out of order. Can you get it repaired?
水箱不能用了，能修理一下吗？

19. The lamp doesn't work.
灯不亮了。

20. Just a minute, please.
请稍等。

21. Where is the laundry bag?
洗衣袋在哪里？

22. The laundry bag is in the drawer.
洗衣袋在抽屉里。

23. I'd like to have my overcoat dry-cleaned.
我想干洗我的大衣。

24. I'm in a hurry. Can I have my laundry back in twenty minutes?
我有急事，二十分钟后我能拿到洗好的衣服吗？

25. When would it be convenient, sir?
什么时间方便呢，先生？

26. Could I change the sheet for you?
我可以换床单吗？

27. I beg your pardon?
请您再说一遍好吗？

28. Here is your receipt.
给您收据。

29. Would you wake me up at 5：30 tomorrow morning?

请明早5：30叫醒我好吗？

30. I'd like to keep this cup as a souvenir.

我想把这个杯子留作纪念。

31. What's the weather like today，do you know?

今天的天气怎样？

32. What's the temperature today?

今天气温多少度？

客房服务中级英语知识

1. Nice to meet you.

见到你很高兴。

2. What can I do for you?

先生，您有什么事？

3. Did you have a nice trip?

您旅途愉快吗？

4. This way，please.

请这边走。

5. After you.

您先走。

6. I hope you'll enjoy your stay here.

祝您在这里住的愉快。

7. Just a moment，please.

请等一会儿。

8. Have a pleasant journey.

祝您一路愉快。

9. What's wrong with you?

您不舒服吗？

10. Would you like to see a doctor?

您要看医生吗？

11. Are you feeling better now?

您好些了吗？

12. Shall I send for a doctor?

我去请医生好吗？

13. Shall I bring you a glass of hot water?

我给您拿一杯热水好吗？

14. Do you have any laundry?

您有要洗的衣服吗?

15. Your laundry is ready.

您的衣服洗好了。

16. When can I get my laundry back?

我的衣服什么时候可以送回?

17. You can get your laundry back earlier, but there is an extra charge for quick service.

您的衣服可以提前送回，但是需要付额外的费用。

18. What's the price for a standard room per night?

标准间多少钱一天?

19. I'd like to reserve a single room with bath .

我要订一间带浴室的单人间。

20. Mr. Taylor is not in the room at the moment, would you like to leave a message for him?

泰勒先生不在，您愿意留言吗?

21. Let me help you with your luggage.

我来帮你提行李。

22. May I have your name and your room number, please?

请告诉我您的姓名和房号。

23. Could I clean your room now?

我现在可以打扫房间吗?

24. Please bring me some chairs.

请给我拿几把椅子来。

25. Could you call me a taxi?

请给我要辆出租车好吗?